财政部“会计名家培养工程”资助项目：财会 2017［26］号

经济管理学术文库 • 管理类

国企混改与公司财务政策研究

The Study of Mixed Reform of
State-owned Enterprises and Corporate Financial Policy

杨兴全／著

经济管理出版社
ECONOMY & MANAGEMENT PUBLISHING HOUSE

图书在版编目（CIP）数据

国企混改与公司财务政策研究/杨兴全著．—北京：经济管理出版社，2023.4
ISBN 978-7-5096-8982-0

Ⅰ.①国…　Ⅱ.①杨…　Ⅲ.①国企改革—研究—中国 ②国有企业—财务管理—研究—中国　Ⅳ.①F279.2

中国国家版本馆 CIP 数据核字(2023)第 060776 号

组稿编辑：曹　靖
责任编辑：郭　飞
责任印制：黄章平
责任校对：张晓燕

出版发行：经济管理出版社
（北京市海淀区北蜂窝 8 号中雅大厦 A 座 11 层　100038）
网　　址：www. E-mp. com. cn
电　　话：（010）51915602
印　　刷：北京晨旭印刷厂
经　　销：新华书店
开　　本：720mm×1000mm/16
印　　张：17
字　　数：343 千字
版　　次：2023 年 4 月第 1 版　　2023 年 4 月第 1 次印刷
书　　号：ISBN 978-7-5096-8982-0
定　　价：88.00 元

目　录

第1章　绪论

1.1　选题背景

对于一个国家或地区经济增长而言，制度的重要性不言而喻，理论界和实务界均对其关注有加（North，1976），尤其是对经济长期可持续增长发展来说，产权保护极具非凡意义（Acemoglu 等，2004）。中国改革开放的历史是一部“产权改革的历史”和“正在进行产权改革的历史”。政策推动与生存需求催生中国启动混合所有制改革之合力，国有企业（以下简称国企）改革的方向和目标逐渐清晰，具体的改革思路与举措即引导非国有资本战略性入资，已渐成纲领指引且正全力推进。在企业组织架构设计层面，以“国有资产监督管理委员会—国有资本投资运营公司——般经营性国企”为特征的新国有经济监管及运行体制来取代原有体制（分层改革）；在股权结构层面，在积极发展国有资本、集体资本及非国有资本的交叉持股与相互融合的同时，还积极尝试引入员工持股制度（股权多元）；在经理人市场方面，不断减少政府直接的人事任命以优化或完善国企经理人的市场选择机制。此外，无论是针对不同国企进行功能界定的分类改革（将国企界定为商业类和公益类），还是在国企尤其是大型央企中积极推进的并购重组，都可感受到国有企业混合所有制改革（以下简称国企混改）正在积极推进与不断升温。党的十八届三中全会提出以协同推进混合所有制改革确立国有经济的主要实现形式，实现市场在资源配置中起决定性作用条件下的国有经济与成熟市场经济体制的全面融合。党的十九大报告进一步明晰深化国企改革，发展混合所有制经济，培育具有全球竞争力的世界一流企业，吹响了新一轮国企改革的号角，对新时代中国特色社会主义与高质量发展阶段国企深化改革提出了新的要求。2018年10月，全国国企改革座谈会强调“从战略高度认识新时代深化国企改革的中心地位”，“完善治理、强化激励、突出主业、提高效率”成为扎实推进国企改革的操作指引，会议明确将突出抓好混合所有制改革作为国企改革的重点任务之一。2020 年，《政府工作报告》更加清晰明确地提出国企改革要完善国资监管体制，深化混合所有制改革；国企要聚焦主责主业，健全市场化经营机制，提高核心竞争力，以提升国资国企改革成效。随着国企改革实践的深入推进，国企混改通过积极引入盈利动机更为明确的民营资本、机构投资者、外国资本等战略投资者，逐步形成“交叉持股”“股权制衡”的股本结构，通过战略投资者积极监督约束国企高管且积极参与公司经营决策，以达到“博采众长”充分发挥各种所有制优势进而形成有效监管、激励相容和“股权共治”的公司治理机制，优化公司决策（杨兴全和尹兴强，2018；蔡贵龙等，2018a；逯东等，2019）。由此可见，国企混改作为中国经济体制改革的核心及关键环节，不仅对国企的做大、做强乃至做优与宏观经济的持续增长均起着举足轻重的作用，也为新时期微观企业的财务与会计问题研究提供了机遇、指明了方向。

以顶层设计的政治姿态再度登场的国企混改，研究争论不休、结论不一。一方面，因政府干预对国企经营目标的扭曲（Shleifer 和 Vishny，1994），致使国企普遍面临更多的政策性负担（Lin 等，1998）与更强的预算软约束（Lin 和 Tan，1999），而国企被部分或完全私有化后，企业盈利能力和经营绩效均表现得更为卓越（Megginson 和 Netter，2001；马连福等，2015；张辉等，2016）；另一方面，囿于诸多缘由（陈晓和王琨，2005），极易诱发国企混改推进受阻，例如，政策性负担加重而非缩减（刘春和孙亮，2013）、私有化的控股股东掏空凸显（涂国前和刘峰，2010）、混改进程中国企高管仍会兼顾政治诉求和经济效益并重，以及混改业绩并未显著优化甚至还呈现亏损（Sun 和 Tong，2003），即出现国企改革绩效的提升作用有限。由上可知，探究国企混改绩效的相关研究大都直接观测国企混改影响公司业绩的平均效应，而忽略了国企混改对企业绩效可能的影响机理或具体的作用渠道，上述设计也可能是导致不同视角下的研究结论呈现大相径庭及“明显多元”的根源所在。因此，基于公司特定的财务政策（如融资、投资及股利分配等）来揭示国企混改与其基本的影响关系、具体的作用机理及其可能的经济后果，不仅有利于全面准确地评价国企混改的卓有成效或现存问题，还有助于优化或完善时下正处于混改过程中国企的系列财务政策。

在国企混改过程中，无论是通过剥离政策性负担，还是通过积极引入其他所有制资本（股权多元化）乃至并购重组发生控制权变更，都毋庸置疑地会内生决定国企的融资约束（Chow 和 Fung，1998）与代理成本（张维迎等，1995）。随着国企受政府干预的程度减弱（分层改革）、股权结构的动态调整（诸如股权多元化及员工持股等）、经理人市场的逐渐完善以及行业分类改革的逐步推进，对国企的产权配比及属性动态变化、股权制衡及治理结构渐进优化乃至资源获取和禀赋善用产生多方面重大影响，势必会进一步作用于企业所面临的代理成本和融资约束。而大量的理论研究与实证检验均已发现，含融资、投资、股利分配与现金持有在内的公司财务政策与其所面临的融资约束及代理冲突息息相关，那么国企混改如何影响公司的系列财务政策？其具体的影响机制或作用路径谓何？可能的经济后果又何在？

1.2 研究意义

（1）学术意义：①目前现有股权结构和公司财务行为的文献，基本上视企业产权属性或股权制衡结构为静止状态，即使存在探究两者关系的相关研究也仅仅关注是否国企、实控人性质、公司高管及机构持股等相对静态的特征，而忽略公司产权属性、股权配比及制衡结构这些处于不断动态演进和调整的情境之中的特征。本书立足于国企混改的深入推进来探究其对微观企业财务行为的潜在经济后果。既有利于丰富股权配比和制衡结构与财务行为的已有文献，亦可愈加清晰而准确地探求国企混改影响公司财务政策的作用渠道及经济后果。②国内外已有关于国企改革经济后果的系列研究，大都围绕国企改革如何调节其代理成本展开（Megginson 和 Netter，2001；刘小玄，2004），而基于国企混改硬化预算软约束可能强化企业融资约束视角的相关分析却少有涉及，本书则以公司财务政策为切入点，将国企混改可能引致的融资约束效应与治理效应同时予以考量。③已有关乎国企改革（混改）的相关文献，大都单方面地考虑国企改革中的国有股比例（或非国有股比例）、股权集中度或国企控制权转移，而少有将国企不同的混改程度置于同一分析框架下。本书则同时考虑了国企混改的“量变”（异质股东的种类或多样性）与“质变”（股权集中度、融合度及国企控制权转移）以及高层治理层面委派董监高比例等差异混改方式（程度），以期为相关的学术争议提供可能的经验证据。

（2）现实意义：①公司财务政策与企业所面临的融资约束及代理冲突息息相关，国企混改通过股权结构的多元融合、经理人市场的不断完善、并购重组的不断加码及国企分层分类（三层两类）改革的纵深推进势必调节企业的融资约束与其代理成本，进而影响公司财务政策。在国企混改不断深入推进的现实背景下，对上述问题系统全面的探究有利于揭示国企混改过程中相对优化的财务政策，进而赢得企业价值的整体提升。②加快推进国企混合所有制改革，有益于在企业微观层面缓解中国经济短期及长期增长压力的同时，又可基于宏观层面对中国经济长期可持续健康发展的障碍通道予以理顺和贯通。当前国企混改的相关经济后果研究瑕瑜互见，各有利弊，呈现正向影响与负向作用皆存之谜。本书则尝试从具体的财务政策切入，来探究国企混改过程中，诸如国企混改股权的多样性（异质股东的种类）、分散度（股权多元化）、融合度（国有与非国有资本的制衡程度）、控制权转移以及高层治理层面委派董监高比例等差异混改方式所推进的异质化治理结构与资源禀赋获取能力，是否成为解释国企混改所形成的不同经济后果之成因所在，进而揭示国企混改过程中最优的改革方式及市场逻辑。③本书的系列探索利于发现国企相对优化的治理结构，为完善我国国企的治理机制提供理论参考和经验借鉴。此外，亦能通过特定具体财务行为来呈现国企混改的现有不足与卓有成效，揭示混改过程中所面临的障碍与关键症结所在，进而提炼出能够有效且可持续推行混合所有制改革的经验方案与亟待完善的症结，更为今后国企混改的深化加快提供可供参考的理论指导和经验借鉴。

1.3 混合所有制改革的国内外文献综述

1.3.1 国企的特有优势与现存问题

相较于现代股份制企业，我国国企主要源自计划经济时期，大体具备四大优势：第一，无比雄厚的国有资本优势。受惠于中央和地方政府及其他相关部门照拂和资源注入，国企会得到快速成长，且体量可与世界500强企业匹敌。第二，关爱有加的国家支持优势。对于非国企而言，国企凸显多重政治目标诉求，既是国家重大发展战略的推进者和执行者，亦是区域经济增长协同发展、社会民生和谐互促的驱动力量，又在肩负更多的国家或地方的其他社会责任方面发挥重大作用。第三，得天独厚的政治优势。国企高度重视党组织的核心引领之力，能够快速地实现政策上传下达及不折不扣地贯彻执行。第四，极具特色的组织优势。我国国企发展壮大源于工人阶级的大力支持与参与。上述诸多优势在国企成立及发展兴起之际表现突出，国企在工业化奋进赶超阶段，通过“集中力量办大事”对资源统一调配来推进工业化。

不可忽视的是，自成立伊始，国企一直备受两个诟病的困扰：第一，政治观。该观点认为，多元目标诉求与股东利润最大化分歧导致国企发展目标模糊，便利于政府干预或扭曲国企高管的激励机制和目标诉求（Shleifer 和 Vishny，1994）。已有研究发现，国有政府控股股东通过企业集团之间的贷款担保获利，亦会直接掏空公司，且因隐性担保的存在降低会计信息质量（Berkman 等，2009）。第二，经理人观。由于天然的“所有者缺位”、产权不明等诸多属性，国企面临内部无单一控股或多个大股东履行监督国企高管之责，亦无法通过外部市场交易及价格机制研判经理人尽职敬业程度。基于此，相较于民营企业，监管机制及市场激励的薄弱诱发高管激励乏力、面临高昂的代理成本且强化“内部人控制现象”（Laffont 和 Tirole，1993；张维迎等，1995），既导致国企绩效和技术效率低下（姚洋，1998；刘小玄，2004），亦由于决策机制耗时和预算软约束的存在抑制创新资源配置效率进而有损企业价值（Qian 和 Xu，1998；Huang 和 Xu，1998；刘瑞明和石磊，2010）。大体而言，国企存在产权不明、政企不分、高度垄断、监管失衡、管理低效等诸多问题。

1.3.2 国企混改方式及我国国企改革整体的研究思路

国企混改途径大致有三种：员工持股计划、部分或完全私有化及力促战略性外部投资者入资。相较于其他方式，转让国有股权给外部非国有投资者带来的企业绩效最优（Earle 和 Telegdy，2002），而凭证式私有化的绩效最低（Cull 等，2002）；从私有化程度来看，部分私有化因仍与政府“藕断丝连”而依旧承担国有股权的政策性负担和治理低效，从而使混改企业业绩远低于完全私有化企业（徐莉萍等，2006；戴璐，2010）；同时亦有研究表明，仅靠股权数量简单充数无助于企业绩效优化，对于企业绩效的有效优化依赖于各方混改主体的深入及制衡（马连福等，2015）。

我国国企混改的早期研究基本上围绕国企股份制改造和股权分置改革展开，相应研究结果结论各异。一方面，股份制改造呈现盈利乏力或价值损失的同时，亦有研究发现其业绩仍优于非股改国企（Wei 等，2005；Jiang 等，2010）；另一方面，股权分置改革在提升高管薪酬的同时，也助推政府控股股东对公司盈余管理行为的操纵以达到承诺业绩诉求，进而恶化公司治理（Li 等，2011；Hou 等，2015）。政策推动与生存需求催生中国启动混合所有制改革之合力，国企改革的方向和目标逐渐清晰，具体改革思路与举措已渐成纲领指引且正全力推进：①对国企的主业经营、战略地位、垄断程度等异质性差异进行功能界定进而划分为商业类和公益类，其战略调整方向和转型重点亦必随着不同功能定位而呈现相应差异。②坚持以“上下结合、试点先行、协同推进”三大原则推进混合所有制改革。在混改推进实践中，混改的国企积极实施员工持股计划，秉承激励相容、长期协同和利润高配三大原则。与此同时，我国政府为顺利推进了国企混改创造必要条件，推动了垄断行业国企的竞争市场化进程。③在企业组织架构设计层面，以“国有资产监督管理委员会—国有资本投资运营公司——般经营性国企”为特征的新国有经济监管及运行体制来取代原有体制（分层改革）。④在新的国有经济监管及运行体制下，按照不同国企的差异化功能定位而建立、推进和完善差异化分类治理机制是现有阶段推动国企完善现代企业制度的关键途径。党的十八届三中全会提出以协同推进混合所有制改革确立国有经济的主要实现形式，实现市场在资源配置中起决定性作用条件下的国有经济与成熟市场经济体制的全面融合。党的十九大报告进一步明晰深化国企改革，发展混合所有制经济，培育具有全球竞争力的世界一流企业，吹响了新一轮国企改革的号角，对新时代中国特色社会主义与高质量发展阶段国企深化改革提出了新的要求。2018 年 10 月，全国国企改革座谈会强调从战略高度认识新时代深化国企改革的中心地位，完善治理、强化激励、突出主业、提高效率成为扎实推进国企改革的操作指引，会议明确将突出抓好混合所有制改革作为国企改革的重点任务之一。2020 年，我国《政府工作报告》更加清晰明确地提出国企改革要完善国资监管体制，深化混合所有制改革；国企要聚焦主责主业，健全市场化经营机制，提高核心竞争力，以提升国资国企改革成效。

1.3.3 国企混改的正负效应

1.3.3.1 正向效应

在全球范围内一部分国家的国有股权改革或私有化经验证据基本支持积极效应。当国企通过将国有股全部或部分转换为私有时，也即私有化后，企业经营绩效更好，盈利水平也更高（Megginson 和 Netter，2001）。基于我国股份改制或股权分置改革的研究部分也得到一致性经验证据，肯定了中国国企改革实践所稳步推进的私有化和股份改制是所取得的正向作用（刘小玄，2004）。梳理国企混改的已有文献发现，国企混改能优化治理效应和减负效应（杨兴全等，2020），进而优化微观企业运营及财务决策，既规范了企业多元化经营、优化现金持有决策、提升研发投入及技术创新（李文贵和余明桂，2015；杨兴全和尹兴强，2018；杨兴全等，2020），又进一步助推企业“提质增效”、提高技术生产率和获利能力以改善微观企业经济效益乃至宏观经济增速（胡一帆等，2006；白重恩等，2006；许召元和张文魁，2015；郝阳和龚六堂，2017）。针对国企现存政治观和经理人观的交锋争论，已有研究予以甄别区分。基于印度部分私有化的实证研究发现，部分私有化实践中政府国有股权绝对控股地位，也即实控人性质从未变化，从而并未改变政治观适用条件，与此同时，部分私有化显著增加企业绩效，客观上验证经理人观（Gupta，2005）；基于中国完全私有化的经验证据表明，国企完全私有化后，高管激励机制并未改善但上市公司绩效却增加明显，与政治观一致（李广子和刘力，2012）。股权结构是参与公司治理利益各方的博弈均衡，而国有股份本质为其背后的政府力量，体现政府股东利益，天然地具有政治关联属性，因此政府力量参与的混合所有制改革可以有效缓解企业融资困境，进而可以优化企业投资决策和资源配置效率，由此可见部分私有化利于增进社会福利（欧瑞秋等，2014）。在国企混改实践中，民营资本、机构投资者乃至战略性外国资本通过参股国企，多种非国资股东与国资股东因出资股权比例而形成多方利益主体的权力制衡与合理利润分成机制，在完善公司治理的同时亦利于平息混改中非国资股东与国资股东间的“控制权之争”，从而实现利益各方共享“股权共治”盛宴（郝云宏等，2015；杨兴全等，2020），既对国企人力资本结构产生积极的影响（马新啸等，2020），又提高了投资效率和分红水平（祁怀锦等，2019；黎文飞等，2020；赵璨等，2021），亦可以降低企业金融化水平（狄灵瑜和步丹璐，2021）。

1.3.3.2 负向效应

基于我国国有股权改革实践的部分研究发现，囿于诸多缘由（陈晓和王琨，2005），极易诱发国企混改推进受阻，例如，稳定就业以满足政府控股股东多元目标诉求从而使政策性负担加重而非缩减（陆铭，2003；刘春和孙亮，2013）、私有化的控股股东掏空凸显（涂国前和刘峰，2010）、混改进程中国企高管仍会兼顾政治诉求和经济效益并重（Li 和 Yamada，2015），鉴于混改过程中国企依然受困于僵化且惯性的体制束缚以致混改业绩并未显著优化甚至还呈现亏损（Sun 和 Tong，2003），即出现国企改革绩效的提升作用有限。从政府控股股东掏空和国企高管激励角度、基于与转轨经济匹配的两类代理理论，已有文献发现，由于国企混改引入民营资本或战略性外资入股会稀释原有政府大股东持股从而形成多个大股东共存的局面，利益各方的权力斗争可能会加剧代理冲突并且诱发新的代理问题，从而导致国企混改绩效评估效力愈加困难。例如，原有的政府控股股东与多个非国有大股东之间形成错综复杂的利益博弈而恶化股东监管的同时，还存在合谋与掏空中小投资者的可能性（汤谷良和戴璐，2006）。从成本收益权衡角度来看，部分或完全私有化并非毫无成本（Schmidt，1996）。鉴于交易成本普遍性或契约非完备性，产权学派认为基于最优配置的剩余索取权，在一定程度上国有控股股权也是行之有效的治理机制，因此其存在具有合理性（Williamson，1991）。而国企混改在某种意义上会削弱国有股权的积极效应从而引致通货膨胀、离职率高企、薪资下调，导致从员工向资本转移利润分成机制（La Porta 等，1999），而低薪和失业还会加剧社会经济动荡，最终恶化社会经济增长及健康可持续发展（白重恩等，2006）。国企混改削减政府国有控股股权比例在某种程度上弱化了政府对关系国计民生、重点行业及领域且掌控经济命脉的行业企业的控制力（Shapiro 和 Willig，1990），与此同时，国企混改后可能更偏好资本逐利而加剧避税动机，甚至由于受到分散私有资本的盲目性和竞争性影响，非国有股东基于私利会加剧企业过度竞争、过度投资乃至掏空侵蚀国有资产或致使国有资产流失等困境，从而一直挣扎于“私有化陷阱”的泥潭。与此同时，当企业从非混合向混合民营控股转变，或是在民营企业中引入国有资本时反而会增加企业的经营风险，但无论是从非混合向混合国有控股转变，还是向混合民营控股转变，企业的收益波动风险都会显著提升，进而可能降低风险承担水平（马宁和姬新龙，2018；姬新龙和马宁，2019）。

1.3.4 文献评述

由上可知，探究国企混改绩效的相关研究大都直接观测国企混改影响公司业绩的平均效应，而忽略了国企混改之于企业绩效可能的影响机理或具体的作用渠道，上述设计也可能是导致不同视角下的研究结论呈现大相径庭及“明显多元”的根源所在。在新一轮国企改革正如火如荼实施之际，中央政府关于鼓励和推进国企混改的官方文件一经颁发，就受到各级政府的积极响应，各地方政府纷纷出台各项政策文件和配套实施方案来鼓励非国有资本入资参股，不断推进和深化国有股东与非国有股东之间双向交叉持股、股权深度融合所形成的“股权共治”盛景。现有关于国企混合所有制改革的相关研究，大多停留在理论讨论层面，侧重于考察混合所有制改革对国企整体经营绩效的作用以及国企混合所有制可能对整个经济运行造成的影响，虽有研究认为国企混改可提高内部控制质量和公司治理水平，进而对企业绩效产生了积极影响，但进一步深入探讨治理环境的变化为这些国企带来哪些具体实质性行为变化的相关文献微乎其微。因此，基于公司特定的财务政策（如融资、投资及股利分配等）来揭示国企混改与相关财务决策的影响、具体的作用机理及其可能的经济后果，不仅有利于全面准确地评价国企混改的卓有成效或现存问题，还有助于优化或完善时下正处于混改过程中国企的系列财务政策。

1.4 研究思路与研究内容

融资（诸如股权筹资及债务融资等）是企业生产经营的重要保障，投资（包括资本投资、企业创新、公司并购）是企业发展壮大的主要途径，股利政策事关资本市场效率及股东权益价值，现金持有既是公司主要的流动资产，更是企业一项重要的战略决策。上述系列财务政策与企业所面临的融资约束与代理冲突息息相关。而在国企混改过程中，无论是通过积极发展国有资本与非国有资本交叉持股及相互融合的股权多元化，还是为缓解国企高管“企业家”与“党政官员”角色冲突而不断完善的经理人市场，以及为抑制国企“盈利性”与“公共性使命”冲突而逐渐开展的国企分层分类（三层两类）改革，都将影响国企所面临的融资约束与代理冲突。

鉴于此，本书首先对国企混改与财务政策的相关文献进行系统梳理和全面综述，重点探究国企混改与融资策略、现金持有、投资决策（诸如资本投资、企业创新、公司并购）、股利政策等公司财务政策的基本影响关系（正相关、负相关或没有明显的作用关系）；其次，探究上述影响关系的具体作用路径；最后，基于微观企业的公司价值及资本市场反应（如资产误定价）等来纵深检验上述影响关系的可能经济后果。

基于上述背景与分析，主要研究思路与分析框架如图1-1所示：

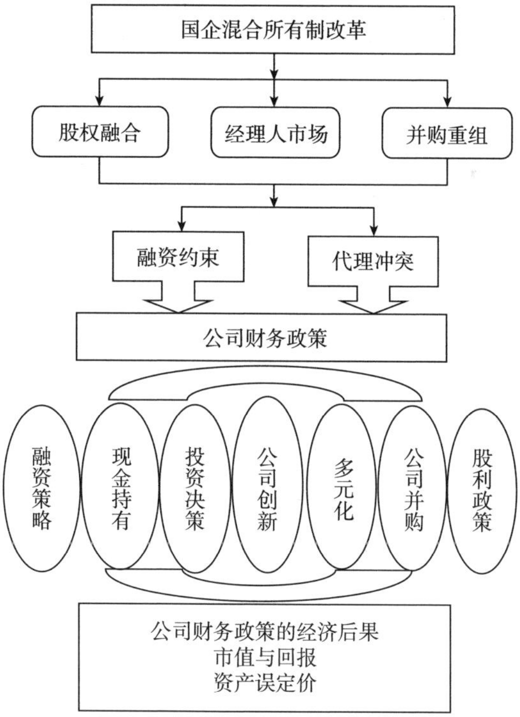

图1-1　主要研究思路与分析框架

1.5 研究特色与创新之处

第一，互动关联研究，视角新颖独特。目前现有股权结构和微观公司财务行为的文献，基本上视企业产权属性或股权制衡结构为静止状态，即使存在探究两者关系的相关研究也仅关注是否为国企、实控人性质、公司高管及机构持股等相对静态的特征，而忽略公司产权属性、股权配比及制衡结构处于不断动态演进和调整的情境之中。本书立足于国企混改的深入推进来探究其对微观企业财务行为的潜在经济后果，既有利于丰富股权配比和制衡结构与财务行为的已有文献，亦可清晰而准确地探求国企混改影响公司财务政策的作用渠道及经济后果。

第二，内容设计系统全面。本书主要基于微观企业行为及公司财务政策视角（涵括融资决策、投资决策、股利决策、现金持有决策等）深入探究国企混改对公司微观财务政策的影响，结合新时代中国特有的政府控制层级、市场化进程与政府质量等转型经济背景，依托产权理论、融资约束理论和委托代理理论等经典理论，将国企混改影响公司财务决策及作用机制置于同一框架下展开研究，内容翔实，系统全面。公司财务政策与企业所面临的融资约束及代理冲突息息相关，国企混改通过股权结构的多元融合、经理人市场的不断完善、并购重组的不断加码及国企分层分类（三层两类）改革的纵深推进势必调节企业的融资约束与代理成本，进而影响公司财务政策。在国企混改不断深入推进的现实背景下，对上述问题系统全面的探究有利于揭示在国企混改过程中相对优化的财务政策，进而赢得企业价值的整体提升。

第三，“完善治理、强化激励、突出主业、提高效率”成为扎实推进国企改革的操作指引，当前国企改革的重心和落脚点在于发展混合所有制经济，提高国有资本配置效率。当前国企混改的相关经济后果研究瑕瑜互见，各有利弊，呈现正向影响与负向作用皆存之谜。本书则尝试以公司财务决策为切入点，来探究国企混改的“量变”（异质股东多样性）与“质变”（股权融合度），以及高层治理层面委派董监高等差异混改方式（程度）所推进的异质化治理结构与资源禀赋获取能力是否成为解释国企混改所形成的不同经济后果之成因所在。本书的系列探索利于发现国企相对优化的治理结构，为完善我国国企的治理机制提供理论参考和经验借鉴，此外，亦能通过特定具体财务行为来呈现国企混改中现有的不足与成效，揭示混改过程中所面临的障碍与关键症结所在，进而提炼出能够有效且可持续推行混合所有制改革的经验方案与亟待完善的不足，为今后国企混改的加快提供可供参考的理论指导和经验借鉴。

第四，在我国转型经济背景下，公司财务决策往往和政府行为紧密联系，如何理顺政企关系，转变政府职能成为国企混改成败的关键。随着国企混改的不断推进，企业的决策目标更趋科学，诸多文献也研究发现国企改制提高了经营绩效，但鲜有文献从国企混改的系统性及全局性角度出发探讨其对微观公司财务行为的综合治理作用。本书拟结合中央及地方政府差异性控制层级、地方政府的政绩诉求系统考察国企混改对公司财务决策的影响，紧密结合我国特定的制度背景，凸显其现实意义。

第五，市场化导向与产权改革是两种重要且不同的转型经济改革方式，市场化进程与产权改革两种不同路径对国企改革产生的效果是否存在差异，两者的影响是否存在协同互补的关系，是尚需纵深研究的重要学术命题。本书系统研究市场化进程（政府质量）所代表的公共治理环境对国企混改影响下的公司财务行为的异质效应以及两者作用存在的关系、互补抑或替代。对上述问题关联互动的探究对于厘清政府与市场的关系、有效发挥市场在资源配置中的决定作用，以及更好地发挥政府作用等方面无疑具有重要的理论价值和应用价值。

第2章　概念界定与理论基础

2.1　相关概念界定

2.1.1　国企混改

众所周知，我国大部分微观企业创建伊始多为中央或者地方政府国有独资的国企。起初由于计划经济体制自身特性而对国企无明确性的盈利性要求，此时国企实质性发挥助力国民经济建设的“国家工厂”角色。随着经济社会发展和国内外形势变化，改革开放春风让国企充满活力、焕然一新，开启了新的征程。改革初期，尽管相关政府文件未有混合所有制之措辞，然而现实实践中混改企业以中外合作或合资企业（早期混改企业的雏形）的形式进入历史舞台。伴随改革开放的深入，中国民营企业焕发活力，而大部分国企则面临效率低下、破产倒闭甚至为求生存而迫使大量工人下岗的境地，民营企业与国企在业绩、盈利、效率等方面鲜明的对比迫使国企断臂求生、走向转型之路，与此同时，中外交流日益频繁推动了中国化产权改革的一系列政策，国企混改实践已随改革开放深入发展而逐渐展开，非国有资本逐步参股国企使得政府国有资本“一股独大”逐步演变成国有资本与非国有资本相互制衡的“股权共治”局面，大部分国企甚至民营企业拥有至少两种不同属性的产权资本持股，混合所有制企业已然渐成事实。

鉴于现实实践与产权理论的融合，国企混合所有制改革主要指通过一系列产权改革，将国企的国有股权进行分割或稀释，例如，国家通过引入非国有资本来进行转让部分或全部政府控股的国有股份抑或通过专门为非国有资本“增资扩容”而稀释原有政府控股股份比例，以此实现非国有资本与国有资本的交叉持股和深度融合。因此，国企混改实质上吸引民营资本、机构投资者乃至战略性外资等多种形式的非国有资本积极入资参股国企而形成多元股权结构，多元股权形成多种不同产权属性的多个大股东互相制衡的股权结构和权力配比，从而对企业运营和财务决策产生影响。根据现实实践和已有文献（杨兴全和尹兴强，2018；杨兴全等，2020），本书根据国企混改的具体举措进行一一甄别，从股权多元化、股权离散程度、股权权力制衡度、控制权转移乃至高层治理等诸多角度提炼出捕捉国企混改程度的多元化指标体系：①前十大股东的实际产权属性的不同类别数量。②前十大股东持股比例的分散度。③国有资本与非国有资本的权力制衡度。④是否发生控制权转移。⑤从董监高委派董事监事人数比衡量混改高层治理，加以辅助验证。

2.1.2 相关财务政策

公司财务政策是指微观企业在综合甄别和研判公司内外部环境的基础上，以科学方法论为指引而设定特定财务目标，且根据一系列财务理论结合现实实践，制定出行之有效的策略或方案以充分调配企业内外资金资源进而实现特定财务目标，尽可能提升企业价值。公司财务政策是优化企业内部资金配置或内外部资金获取以及资本增值的管理工具。根据企业经营的职能分类，公司财务决策主要包括融资决策、现金持有决策、投资决策、股利分配决策等。

融资决策是企业必经的攸关生存与发展重中之重的大问题，大体上可细分为债务融资和权益融资，且衍生企业的融资规模、资本结构等具体形式。由于与企业价值相关的信息在资本市场上的披露和扩散会影响投资者对于企业估值的判断，从而影响利益相关者对于企业融资成本的研判与讨价还价，进一步影响企业根据不同融资方式成本收益之权衡而选择适优的融资方式和规模乃至资本结构等具体融资决策。

现金持有决策是公司的一项非常重要的财务决策。现金是关乎企业发展紧密相关的活动（譬如企业经营、投资和融资等）有序开展的重要战略资源与强有力保障，一旦出现流动性困境和资金链断裂，企业发展将会举步维艰甚至陷入破产绝境。Bates 等（2009）在梳理前人研究基础上将企业现金持有动机归纳为四个方面：交易动机、预防动机、避税动机和代理动机。研究发现，企业现金持有既可能受持现交易的成本收益权衡（Baumol，1952）、融资约束（祝继高和陆正飞，2009）、投资机会捕捉（Opler 等，1999；杨兴全等，2016）和税收逃逸（Hanlon 等，2017）等因素影响，又可能源自与代理冲突和所持现金配置相关的“柔性假说”（Flexibility Hypothesis）和“耗散假说”（Spending Hypothesis）对企业持现带来的正向影响或负向影响（Harford 等，2008）。

投资决策是公司日常运营、发展和壮大的一种重要财务决策。企业投资主要有企业的改建、扩建、技术改造投资和职工住宅、文化娱乐等非生产性设施的投资。企业投资既靠自筹资金，同时亦可选用多种筹资渠道，诸如银行信贷融资、股权质押融资、争取产品购买者预付货款，向社会及本企业职工发行股票、债券，与其他企业合资，通过商业信用融资等。从投资具体策略，还可分为主业投资、多元化投资和并购决策等，按具体职能方向，亦有创新投资和非创新投资之分。

股利政策是公司回报投资者合法收益的重要决策，企业分红体现了股东在合法地利用其持有的股票份额行使剩余索取权，企业将利润按持股比例给股东分配合适份额的现金（谢德仁，2013）。国内外关于现金分红的研究颇丰。代理理论认为，出于机会主义私利动机，代理人具有自由现金流偏好并倾向于将现金资源留存而非用于现金股利发放。在投资者保护较差的情况下，代理人通过发放现金股利，建立良好的声誉，以缓解与委托人的代理冲突，追求未来的长期利益（Jensen，1986）。La Porta 等（2000）探讨了法律制度差异、外部金融环境对股利政策的影响，将现金股利的影响因素扩展到了宏观环境层面，从而拉开了从制度背景入手探索现金股利研究的先河。

2.2 理论基础

2.2.1 信息不对称及融资约束理论

信息不对称理论强调信息的资源稀缺性，并指出唯有耗费相当成本才能获取信息。由于信息不对称充斥在各种市场之中，参与经济活动的各方利益主体对自身交易过程的信息的掌握程度各异，出于个人禀赋或资源差异，不同利益参与方在信息获取便利性或信息解读全面性等方面必然存在差异，因此必然在交易过程中信息富集的市场主体处于占优地位，而信息匮乏的市场主体则居于劣势。信息不对称理论广泛应用于各种市场场景中，基于信息不对称的普遍性，市场主体出于趋利避害的私利本能而会做出逆向选择和道德风险行为。逆向选择行为可以理解为在市场交易前，信息占优的一方刻意隐藏或利用自己的信息优势地位以达成交易，从而损害信息劣势方利益；与之相反，道德风险则是在市场交易后，信息占优的一方刻意隐藏或利用自己的信息优势地位以促成交易趋于利己，从而损害信息劣势方利益。

现代财务理论认为，由于信息非对称的普遍存在，银行、债券及其他投资者等利益关联方处于信息劣势，而企业内部经营者或其他公司高管却拥有日常经营和投资项目的信息优势。为了弥补信息劣势的损失，出借资金的投资者会对企业融资诉求索取更高的资金回报以弥补风险溢价，也即企业需要支付更高的资本利润（利息或分红等）给投资者。因此，与企业内源性融资相比，外部融资成本相对较高使企业外源性融资渠道不畅，也即企业面临融资约束困境。

2.2.2 委托代理理论

委托代理问题源于信息不对称理论，贯穿现代企业理论的主线，并且由此也衍生出解决公司代理冲突的一系列公司治理相关研究。在公司内部，委托代理实质上是一系列契约组合（Jensen 和 Meckling，1979），企业出资人以其所出资比例的份额承担部分所有权，由于经济社会发展促使经济生产分工日趋专业化，出资人可能并没有专门的精力、能力或者专有知识来有效管理或者运营企业，因此企业出资人可能会聘请具有专有时间、专有特定管理技能、实践经验或者学科知识的职业经理人来经营管理企业，由此出资人与经理人之间实质上产生委托代理的契约关系。然而，在出资人—经理层的契约关系中，出资人与经理层的目标函数或者利益诉求往往存在一定的分歧。在资本逐利驱动经济利润最大化下，理性自利的出资人会要求经理人尽职尽责努力工作从而实现企业利润增加进而确保自身财富保值增值或尽可能财富最大化；而作为代理方的经理层，基本上不持有公司股份或仅持有少量股份，其更偏好于利用实际经营权追求高额薪酬、在职消费或者过度扩张迎合自身的私利等，或者追求安稳享乐的平静生活、尽可能地规避风险而选择保守性投资，从而可能对企业长期经营发展造成障碍，亦与最大化公司财富的出资人的初衷相悖。在信息不对称下，出资人与经理人的签约造成所有权和经营权的分离，进而使双方信息获取能力存在天然差异，很少参与公司一线经营的出资人不可避免地处于信息劣势地位，而职业经理人由于主管企业日常运营的方方面面而处于信息强势地位，尽管其拥有少量剩余索取权，但是其却掌握公司的实际运营权。凭借信息占优地位，经理人在某种程度上能够规避出资人的监管而产生败德行为以满足其机会主义行为。

2.2.3 产权理论

产权是经济社会发展进程中有关人类对其所有物质确权的法律表现形式，一般认为财产所有者对其个人合法私有财产具有使用、占有、支配和处置等权利。产权理论主要源自产权学派，是现代经济学解析宏观区域及微观组织（大至国家，小至组织），攸关经济运行、制度起源、社会发展等的重要理论之一，其代表人物有阿尔钦、科斯及张五常等。其中科斯强调从财产权利角度深入经济社会及组织内部考察其运行规律，其创新性剖开企业内部运行机制的“黑箱”，被奉为产权理论的创始人。产权理论通过清晰地界定产权归属，并深入阐述厘清产权的利弊权衡，为研究经济社会及组织资源优化配置提供强有力的思想洞见和理论武器。

现代产权理论清晰而明确地将私有产权与共有产权进行区分。私有产权是某项财产所有者具有专属性和特定性，能够有效排除其他人对该项资产的占用，财产所有者可以对其财产拥有支配、使用、收益以及转让等多项财产权利，并受到法律的严格保护。而共有产权意味着财产权属无法赋予某一特定主体，而由特定范围内（组织、企业、社区、区域乃至整个国家等）众多个体共同享有财产权，任一个体都有权对共有产权物品进行消费、占用或处置等，且同时无法阻碍他人对共有产权物品实施同样的权利或消费行为。私有产权对应私有品，共有产权对应公共物品，正是因为共有产权无法清晰界定个体对公共物品的专属排他性，容易造成公众基于各自利益函数而非基于公共物品群体利益函数，做出利于自身而非利于公众的最优决策，共同拥有的成员所获收益与付出成本不对等，人人都想分得较多收益而不愿意付出努力，其后果会造成公共物品的过度消化或存在“搭便车”行为且最终损害公众利益，导致激励机制的无效率，例如“公地悲剧”。而私有物品的所有者承担一切收益和成本，因而具有较强的激励动机去提高私有品的资源配置效率。

企业产权理论指企业对内部经济成分的产权归属予以清晰界定且赋予其相应的权利安排，涵盖所有者与管理层、管理者与员工之间签订一系列契约组合，从而激励企业各方参与主体提高工作绩效。由此可见，企业生产经营效率可能因不同的契约安排而存在巨大差异。相对于国企而言，由于其产权归属天然的具有“公共品”性质而难以厘清赋权由此导致所有者缺位现象，而非国企产权明确，权责清晰，因而私营企业的股东有强烈动机去监管管理层以提高企业收益。由此，国企产权改革主要通过对厘清国有出资人职责以约束监督国企高管，实行权责明确以激励高管，同时加强内部控制、凸显创新激励、促进国有资本“提质增效”。

第3章 国企混改如何影响企业融资决策？

3.1 引言

自党的十八届三中全会以来，“混合所有制”已成为现阶段国企改革的重要突破口。基于产权理论中产权私有化配置是对企业最大激励的这一假定，民营化成为国企改革的核心路径之一（Megginson等，2001；张五常，2014），大量文献研究表明，国企民营化可以提升企业经营效率（余明桂等，2013；李文贵和余明桂，2015）；但也有部分学者指出，由于民营化成本巨大（Calomiris等，2010），因此盲目的民营化并不一定能够有效改善国企“所有者缺位”和“内部人控制”问题（林毅夫等，1997a）。与之相反，受非国有股东天然逐利性的影响，其有动机进行掏空以维护自身利益（涂国前和刘峰，2010），抑制企业创新（余明桂等，2019），甚至会造成国有资产流失、社会不稳定等诸多问题（Bai等，2006；白云霞和吴联生，2008）。这意味着国企改革具有两面性，在这种情形下迫切需要回答的是，随着我国国企混合所有制改革的推进，非国有资本的引入是否以及如何促进企业的资源配置效率，尤其是企业财务资源的有效配置并优化企业的财务行为？

现有关于国企混改与资源配置效率问题的研究主要围绕非国有股东的进入能否通过对国有股东产生监督约束作用进而优化企业财务决策并提高企业资源配置效率展开。国内当前主流文献主要从企业的现金持有、并购决策、创新水平、投资效率以及多元化经营等角度探讨了国企民营化对企业财务决策的影响（杨兴全和尹兴强，2018；逯东等，2019；金宇超等，2016；杨兴全等，2020）。尽管现有关于国企混改对企业财务行为的影响研究已较为丰富，但对于企业财务行为中与资本市场配置效率密切相关的融资决策行为，目前国内学者尚未涉足。由此，以非国有资本的引入为切入点探索如何优化国企外部融资决策这一问题，不仅能够加深对非国有股东治理效应的理解，而且能够对混合所有制改革的实施效果做出检验。基于此，本章将重点研究以下问题：国企混改是否以及如何影响企业外部融资决策？这一影响在区分企业融资方式的选择和财务杠杆的决定等因素后是否会发生变化？

作为影响公司治理的重要因素之一，股权结构的重要性不言而喻（Shleifer 和 Vishny，1997）。相较于民营企业，国企因缺乏对管理层有效的监督和激励机制而具有更严重的代理问题（Laffont 和 Tirole，1993）。由于非国有股东的经营目标和决策偏好不同于国有股东，非国有股东进入国企后能够优化对管理层的监督和激励机制，进而减少管理层机会主义动机影响下的代理行为（Gupta，2005）。换言之，混合所有制改革使国企中非国有股东与国有控股股东之间形成相互制衡的股权结构，在一定程度上缓解了国企中“所有者缺位”和“内部人控制”等问题，进而优化国企的经营决策，提升公司治理效率。正如马连福等（2015）研究表明，产权主体的明晰和变更对管理层激励的改善是混合所有制改革提升公司治理效率的主要原因。因此，混合所有制改革作为一种正式制度的公司治理机制，通过制衡国有控股股东对企业的财务行为产生约束作用，进而作用于企业层面的资源配置效率。具体地，一方面，国企混改后非国有资本的进入能够为国企注入新鲜血液，激发市场活力，并约束“内部人”自利行为。对于企业内部中小股东和外部债权人等投资者而言，国企的上述变化意味着企业市场价值的潜在增值空间逐步扩大，将直接减少投资者所面临的市场风险，其风险溢酬亦会随着股票价格下跌风险的减少而降低。在这种情况下，企业既可能因权益资本成本的降低而增加权益融资，亦可能因债务资本成本的降低而增加债务融资。另一方面，考虑到国企混改降低了国企的政策性负担，并导致与其相伴而生的预算软约束趋于硬化。在这种情况下，非国有资本的进入也有可能会弱化国企的资源优势，强化外部融资约束，导致债务资本成本上升，并使企业不得不减少债务融资。更为重要的是，企业权益融资和债务融资决策的相互博弈将直接影响到企业的财务杠杆水平。那么，国企混改是否能够通过对企业权益融资和债务融资行为产生影响并进而作用于企业财务杠杆水平？基于此，本章将国企混改视作一种正式制度，以非国有股东治理为切入点，检验了混合所有制改革制度的实施是否以及如何影响我国企业的融资行为。

本章以我国沪深 A 股国有上市公司为研究样本，通过整理上市公司前十大股东股权性质的明细数据对国企混改股权结构进行识别和有效测度，基于 2007~2017 年国有上市公司的经验证据表明：①国企混改股权结构的深入度、制衡度能有效提升企业权益融资和融资总额，但对企业债务融资无明显影响，而混合股权种类的多样性对企业融资决策均无显著作用。②进一步研究表明，相较于债务融资决策，国企混改后更倾向于选择权益融资，并显著降低了企业的财务杠杆水平。③与内部控制水平较高企业相比，内部控制水平较低国企的混改优化企业融资决策的程度更明显；且随着行业垄断程度和行业成长性的提高，国企混改对企业融资行为的正向影响将不断弱化。

本章可能的理论贡献与现实意义在于：①本章丰富了企业融资行为的影响因素研究。本章从制度层面出发，考察作为一种正式制度的国企混改是否以及如何影响企业融资决策。本章研究结果表明，国企混改引入非国有资本有效发挥了非国有股东的监督和制衡作用，修正了国企的融资行为，由此验证了国企混改治理效应的存在。②本章丰富了国企混改的经济后果研究。已有研究多从投资决策及效率（李文贵和余明桂，2015；逯东等，2019）、政策性负担（陈林和唐杨柳，2014）、内部控制质量（刘运国等，2016）、企业绩效（马连福等，2015；郝阳和龚六堂，2017）、国企高管薪酬激励（蔡贵龙等，2018）等角度探求国企混改的经济后果，鲜有从国企改革“聚焦主业”施策导向的角度对企业融资行为倾注更多关注。③由于我国国企的内控水平与所处行业的垄断程度、成长空间存在显著差异，进而对国企混改的效果产生不同的影响。本章进一步检验内部控制、行业垄断程度以及行业成长性对国企混改影响融资行为的调节作用，为加强治理环境改善以实现更好的国企混改效果提供政策启示。

3.2　文献回顾与研究假设

3.2.1　文献回顾

3.2.1.1　国企混合所有制改革必要性研究

较多文献论证国企进行混合所有制改革的必要性。作为建立现代企业制度的主要组织形式之一，混合所有制有助于推进国企改革的深化和资源配置效率的提高，进而完善国企治理机制（黄速建，2014）；此外，建立混合所有制企业能够对私有制市场失灵和公有制计划失灵发挥一定的政府干预作用（张旭昆，2016）。民营企业的迅速发展以及国企效率的相对低下倒逼国企转型（杨兴全和尹兴强，2018），且国企必须进行混合所有制改革的理论渊源来自政治观和经理人观（Gupta，2005）。

政治观认为，经营目标的扭曲使国企承担了较多的政治职能，政府干预导致国企经营低效并丧失了“自生能力”，而产权改革后通过剥离政策性负担能够缓解政府干预的负向影响，进而解决内部治理机制问题（Shleifer 和 Vishny，1998；林毅夫和李志赟，2004）。换言之，国企社会性负担与战略性负担制约国企投资效率，使其无法为自身效用最大化而运作（郝阳和龚六堂，2017），而混合所有制改革能够降低国企的社会性负担和政策性负担（陈林和唐杨柳，2014）。即随着非国有股东持股比例的增加，政府干预民营化企业的成本也越发高昂（Sappington 和 Stiglitz，1987），在一定程度上有助于缓解国企政策性负担并促使国企开展具有价值增值性的经营活动。

经理人观认为，相较于民营企业，国企因缺乏对管理层有效的监督和激励机制而具有更严重的代理问题（Laffont 和 Tirole，1993；李寿喜，2007）。从监督机制来看，国企存在冗长的委托代理链条以及由此形成的所有者缺位现象，使国企内部监督低效；从激励机制来看，国企管理层具有“经济人”和“政治人”的双重属性，在政治动机的影响下，为追求晋升机会，国企管理层更愿意让企业承担更多的政策性负担（廖冠民和沈红波，2014），加之国企管理层薪酬多以行政手段予以管理，使其薪酬激励机制无法发挥经济动机的驱动作用。

3.2.1.2　国企混合所有制改革的治理效应研究

一方面，非国有股东通过制衡国有控股股东发挥治理效应。在混合所有制的股权结构下，非国有股东与国有股东之间形成的相互制衡关系会对公司治理机制的有效性产生影响。郝云宏等（2015）通过对“鄂武商控制权之争”的案例分析，证明民营参股股东与国有控股股东进行适度控制权争夺是符合效率原则的市场化行为。卢建词和姜广省（2018）研究发现，非国有股东通过采取强强联合的方式来增加其话语权，从而对国有股东产生有效的制衡以争取更多的现金股利分配。区分企业的股权结构发现，当公司的第一大股东与第二股东性质不同时，能够改善公司治理情况（Maury 和 Pajuste，2005），尤其当存在多个大股东时，非控股股东的性质对于优化公司治理和改善公司绩效具有重要影响。张继德和刘素含（2018）通过对联通混改的案例分析发现，战略投资者对于中国联通董事会在日常经营决策中起到制衡作用，从而证明了民营资本的引入带来董事会结构的变动将对原国有股东形成有效制衡。沈昊和杨梅英（2019）以招商局集团作为研究案例，发现混改引入非公股东的类型与时机对公司业绩和公司治理有较大影响。沈红波等（2019）对云南白药的案例研究发现，云南白药混改后形成了国资委参股、民营企业股权制衡的公司治理模式，有效改善了公司治理。

另一方面，非国有股东通过监督与激励管理层发挥治理效应。唐跃军（2002）指出在转轨经济中严重的内部人控制和道德风险问题缘于企业内外部治理机制的失效。而民营参股有助于缓解国企僵化的内部管理体制，完善对管理层的监督和激励机制（刘凤委等，2007），以促使管理者减少机会主义或道德风险行为。蔡贵龙等（2018）研究发现，非国有股东通过在股权结构上制衡国有控股股东以及委派高管来监督国企经理人，能够优化国企的股权结构和董事会人员结构，缓解国企“所有者缺位”和“内部人控制”等代理问题，进而影响国企的经营决策，提升公司治理效率。

3.2.2 研究假设

投资者对于企业估值的判断会受到资本市场上披露的与企业价值相关信息的影响，进而影响企业的融资成本、融资规模以及资本结构等融资决策。

已有研究发现，国企在实施混合所有制改革之后，一方面，非国有股东通过发挥权力监督效应，能够有效抑制国企经理人和实际控制人的代理行为（祝继高等，2015）；另一方面，非国有股东通过发挥建言献策的作用，能够为国企提供解决问题的新视角（李姝等，2018）。因此，非国有股东的进入能够降低企业内部的信息不对称程度，减少股东与管理层以及控股股东与中小股东之间的代理问题，从而促进企业股价的潜在增值。尤其是在我国国企“一股独大”的股权结构影响下，由于中小股东的利益得不到良好保护，引入非国有资本后所产生的治理优化作用可能更为明显。具体地，出于控制权的考虑，控股股东不会频繁入市进行股票交易，因此股票市场的价格主要受中小股东的交易影响。考虑到在投资者利益无法得到良好保护的制度背景下，中小股东对短期股价的变化可能更为敏感。而随着混改的深入推进和非国有股东的不断进入，中小股东预期股价上升的可能性会更大，那么中小股东基于风险求偿心理所要求的预期回报率可能就会有所降低。换言之，国企混改通过在公司治理中起到相应的约束作用而降低股东收益的补偿风险。

国企混改可能通过以下路径对企业的融资决策发挥治理效应。首先，从长期权益融资来看：若混合所有制改革能够提升国企的长期价值，则这种潜在增值将直接减少中小股东所面临的市场风险，降低了股票价格下跌的可能性，即股东所要求的基于风险补偿的回报率可能会下降。在这种情况下，企业可能会因权益资本成本的降低而增加权益融资。其次，从短期债务融资来看：一方面，国企在混改之后会引入部分非国有资本，而非国有股东的逐利天性可能也会影响到企业的包括债权人在内的其他利益相关者的判断。考虑到实施混改政策在为企业注入市场竞争活力的同时，更有可能促使企业在日常经营和投资过程中审慎决策以追求利润最大化目标，因而债权人可能会将非国有资本的引入视为一种正面信号，即通过提高所要求的回报率（利率）来抵补所面临额外风险的可能性会下降，在这种情况下，企业可能会因债务资本成本的降低而增加债务融资。另一方面，随着非国有资本的不断进入，国有股比例的不断下降，国企受政府干预的程度亦有所缓解、经营目标得到一定纯化，承担的政策性负担也将明显减少（张辉等，2016），国企的上述变化通过降低国有股权的资源效应进而可能强化企业的融资约束，其结果亦有可能导致企业不得不因债务资本成本的提高而减少债务融资。基于此，国企混改对企业债务融资决策的影响亦有可能因上述两方面的共同作用而不具有明显变化。

总之，国企混改的实施将导致企业所面临的权益融资成本下降，而对债务融资成本无明显影响，最终导致企业新增对外融资的总体水平相应上升。由此，本章提出以下假设：

假设 H1a：国企混改之后，企业新增外部权益融资额将会增加。

假设 H1b：国企混改之后，企业新增外部债务融资额无明显变化。

假设 H1c：国企混改之后，企业新增外部融资总额将会增加。

上述分析表明，作为一种能够发挥治理作用的正式制度——国企混改的实施会对企业的融资行为产生影响，尤其是外部权益融资决策，但对于企业新增债务融资决策的影响尚不明晰。基于此，本章进一步区分融资方式，考察国企混改对权益融资和债务融资的影响程度是否存在差异，并进而探索是否会由此改变企业的资本结构。

Warga（1992）认为，相较于权益市场，企业债券市场更加缺乏流动性，因而关于企业价值的信息难以迅速地在债券价格中得以反映。此外，由于我国企业的债务融资大多是通过向商业银行借贷获得的，而借贷市场的流动性又远低于债券市场，作为债权人的商业银行一旦签发贷款后很难根据企业未来的实际经营状况做出及时调整。在这种情况下，债权人会更加关心违约风险，对可能会增加企业违约风险的负面信息更加敏感（Nejadmalayeri 和 Erturk，2020），而对可能会增加企业价值的正面信息的敏感性较低。因此，即使债权人可能会将非国有资本的引入视为一种正面信号，但考虑到债权人风险规避的天然属性，其降低风险溢酬的幅度可能会较小。此外，鉴于非国有资本的进入并不会改变企业的部分国有属性，因此国企混改在降低企业政策性负担的同时难以完全剥离国有股权在资源效应上所享有的政策红利，在这种情况下，国企混改降低国有股权资源效应的幅度可能会较小。因此，混改后国企权益资本成本的下降幅度会大于债务资本成本的变动幅度（下降/上升），相应地，权益融资增加的程度可能会超过债务融资的变动幅度（增加/减少）。也就是说，混改后国企外部融资的总体水平会趋于增加，且在新增外部融资时可能更倾向于选择权益融资，并最终降低企业的财务杠杆水平。由此，本章提出以下假设：

假设 H2a：国企混改之后，企业在新增外部融资时将更倾向于使用权益融资。

假设 H2b：国企混改之后，企业财务杠杆水平将会下降。

3.3 研究设计

3.3.1 样本选择与数据来源

以 2007~2017 年为研究区间，本章选择观测初始年当年实际控制人为国有性质的 A 股上市公司为初始样本①，剔除 ST、PT 及金融类公司观测值和主要财务指标缺失及资产负债率大于等于 1 或小于等于 0 的样本观测值，最终得到 2193 家公司 11929 个公司的年度观测值。本章所有的公司财务数据均来源于 CSMAR 数据库。为排除异常值对结果的影响，本章对所有连续变量在上下 1%水平上进行了缩尾处理。

3.3.2 模型设计与变量意义

参考顾乃康和周艳利（2017）的研究设计，为检验研究假说，本章构建如下回归模型：

$$\Delta Y_{i,t} = \alpha_0 + \alpha_1 Mixed_{i,t} + \alpha_2 Size_{i,t-1} + \alpha_3 Levb_{i,t-1} + \alpha_4 Roa_{i,t-1} + \alpha_5 Q_{i,t-1} + \alpha_6 Tang_{i,t-1} + \alpha_7 First_{i,t-1} + \alpha_8 Soe_{i,t-1} + \sum Firm + \sum Year + \varepsilon_{i,t} \quad (3-1)$$

其中，被解释变量 ΔY 是衡量企业新增的各类外部融资额的指标，包括年度新增外部权益融资额（ΔE）、年度新增外部债务融资额（ΔD）以及年度新增外部融资总额（DEF）共三个指标。

解释变量 Mixed 表示国企混改指标。借鉴马连福等（2015）的研究设计，手工收集上市公司年报中“股东数量和持股情况”中前十大股东的持股性质（或实际控制人性质）进行判断，并构建如下系列指标来衡量国企混改的股权结构：①混合多样性（Mixnum），前十大股东中涉及的不同种类股权性质的数量，当前十大股东中仅存在一种性质的股东时，Mixnum 取值为 1，当存在两种性质的股东

① 2007 年及之前上市的观测初始年为 2007 年，2007 年之后上市的观测初始年为上市当年。

时取值为 2，以此类推，当具有六种不同性质的股东时，Mixnum 取值为 6。① ②混合深入度（Mixratio），企业前十大股东中非国有股东持股比例之和。③混合制衡度（Mixbalance），企业前十大股东中非国有股东与国有股东持股比例之差，该值越小，说明国有股东与非国有股东之间的股权关系越相对制衡。

同时，参照顾乃康和周艳利（2017）的做法，本章控制了影响企业新增外部融资的其他因素，包括企业规模（Size）、账面杠杆（Levb）、盈利能力（Roa）、成长性（Q）、有形资产比率（Tang）、股权集中度（First）、产权性质（Soe）。此外，为避免估计结果受公司个体和宏观环境的干扰，本章还进一步控制了公司个体和年度的双向固定效应，并对所有回归系数的标准误进行了公司层面的聚类调整。具体变量定义如表 3-1 所示。

表 3-1 变量定义

变量类型	变量代码	变量名称	变量说明
因变量	ΔE	融资决策	年度新增外部权益融资额；吸收权益性投资收到现金/期初总资产
	ΔD		年度新增外部债务融资额；（发行债券收到的现金+取得借款收到的现金-偿还债务支付的现金）/期初总资产
	DEF		年度新增外部融资总额；ΔE 和 ΔD 之和
自变量	Mixnum	国企混改	混合多样性；前十大股东中涉及的不同种类股权性质的数量
	Mixratio		混合深入度；企业前十大股东中非国有股东持股比例之和
	Mixbalance		混合制衡度；企业前十大股东中非国有股东与国有股东持股比例之差
控制变量	Size	企业规模	总资产的自然对数
	Levb	账面杠杆	总负债/总资产的账面价值
	Roa	盈利能力	总资产净利率
	Q	成长性	市账比
	Tang	有形资产比率	固定资产净额与存货之和/期末总资产
	First	股权集中度	第一大股东持股比例
	Soe	产权性质	国企为 1，否则为 0

① 参考马连福等（2015）、郝阳和龚六堂（2017）的研究，将前十大股东划分为国有股东、民营股东、自然人股东、外资类股东、机构投资者和其他共六大类。

3.3.3 描述性统计

表 3-2 报告了本章主要变量的描述性统计结果。从衡量企业融资行为的具体决策内容来看，上市公司的平均年度新增外部融资总额（DEF）占期初总资产的 8.2%，其中，外部权益融资（ΔE）占比 4.9%，外部债务融资（ΔD）占比 3.1%，说明上市公司融资决策以权益融资为主。从衡量国企混改的股权结构来看，混改多样性（Mixnum）的均值为 3.210，说明我国国企持股股东的种类存在多样性；混改深入度（Mixratio）的均值为 0.317，最大值为 0.831，最小值为 0.010，表明我国国企混改力度较大，且非国有资本在我国部分国企中占比较高，但不同国企中非国有资本的进入情况存在较大差异；混改制衡度（Mixbalance）的均值为 0.053，该数值小于 10%，说明整体而言，在参与混改的国企中非国有资本与国有资本持股比例基本持平，处于相互制衡的局面。

表 3-2　变量描述性统计

变量	样本数	均值	标准差	最小值	25 分位数	中值	75 分位数	最大值
ΔE	11929	0.049	0.137	0.000	0.000	0.000	0.011	0.823
ΔD	11929	0.031	0.095	-0.197	-0.013	0.004	0.063	0.420
DEF	11929	0.082	0.170	-0.152	-0.001	0.026	0.110	0.929
Mixnum	11929	3.210	0.856	1.000	3.000	3.000	4.000	5.000
Mixratio	11929	0.317	0.268	0.010	0.063	0.225	0.576	0.831
Mixbalance	11929	0.053	0.496	-0.763	-0.396	-0.069	0.565	0.826
Size	11929	22.178	1.289	20.019	21.257	21.967	22.899	26.240
Levb	11929	0.439	0.204	0.058	0.276	0.434	0.600	0.873
Roa	11929	0.045	0.050	-0.120	0.016	0.039	0.069	0.212
Q	11929	4.194	3.626	0.689	1.885	3.035	5.201	21.512
Tang	11929	0.389	0.182	0.033	0.253	0.378	0.518	0.818
Top1	11929	0.371	0.151	0.102	0.250	0.358	0.481	0.761
SOE	11929	0.580	0.494	0.000	0.000	1.000	1.000	1.000

表 3-3 报告了单变量统计检验结果。其中，国企混改（Mixed）按照行业年度中值进行分组，如果国企混改（Mixed）大于中值则取 1，定义为高混改组，否则取 0，定义为低混改组。中值检验结果表明，当以混改深入度（Mixratio）和制衡度（Mixbalance）衡量非国有资本进入国企程度时，与低混改组相比，企业年度新增外部融资总额的中值均在高混改组中更大，且两者间存在显著差异；但

当以混改多样性（Mixnum）作为国企混改代理变量时，无论在高混改组还是低混改组，企业年度新增外部融资总额的中值均无显著差异。初步验证了本章的假设 H1c，即随着非国有资本持股比例的增加和制衡能力的提高，企业年度新增外部融资总额均显著上升，但股权多样性对外部融资总额无显著影响。基于此，国企混改对企业融资决策（权益融资、债务融资）的具体影响仍待进一步检验。

表 3-3 单变量检验

DEF	高混改		低混改		Z 检验
Mixnum	9376	0.025	2553	0.028	0.618
Mixratio	5965	0.039	5964	0.016	112.606***
Mixbalance	9170	0.031	2759	0.014	69.804***

注：*** 表示在 1%的水平下显著。

3.4 实证结果与分析

3.4.1 基准回归分析

表 3-4 报告了国企混改影响企业融资决策的回归结果，列（1）至列（3）中，不论以何种衡量方式作为被解释变量，混改多样性（Mixnum）的系数均未通过显著性检验，说明国企混改的股权多样性对企业融资决策未产生显著影响；列（4）至列（6）中，当被解释变量为新增权益融资（ΔE）和新增融资总额（DEF）时，混改深入度（Mixratio）的系数在 1%水平下显著为正，而当被解释变量为新增债务融资（ΔD）时，混改深入度（Mixratio）的系数为负但不显著，说明随着非国有资本持股比例的增加，企业年度新增外部权益融资和外部融资总额均显著上升，但对债务融资未产生显著影响；列（7）至列（9）中，当被解释变量为新增权益融资（ΔE）和新增融资总额（DEF）时，混改制衡度（Mixbalance）的系数在 1%水平下显著为正，而当被解释变量为新增债务融资（ΔD）时，混改制衡度（Mixbalance）的系数为负但不显著，说明非国有资本的制衡提高了企业年度新增外部权益融资和外部融资总额，但仍未对企业债务融资产生影响。

表 3-4　国企混改与企业融资决策

ΔY	ΔE (1)	ΔD (2)	DEF (3)	ΔE (4)	ΔD (5)	DEF (6)	ΔE (7)	ΔD (8)	DEF (9)
Mixnum	0.001 (0.340)	-0.000 (-0.086)	0.000 (0.083)	—	—	—	—	—	—
Mixratio	—	—	—	0.224*** (7.712)	-0.004 (-0.224)	0.222*** (6.599)	—	—	—
Mixbalance	—	—	—	—	—	—	0.067*** (4.061)	-0.003 (-0.222)	0.059*** (3.016)
$Size_{t-1}$	-0.089*** (-13.512)	0.001 (0.274)	-0.098*** (-11.143)	-0.085*** (-13.336)	0.001 (0.254)	-0.093*** (-10.851)	-0.087*** (-13.248)	0.001 (0.248)	-0.095*** (-10.845)
$Levb_{t-1}$	0.354*** (14.535)	-0.206*** (-11.874)	0.157*** (5.548)	0.346*** (14.317)	-0.206*** (-11.930)	0.148*** (5.341)	0.350*** (14.420)	-0.206*** (-11.904)	0.153*** (5.464)
Roa_{t-1}	0.314*** (5.828)	0.190*** (4.359)	0.539*** (7.147)	0.282*** (5.297)	0.190*** (4.379)	0.508*** (6.824)	0.305*** (5.693)	0.190*** (4.376)	0.531*** (7.073)
Q_{t-1}	0.003*** (3.169)	0.002*** (3.525)	0.005*** (4.157)	0.003*** (3.473)	0.002*** (3.512)	0.005*** (4.412)	0.003*** (3.286)	0.002*** (3.518)	0.005*** (4.244)
$Tang_{t-1}$	0.068*** (3.570)	-0.043** (-2.545)	0.013 (0.467)	0.073*** (3.880)	-0.043** (-2.553)	0.018 (0.645)	0.071*** (3.739)	-0.043** (-2.551)	0.016 (0.564)
$Top1_{t-1}$	0.185*** (5.454)	-0.033 (-1.184)	0.127** (2.541)	0.161*** (4.828)	-0.032 (-1.161)	0.103** (2.102)	0.198*** (5.930)	-0.033 (-1.197)	0.138*** (2.820)
Soe_{t-1}	-0.042** (-2.200)	-0.001 (-0.106)	-0.038 (-1.477)	-0.003 (-0.171)	-0.002 (-0.164)	0.001 (0.023)	-0.023 (-1.231)	-0.002 (-0.164)	-0.021 (-0.825)
Constant	1.787*** (12.411)	0.105 (1.064)	2.118*** (10.944)	1.615*** (11.571)	0.108 (1.080)	1.947*** (10.160)	1.714*** (11.943)	0.108 (1.073)	2.053*** (10.493)
Firm/Year	Yes	Yes	Yes	Yes	Yes	Yes	Yes	Yes	Yes
N	8758	8758	8758	8758	8758	8758	8758	8758	8758
F	30.281	22.084	16.644	31.947	22.231	19.864	30.590	22.168	17.149
Adj. R-Square	0.129	0.078	0.078	0.145	0.078	0.089	0.133	0.078	0.080

注：***、**和*分别表示在 1%、5%和 10%的水平下显著；括号内为 T 值；标准差经公司层面聚类处理。本章下同。

混改深入度和制衡度均体现了我国混改过程中国有股与非国有股在股权结构方面的动态博弈变化，着重强调非国有股入股标的企业的力量对比，更能体现异质股权制衡的力量差异所带来的优化效果，实现吸引外部权益融资、优化企业融资决策的作用；而股权多样性仅仅体现非国有资本进入种类的多少，并未体现出国有股与非国有股股权力量的对比关系，因而对企业外部融资决策的作用效果不明显。换言之，国企混改不应只追求股权种类的多样性，更应关注股权结构的实质性变化，真正发挥非国有资本所产生的优化作用。

此外，非国有资本持股比例的增加以及与国有股之间制衡能力的提高对企业年度新增债务融资无显著影响，一方面可能说明非国有资本的进入既未降低债权人的风险溢酬，亦未削弱国企的资源优势；另一方面亦有可能是两者的共同作用而导致国企混改对企业债务融资影响不明显。然而，混改深入度和制衡度均通过增加权益融资进而使得企业年度新增融资总额上升，验证了本章的假设 H1a、假设 H1b 和假设 H1c，说明国企混改确实能够优化公司治理水平，减少中小股东的风险溢酬，从而降低权益融资成本。

前文分析表明，国企混改显著提升了企业年度新增外部融资总额，且主要来源于权益融资的增加而非债务融资。那么，国企混改是否为企业获得外部权益融资提供便利？又是否会对企业债务融资决策产生影响，进而作用于企业财务杠杆水平？有待进一步检验。

基于此，本章选取外部融资总额（DEF）大于 0 的样本，并引入反映融资方式的虚拟变量 Dum_ Equity。若权益融资（ΔE）大于 0 且债务融资（ΔD）小于等于 0 则定义为“权益融资组”，赋值为 1；若权益融资（ΔE）小于等于 0 且债务融资（ΔD）大于 0 则定义为“债务融资组”，赋值为 0。将模型（3-1）的被解释变量更换为融资方式（Dum_ Equity），如果国企混改（Mixed）与融资方式（Dum_ Equity）呈显著的正相关性，则意味着混改之后的国企在外部融资时更倾向于使用权益融资，也即假设 H2a 成立。回归结果如表 3-5 列（1）至列（6）所示，不论以 Logit 还是 Probit 方法进行统计分析，混改多样性（Mixnum）的回归系数均为负但不显著，混改深入度（Mixratio）和制衡度（Mixbalance）的回归系数分别在 1%和 5%水平下显著为正。结果表明，相较于年度新增债务融资，国企混改显著提升企业的权益融资额。

那么，国企混改影响下企业权益融资额的增加是否有利于国企“去杠杆”？本章进一步将模型（3-1）的被解释变量更换为财务杠杆（Levb），如果国企混改（Mixed）与财务杠杆（Levb）呈显著的负相关性，则意味着非国有资本在进入国企后，能够通过引导企业年度新增融资决策由债务向权益转移而使企业财务杠杆下降，也即假设 H2b 成立。回归结果如表 3-5 列（7）至列（9）所示，混改多样性（Mixnum）的回归系数为正但不显著，混改深入度（Mixratio）和制衡度（Mixbalance）的回归系数均在 1%水平下显著为负。结果表明，国企混改通过优化融资结构显著降低了企业的财务杠杆水平。

表 3-5 国企混改与企业融资决策

变量名称	Dum_ Equity						Levb		
	Logit			Probit					
	(1)	(2)	(3)	(4)	(5)	(6)	(7)	(8)	(9)
Mixnum	-0.026 (-0.590)	—	—	-0.014 (-0.537)	—	—	0.001 (0.661)	—	—
Mixratio	—	1.242*** (4.508)	—	—	0.754*** (4.672)	—	—	-0.088*** (-4.895)	—
Mixbalance	—	—	0.359** (2.188)	—	—	0.218** (2.267)	—	—	-0.035*** (-3.250)
$Size_{t-1}$	0.374*** (7.739)	0.370*** (7.626)	0.379*** (7.792)	0.222*** (7.964)	0.219*** (7.831)	0.225*** (8.035)	0.021*** (5.743)	0.020*** (5.272)	0.020*** (5.380)
$Levb_{t-1}$	-5.175*** (-17.022)	-5.190*** (-16.978)	-5.190*** (-17.055)	-3.019*** (-17.408)	-3.023*** (-17.377)	-3.028*** (-17.459)	0.516*** (28.935)	0.519*** (28.926)	0.518*** (28.869)
Roa_{t-1}	8.002*** (8.469)	7.529*** (7.915)	7.840*** (8.265)	4.602*** (8.463)	4.338*** (7.936)	4.510*** (8.272)	-0.179*** (-4.872)	-0.167*** (-4.560)	-0.175*** (-4.765)
Q_{t-1}	-0.033*** (-2.643)	-0.037*** (-2.938)	-0.035*** (-2.764)	-0.018** (-2.341)	-0.020*** (-2.677)	-0.019** (-2.476)	0.000 (0.390)	0.000 (0.218)	0.000 (0.303)
$Tang_{t-1}$	-0.938*** (-3.576)	-0.909*** (-3.441)	-0.920*** (-3.505)	-0.544*** (-3.567)	-0.532*** (-3.462)	-0.534*** (-3.497)	-0.009 (-0.721)	-0.011 (-0.874)	-0.011 (-0.847)
$Top1_{t-1}$	-0.501* (-1.838)	-0.700** (-2.523)	-0.410 (-1.491)	-0.335** (-2.113)	-0.444*** (-2.759)	-0.272* (-1.697)	-0.050** (-2.174)	-0.041* (-1.703)	-0.057** (-2.446)
Soe_{t-1}	-0.038 (-0.365)	0.524*** (3.197)	0.246 (1.469)	-0.032 (-0.529)	0.311*** (3.260)	0.141 (1.449)	0.005 (0.407)	-0.011 (-0.903)	-0.005 (-0.456)
Constant	-7.368*** (-6.928)	-7.990*** (-7.408)	-7.764*** (-7.204)	-4.317*** (-7.030)	-4.672*** (-7.544)	-4.551*** (-7.336)	-0.233*** (-2.768)	-0.162* (-1.904)	-0.192** (-2.281)
Ind	Yes	Yes	Yes	Yes	Yes	Yes	No	No	No
Year	Yes	Yes	Yes	Yes	Yes	Yes	Yes	Yes	Yes
Firm	No	No	No	No	No	No	Yes	Yes	Yes
N	4298	4298	4298	4298	4298	4298	8758	8758	8758
Pseudo/Adj. R-Square	0.245	0.244	0.248	0.247	0.246	0.245	0.319	0.324	0.321

3.4.2 进一步分析

3.4.2.1 国企混改与企业融资决策：基于内部控制水平视角

前文分析表明，国企混改通过引入非国有资本弱化了国企“所有者缺位”和“一股独大”的现象，进而优化公司内部治理水平，提升了企业的长期市场价值，由此降低了中小股东的风险溢酬，减少了权益融资成本并提升了企业年度新增权益融资和融资总额。那么，当国企内部控制水平较高时，国企混改对企业融资行为的影响是否会进一步弱化？基于此，本章采用迪博内控指数来衡量公司的内控水平。迪博内控指数越高说明企业内部控制水平越高，低于或等于年度中值的为低内部控制组（Panel A），高于年度中值的为高内部控制组（Panel B），对样本进行分组检验。

表 3-6 是内部控制水平对国企混改与企业融资决策关系差异影响的回归结果。结果表明，无论内部控制水平高低，混改多样性（Mixnum）对企业融资决策均未产生显著影响［列（1）至列（3）］，且混改深入度（Mixratio）和制衡度（Mixbalance）对企业债务融资仍无明显作用［列（5）和列（8）］。此外，列（4）和列（6）表明，在低内部控制企业样本组中，当被解释变量为新增权益融资（ΔE）和新增融资总额（DEF）时，混改深入度（Mixratio）的系数均在1%水平下显著为正。而在高内部控制企业样本组中，当被解释变量为新增权益融资（ΔE）时，混改深入度（Mixratio）的系数在5%水平下显著为正，当被解释变量为新增融资总额（DEF）时，混改制衡度（Mixbalance）的系数为正但不显著；列（7）和列（9）表明，在低内部控制企业样本组中，当被解释变量为新增权益融资（ΔE）和新增融资总额（DEF）时，混改制衡度（Mixbalance）的系数分别在1%和5%水平下显著为正。而在高内部控制企业样本组中，当被解释变量为新增权益融资（ΔE）和新增融资总额（DEF）时，混改制衡度（Mixbalance）的系数均不显著。

表 3-6 国企混改与企业融资决策：基于内部控制水平的调节作用分析

Panel A：低内部控制组	ΔE	ΔD	DEF	ΔE	ΔD	DEF	ΔE	ΔD	DEF
ΔY	(1)	(2)	(3)	(4)	(5)	(6)	(7)	(8)	(9)
Mixnum	-0.001 (-0.308)	0.005 (1.438)	0.002 (0.442)	—	—	—	—	—	—

续表

Panel A：低内部控制组	ΔE	ΔD	DEF	ΔE	ΔD	DEF	ΔE	ΔD	DEF
ΔY	(1)	(2)	(3)	(4)	(5)	(6)	(7)	(8)	(9)
Mixratio	—	—	—	0.211 *** (4.718)	-0.008 (-0.206)	0.208 *** (3.766)	—	—	—
Mixbalance	—	—	—	—	—	—	0.065 *** (2.615)	-0.000 (-0.019)	0.057 ** (2.059)
Constant	1.428 *** (5.905)	-0.006 (-0.029)	1.796 *** (4.390)	1.301 *** (5.714)	0.012 (0.058)	1.681 *** (4.325)	1.367 *** (5.739)	0.008 (0.038)	1.752 *** (4.357)
Control	Yes	Yes	Yes	Yes	Yes	Yes	Yes	Yes	Yes
Firm/Year	Yes	Yes	Yes	Yes	Yes	Yes	Yes	Yes	Yes
N	2844	2844	2844	2844	2844	2844	2844	2844	2844
Adj. R-Square	0.128	0.067	0.083	0.149	0.066	0.095	0.133	0.066	0.085

Panel B：高内部控制组	ΔE	ΔD	DEF	ΔE	ΔD	DEF	ΔE	ΔD	DEF
ΔY	(1)	(2)	(3)	(4)	(5)	(6)	(7)	(8)	(9)
Mixnum	0.000 (0.101)	-0.001 (-0.247)	0.001 (0.130)	—	—	—	—	—	—
Mixratio	—	—	—	0.103 ** (2.237)	-0.073 (-1.422)	0.025 (0.382)	—	—	—
Mixbalance	—	—	—	—	—	—	0.022 (0.910)	-0.037 (-1.125)	-0.028 (-0.652)
Constant	1.642 *** (4.953)	0.145 (0.617)	1.975 *** (4.748)	1.545 *** (4.731)	0.213 (0.904)	1.952 *** (4.697)	1.611 *** (4.790)	0.198 (0.816)	2.016 *** (4.683)
Control	Yes	Yes	Yes	Yes	Yes	Yes	Yes	Yes	Yes
Firm/Year	Yes	Yes	Yes	Yes	Yes	Yes	Yes	Yes	Yes
N	2488	2488	2488	2488	2488	2488	2488	2488	2488
Adj. R-Square	0.120	0.084	0.078	0.125	0.087	0.078	0.121	0.086	0.078

上述结果说明，内部控制水平越高的国企，混改对企业融资决策的作用越小，尤其是企业年度新增权益融资以及融资总额。即非国有资本的进入总体上能够实现企业融资决策的优化作用，但对于本身内部控制水平较高的国企而言，混

合所有制改革的提升作用相对有限。因此，国企推行混合所有制改革，更要把握好攻坚克难着力点，具体问题具体分析。

3.4.2.2　国企混改与企业融资决策：基于行业垄断程度视角

前文分析表明，国企混改对企业权益融资和融资总额有显著且稳健的提升作用，那么，这是否意味着民营化程度越高混改的实施效果就越好？国企大多在关乎国计民生的行业中居于垄断地位，相较于基于宏观调控需求的垄断特性而言，在具有自然垄断性质的行业中，民营化导向的混改是否能够通过增加权益融资进而降低企业的财务杠杆水平？基于此，借鉴方明月和孙鲲鹏（2019）的做法，本章利用赫芬达尔指数（HHI）来衡量行业垄断程度，这一指数越高说明企业所处行业垄断程度越高，低于或等于年度中值的为低行业垄断组（Panel A），高于年度中值的为高行业垄断组（Panel B），对样本进行分组检验。

表3-7是行业垄断程度对国企混改与企业融资决策关系差异影响的回归结果。结果表明，无论行业垄断程度高低，混改多样性（Mixnum）对企业融资决策均未产生显著影响［列（1）至列（3）］，且混改深入度（Mixratio）和制衡度（Mixbalance）对企业债务融资仍无明显作用［列（5）和列（8）］。此外，列（4）和列（6）表明，无论行业垄断程度高低，当被解释变量为新增权益融资（ΔE）和新增融资总额（DEF）时，混改深入度（Mixratio）的系数均在1%水平下显著为正，但组间差异系数检验表明，混改对企业权益融资和融资总额的提升作用在低行业垄断组更为显著（Z值分别为2.02和2.57），即相较于高垄断行业组，低垄断行业企业年度新增权益融资和融资总额平均高出22.6%和26.8%；列（7）和列（9）表明，在低垄断行业企业样本组中，当被解释变量为新增权益融资（ΔE）和新增融资总额（DEF）时，混改制衡度（Mixbalance）的系数分别在1%和5%水平下显著为正。而在高垄断行业企业样本组中，当被解释变量为新增权益融资（ΔE）和新增融资总额（DEF）时，混改制衡度（Mixbalance）的系数均为正但不显著。

表3-7　国企混改与企业融资决策：基于行业垄断程度视角的调节作用分析

Panel A：低行业垄断组	ΔE	ΔD	DEF	ΔE	ΔD	DEF	ΔE	ΔD	DEF
ΔY	(1)	(2)	(3)	(4)	(5)	(6)	(7)	(8)	(9)
Mixnum	-0.003 (-0.471)	-0.005 (-1.281)	-0.007 (-1.068)	—	—	—	—	—	—
Mixratio	—	—	—	0.376*** (5.951)	0.011 (0.259)	0.388*** (5.355)	—	—	—

续表

Panel A：低行业垄断组	ΔE	ΔD	DEF	ΔE	ΔD	DEF	ΔE	ΔD	DEF
ΔY	(1)	(2)	(3)	(4)	(5)	(6)	(7)	(8)	(9)
Mixbalance	—	—	—	—	—	—	0.140*** (3.236)	-0.002 (-0.088)	0.136** (2.551)
Constant	2.227*** (6.698)	0.073 (0.327)	2.576*** (5.597)	2.054*** (6.422)	0.072 (0.319)	2.401*** (5.455)	2.200*** (6.652)	0.078 (0.345)	2.554*** (5.599)
Control	Yes	Yes	Yes	Yes	Yes	Yes	Yes	Yes	Yes
Firm/Year	Yes	Yes	Yes	Yes	Yes	Yes	Yes	Yes	Yes
N	1956	1956	1956	1956	1956	1956	1956	1956	1956
Adj. R-Square	0.151	0.123	0.084	0.202	0.122	0.121	0.170	0.122	0.096
Panel B：高行业垄断组	ΔE	ΔD	DEF	ΔE	ΔD	DEF	ΔE	ΔD	DEF
ΔY	(1)	(2)	(3)	(4)	(5)	(6)	(7)	(8)	(9)
Mixnum	0.002 (0.736)	-0.000 (-0.094)	0.001 (0.402)	—	—	—	—	—	—
Mixratio	—	—	—	0.150*** (4.323)	-0.025 (-1.199)	0.120*** (3.068)	—	—	—
Mixbalance	—	—	—	—	—	—	0.023 (1.324)	-0.004 (-0.366)	0.011 (0.562)
Constant	2.180*** (10.888)	0.220 (1.565)	2.561*** (9.691)	2.041*** (10.257)	0.243* (1.711)	2.450*** (9.266)	2.152*** (10.663)	0.225 (1.586)	2.549*** (9.549)
Control	Yes	Yes	Yes	Yes	Yes	Yes	Yes	Yes	Yes
Firm/Year	Yes	Yes	Yes	Yes	Yes	Yes	Yes	Yes	Yes
N	6197	6197	6197	6197	6197	6197	6197	6197	6197
Adj. R-Square	0.153	0.074	0.097	0.159	0.074	0.099	0.153	0.074	0.097
diffrence					当 Mix=Mixratio，ΔY=ΔE 时，Z 值=2.02**；ΔY=DEF 时，Z 值=2.57***				

上述结果说明，混改对企业融资决策的作用随国企行业垄断程度的提高而降低，尤其是企业年度新增权益融资以及融资总额。即民营化导向的混改总体上有利于优化国企融资行为，但是对于处于垄断行业的国企而言，混改实施效果较不

明显。因此，国企应分类推进混合所有制改革，避免“一刀切”带来的负面影响。

3.4.2.3 国企混改与企业融资决策：基于行业成长性视角

尽管非国有股东的进入能够降低国企内部的信息不对称性，进而发挥治理效应并抑制基于股东与管理层以及控股股东与中小股东之间代理冲突引发的高管自利行为和控股股东隧道行为，但这种治理协同作用的发挥是否会由于国企所处行业的差异而在低成长性行业和高成长性行业中表现不同？

行业成长性通过影响公司所处行业的投融资环境及其市场竞争格局，进而直接或间接作用于公司的财务行为（杨兴全等，2016）。处于高成长性行业的企业往往拥有更好的发展空间、更高的盈利能力以及充裕的投资机会，同时也面临着更为复杂激烈的竞争环境。此时，公司为满足占优投资，势必会实施研发投入等长期资本投资项目以抢占市场份额。由于高成长性行业的低附属担保价值属性与占优投资偏好，极易导致公司面临“融资缺口”，因此对于高成长性行业企业而言，相对于短期债务融资，其更倾向于长期权益融资，且融资规模普遍较大。而处于低成长性行业的企业具有相对宽松的投融资环境和相对稳定的市场份额，但由于企业所处行业的成长潜力较小，因此难以吸引中小股东的进入。那么，国企混改对企业融资行为的优化作用是否在低成长性行业企业中具有更大的边际效果，有待进一步检验。因此本章采用托宾 Q 值来测度行业成长性（Ind_Q）[①]，低于或等于年度中值的为低成长行业组（Panel A），高于年度中值的为高成长行业组（Panel B），对样本进行分组检验。

表 3-8 是行业成长性对国企混改与企业融资决策关系差异影响的回归结果。列（4）和列（6）表明，在低成长行业组中，混改深入度（Mixratio）显著增加了企业新增权益融资（回归系数为 0.243，1%水平下显著）和融资总额（回归系数为 0.244，1%水平下显著），而在高成长行业组中，混改深入度（Mixratio）与权益融资和融资总额的回归系数均为正但不显著；列（7）和列（9）表明，在低成长行业组中，混改制衡度（Mixbalance）显著增加了企业新增权益融资（回归系数为 0.079，1%水平下显著）和融资总额（回归系数为 0.085，1%水平下显著），而在高成长行业组中，混改制衡度（Mixbalance）与权益融资和融资总额的回归系数均为正但不显著。结果表明，相较于高成长行业组，当国企处于低成长行业时，国企混改对新增权益融资和融资总额的提升作用更为显著。

① 托宾 Q 值 =（流通股份数×流通股价格+非流通股份数×每股净资产+总负债）/总资产。

表 3-8　国企混改与企业融资决策：基于行业成长性视角的调节作用分析

Panel A：低成长行业组	ΔE	ΔD	DEF	ΔE	ΔD	DEF	ΔE	ΔD	DEF
ΔY	(1)	(2)	(3)	(4)	(5)	(6)	(7)	(8)	(9)
Mixnum	-0.002 (-0.723)	0.000 (0.063)	-0.001 (-0.383)	—	—	—	—	—	—
Mixratio	—	—	—	0.243*** (6.306)	-0.001 (-0.030)	0.244*** (5.939)	—	—	—
Mixbalance	—	—	—	—	—	—	0.079*** (3.876)	0.006 (0.457)	0.085*** (3.550)
Constant	1.766*** (8.294)	0.317** (2.191)	2.175*** (8.040)	1.589*** (7.952)	0.318** (2.189)	1.998*** (7.731)	1.666*** (7.904)	0.309** (2.118)	2.069*** (7.633)
Control	Yes	Yes	Yes	Yes	Yes	Yes	Yes	Yes	Yes
Firm/Year	Yes	Yes	Yes	Yes	Yes	Yes	Yes	Yes	Yes
N	4630	4630	4630	4630	4630	4630	4630	4630	4630
Adj. R-Square	0.118	0.112	0.080	0.152	0.112	0.100	0.128	0.112	0.087
Panel B：高成长行业组	ΔE	ΔD	DEF	ΔE	ΔD	DEF	ΔE	ΔD	DEF
ΔY	(1)	(2)	(3)	(4)	(5)	(6)	(7)	(8)	(9)
Mixnum	0.012** (2.074)	-0.006 (-1.449)	0.005 (0.748)	—	—	—	—	—	—
Mixratio	—	—	—	0.123 (1.481)	-0.076* (-1.769)	0.051 (0.615)	—	—	—
Mixbalance	—	—	—	—	—	—	0.074 (1.565)	-0.063** (-2.508)	0.010 (0.203)
Constant	2.257*** (5.852)	0.331 (1.248)	2.741*** (6.229)	2.099*** (5.408)	0.427 (1.565)	2.675*** (6.146)	2.159*** (5.657)	0.410 (1.528)	2.725*** (6.310)
Control	Yes	Yes	Yes	Yes	Yes	Yes	Yes	Yes	Yes
Firm/Year	Yes	Yes	Yes	Yes	Yes	Yes	Yes	Yes	Yes
N	2231	2231	2231	2231	2231	2231	2231	2231	2231
Adj. R-Square	0.160	0.065	0.093	0.159	0.066	0.093	0.159	0.068	0.093

此外，列（1）表明，相较于低成长性行业，当国企处于高成长性行业企业

时，股权多样性（Mixnum）显著提升了企业年度新增权益融资（回归系数为0.012，5%水平下显著）；列（5）和列（8）表明，相较于低成长性行业，当国企处于高成长性行业企业时，股权深入度（Mixratio）和股权制衡度（Mixbalance）显著降低了企业年度新增债务融资（分别在10%和5%水平下显著为负）。这一结果也从侧面说明了高成长性行业企业的融资决策更为合理，因而国企混改对高成长性行业企业新增权益融资和融资总额的边际提升效果不明显。

3.5 稳健性检验

3.5.1 内生性处理

为了缓解本章可能存在的样本自选择问题，即年度新增外部融资总额较高且权益融资占比较大的国企可能更容易吸引异质股东进入，从而助推国企混合所有制改革进程。借鉴蔡贵龙等（2018）、逯东等（2019）的做法，一方面，鉴于国企中非国有股东持股比例的大小与国企混改的政策初衷之间存在一定的逻辑一致性，但并不会直接影响到该企业的融资行为。因此在第一阶段回归中，本章以混改深入度（Mixratio）的行业年度中位数为界设置虚拟变量（Dum_Mixratio）并作为被解释变量，该指标越大，代表非国有资本持股比例越高。具体地，高于（低于或等于）行业年度中值的为混改深入度较高（较低）企业，将Dum_Mixratio赋值为1，否则为0。另一方面，选取企业规模（Size）、财务杠杆（Lev）、成长性（Growth）、董事会规模（Boardsize）、董事会独立性（Indepent）、两职合一（Dual）等影响非国有股东进入国企程度的变量，构建如下回归模型计算逆米尔斯比率（IMR）：

$$\begin{aligned}Dum_{Mixratio} = {} & \beta_0 + \beta_1 Size_{i,t} + \beta_2 Lev_{i,t} + \beta_3 Growth_{i,t} + \beta_4 Boardsize_{i,t} + \\ & \beta_5 Indepent_{i,t} + \beta_6 Dual_{i,t} + \sum firm + \sum Year + \varepsilon_{i,t}\end{aligned} \tag{3-2}$$

进一步地，将第一阶段计算得到的逆米尔斯比率（IMR）作为控制变量加入模型（3-1）重新进行回归，表3-9报告了加入逆米尔斯比率（IMR）的第二阶段回归结果。列（1）至列（3）表明，不论以何种方式衡量融资决策，混改多样性（Mixnum）的系数均未通过显著性检验；列（4）至列（6）表明，当被解释变量为新增权益融资（ΔE）和新增融资总额（DEF）时，混改深入度（Mixratio）的系数在1%水平下显著为正，而当被解释变量为新增债务融资（ΔD）时，混改深入度（Mixratio）的系数为负但不显著；列（7）至列（9）表明，当被解释变量为新增权益融资（ΔE）和新增融资总额（DEF）时，混改制衡度（Mixbalance）的系数分别在 1%和 5%水平下显著为正，而当被解释变量为新增债务融资（ΔD）时，混改制衡度（Mixbalance）的系数为负但不显著。该结果表明，考虑样本选择偏差问题后，本章研究结论未发生变化，验证了混改深入度和制衡度对国企年度新增债务融资无明显影响，但对年度新增权益融资和融资总额具有显著的提升作用。

表 3-9　Heckman 两阶段模型

ΔY	ΔE (1)	ΔD (2)	DEF (3)	ΔE (4)	ΔD (5)	DEF (6)	ΔE (7)	ΔD (8)	DEF (9)
Mixnum	-0.002 (-0.754)	0.001 (0.412)	-0.002 (-0.530)	—	—	—	—	—	—
Mixratio	—	—	—	0.279*** (6.680)	-0.017 (-0.762)	0.271*** (6.000)	—	—	—
Mixbalance	—	—	—	—	—	—	0.063*** (2.863)	-0.009 (-0.631)	0.051** (1.984)
$Size_{t-1}$	-0.106*** (-11.057)	-0.001 (-0.126)	-0.117*** (-9.163)	-0.102*** (-10.780)	-0.001 (-0.169)	-0.112*** (-9.108)	-0.104*** (-10.861)	-0.001 (-0.173)	-0.115*** (-9.033)
$Levb_{t-1}$	0.369*** (11.911)	-0.232*** (-10.633)	0.150*** (3.964)	0.366*** (11.739)	-0.231*** (-10.605)	0.147*** (3.963)	0.367*** (11.813)	-0.231*** (-10.609)	0.149*** (3.933)
Roa_{t-1}	0.230*** (3.292)	0.110** (2.169)	0.387*** (4.139)	0.217*** (3.140)	0.110** (2.171)	0.374*** (4.074)	0.230*** (3.295)	0.109** (2.161)	0.387*** (4.153)
Q_{t-1}	0.003*** (3.229)	0.002*** (3.469)	0.005*** (4.139)	0.003*** (3.499)	0.002*** (3.442)	0.005*** (4.372)	0.003*** (3.307)	0.002*** (3.450)	0.005*** (4.195)
$Tang_{t-1}$	0.051** (2.075)	-0.060*** (-2.711)	-0.023 (-0.607)	0.061** (2.480)	-0.060*** (-2.742)	-0.013 (-0.358)	0.056** (2.277)	-0.060*** (-2.746)	-0.019 (-0.498)
$Top1_{t-1}$	0.248*** (5.128)	-0.073** (-1.999)	0.139* (1.941)	0.233*** (4.838)	-0.072* (-1.956)	0.124* (1.757)	0.263*** (5.421)	-0.075** (-2.061)	0.151** (2.117)
Soe_{t-1}	-0.058** (-2.372)	0.018 (1.286)	-0.036 (-1.068)	-0.015 (-0.628)	0.015 (1.036)	0.006 (0.181)	-0.042* (-1.738)	0.015 (1.066)	-0.022 (-0.684)
IMR	0.012*** (3.441)	0.003 (0.923)	0.015*** (3.179)	-0.004 (-0.895)	0.004 (1.136)	-0.001 (-0.163)	0.007* (1.825)	0.003 (1.083)	0.010** (2.005)
Constant	2.169*** (10.420)	0.168 (1.263)	2.575*** (9.173)	1.958*** (9.578)	0.183 (1.374)	2.370*** (8.686)	2.095*** (10.055)	0.180 (1.344)	2.515*** (8.932)
Firm/Year	Yes	Yes	Yes	Yes	Yes	Yes	Yes	Yes	Yes

续表

ΔY	ΔE (1)	ΔD (2)	DEF (3)	ΔE (4)	ΔD (5)	DEF (6)	ΔE (7)	ΔD (8)	DEF (9)
N	6135	6135	6135	6135	6135	6135	6135	6135	6135
F	22.322	18.213	12.211	23.190	18.096	14.682	22.120	18.166	12.256
Adj. R-Square	0.162	0.089	0.097	0.182	0.089	0.110	0.165	0.089	0.099

3.5.2 其他稳健性检验

3.5.2.1 替换因变量

参考吴超鹏等（2012）、顾乃康和周艳利（2017），本章使用资产负债表数据对企业新增的各类外部融资额的指标（ΔY2）重新做出定义。具体地，包括ΔE2为年度新增外部权益融资额即“股东权益改变量和留存收益改变量之差/期初总资产”，ΔD2为年度新增外部债务融资额即“短期借款、一年内到期的长期借款、长期借款、应付债券和长期应付款的增加值/期初总资产”，DEF2为年度新增外部融资总额即“ΔE2与ΔD2两者之和”。

回归结果如表3-10所示，列（1）至列（3）表明，不论以何种衡量方式作为被解释变量，Mixnum的系数均未通过显著性检验；列（4）至列（6）表明，当被解释变量为ΔE2和DEF2时，Mixratio的系数在1%水平下显著为正，而当被解释变量为ΔD2时，Mixratio的系数为正但不显著；列（7）至列（9）表明，当被解释变量为ΔE2和DEF2时，Mixbalance的系数分别在1%和10%水平下显著为正，而当被解释变量为ΔD2时，Mixbalance的系数为负但不显著。检验结果稳健，与基准回归结果一致。

表3-10 稳健性检验：替换因变量

ΔY2	ΔE2 (1)	ΔD2 (2)	DEF2 (3)	ΔE2 (4)	ΔD2 (5)	DEF2 (6)	ΔE2 (7)	ΔD2 (8)	DEF2 (9)
Mixnum	0.000 (0.057)	-0.002 (-1.021)	-0.002 (-0.548)	—	—	—	—	—	—
Mixratio	—	—	—	0.265*** (8.162)	0.027 (1.311)	0.291*** (7.128)	—	—	—
Mixbalance	—	—	—	—	—	—	0.055*** (2.877)	-0.008 (-0.619)	0.045* (1.741)

续表

ΔY2	ΔE2 (1)	ΔD2 (2)	DEF2 (3)	ΔE2 (4)	ΔD2 (5)	DEF2 (6)	ΔE2 (7)	ΔD2 (8)	DEF2 (9)
$Size_{t-1}$	-0.150*** (-17.417)	-0.018*** (-3.655)	-0.172*** (-14.117)	-0.145*** (-17.331)	-0.018*** (-3.519)	-0.167*** (-13.906)	-0.148*** (-17.196)	-0.018*** (-3.644)	-0.170*** (-13.903)
$Levb_{t-1}$	0.433*** (15.644)	-0.214*** (-11.844)	0.212*** (5.951)	0.423*** (15.326)	-0.215*** (-12.003)	0.200*** (5.697)	0.430*** (15.520)	-0.214*** (-11.834)	0.209*** (5.879)
Roa_{t-1}	0.353*** (5.606)	0.160*** (3.697)	0.544*** (6.465)	0.315*** (5.063)	0.158*** (3.656)	0.504*** (6.068)	0.346*** (5.505)	0.162*** (3.756)	0.540*** (6.438)
Q_{t-1}	0.003*** (2.715)	0.002*** (4.595)	0.005*** (4.311)	0.003*** (3.020)	0.003*** (4.644)	0.006*** (4.599)	0.003*** (2.788)	0.002*** (4.574)	0.005*** (4.365)
$Tang_{t-1}$	0.072*** (2.776)	-0.043** (-2.532)	0.037 (1.042)	0.078*** (3.068)	-0.042** (-2.489)	0.044 (1.245)	0.075*** (2.882)	-0.043** (-2.541)	0.040 (1.108)
$Top1_{t-1}$	0.124*** (2.802)	0.002 (0.054)	0.135** (2.215)	0.096** (2.199)	-0.001 (-0.042)	0.104* (1.740)	0.135*** (3.107)	0.000 (0.001)	0.144** (2.414)
Soe_{t-1}	-0.044* (-1.825)	-0.008 (-0.549)	-0.055 (-1.645)	0.002 (0.103)	-0.003 (-0.214)	-0.004 (-0.124)	-0.028 (-1.204)	-0.010 (-0.713)	-0.042 (-1.284)
Constant	3.160*** (16.618)	0.547*** (4.919)	3.795*** (14.108)	2.954*** (15.874)	0.521*** (4.563)	3.564*** (13.340)	3.098*** (16.244)	0.551*** (4.817)	3.740*** (13.745)
Firm/Year	Yes	Yes	Yes	Yes	Yes	Yes	Yes	Yes	Yes
N	8758	8758	8758	8758	8758	8758	8758	8758	8758
F	41.539	24.586	23.229	45.626	25.053	28.237	41.516	24.429	23.244
Adj. R-Square	0.169	0.081	0.117	0.185	0.081	0.128	0.171	0.081	0.117

3.5.2.2　变换样本区间

考虑到 2007 年会计准则发生变化以及 2008 年金融危机均会对企业财务行为产生影响，进而影响到企业融资决策，因此进一步剔除了这两个年度数据进行回归，表 3-11 报告了调整样本后的结果，即混改多样性（Mixnum）对企业融资决策无明显影响，混改深入度（Mixratio）和制衡度（Mixbalance）显著增加了企业权益融资进而提升了年度新增融资总额，基础回归结论依然稳健。

表 3-11　稳健性检验：变换样本区间

ΔY	ΔE (1)	ΔD (2)	DEF (3)	ΔE (4)	ΔD (5)	DEF (6)	ΔE (7)	ΔD (8)	DEF (9)
Mixnum	0.001 (0.554)	-0.000 (-0.060)	0.001 (0.307)	—	—	—	—	—	—

续表

ΔY	ΔE (1)	ΔD (2)	DEF (3)	ΔE (4)	ΔD (5)	DEF (6)	ΔE (7)	ΔD (8)	DEF (9)
Mixratio	—	—	—	0.244*** (7.348)	0.021 (0.725)	0.206*** (5.612)	—	—	—
Mixbalance	—	—	—	—	—	—	0.068*** (3.452)	-0.016 (-1.384)	0.045** (2.036)
$Size_{t-1}$	-0.114*** (-14.783)	0.004 (0.769)	-0.118*** (-12.441)	-0.109*** (-14.456)	-0.040*** (-5.781)	-0.113*** (-12.203)	-0.112*** (-14.488)	0.003 (0.639)	-0.116*** (-12.214)
$Levb_{t-1}$	0.438*** (15.272)	-0.241*** (-12.606)	0.206*** (6.253)	0.431*** (15.135)	-0.249*** (-10.254)	0.200*** (6.135)	0.436*** (15.220)	-0.240*** (-12.558)	0.204*** (6.219)
Roa_{t-1}	0.335*** (4.872)	0.227*** (4.958)	0.617*** (7.085)	0.307*** (4.555)	0.169*** (3.063)	0.593*** (6.880)	0.329*** (4.818)	0.229*** (4.996)	0.613*** (7.052)
Q_{t-1}	0.004*** (3.559)	0.002*** (2.756)	0.005*** (3.997)	0.004*** (4.022)	0.003*** (3.470)	0.005*** (4.321)	0.004*** (3.708)	0.002*** (2.695)	0.005*** (4.082)
$Tang_{t-1}$	0.086*** (3.398)	0.004 (0.238)	0.091*** (2.977)	0.096*** (3.853)	-0.022 (-0.867)	0.100*** (3.261)	0.091*** (3.597)	0.003 (0.173)	0.095*** (3.080)
$Top1_{t-1}$	0.217*** (5.635)	-0.023 (-0.834)	0.179*** (3.585)	0.173*** (4.496)	-0.022 (-0.629)	0.143*** (2.851)	0.219*** (5.703)	-0.023 (-0.854)	0.181*** (3.625)
Soe_{t-1}	-0.046** (-2.048)	0.007 (0.497)	-0.040 (-1.453)	-0.007 (-0.317)	0.007 (0.383)	-0.007 (-0.273)	-0.028 (-1.288)	0.002 (0.181)	-0.028 (-1.037)
Constant	2.293*** (13.260)	0.035 (0.306)	2.492*** (11.715)	2.095*** (12.354)	1.039*** (6.503)	2.324*** (11.084)	2.220*** (12.828)	0.053 (0.463)	2.443*** (11.422)
Firm/Year	Yes	Yes	Yes	Yes	Yes	Yes	Yes	Yes	Yes
N	7663	7663	7663	7663	7663	7663	7663	7663	7663
F	41.768	25.846	21.363	43.450	22.453	23.670	41.997	25.894	21.627
Adj. R-Square	0.159	0.081	0.096	0.176	0.077	0.104	0.162	0.081	0.097

3.6 本章小结

本章从治理效应视角检验国企混改是否优化了企业融资决策行为，研究发现：①国企混改股权结构的深入度、制衡度能有效提升企业权益融资和融资总额，但对企业债务融资无明显影响，而混合股权种类的多样性对企业融资决策均无显著作用。②进一步研究表明，相较于债务融资决策，国企混改后更倾向于选择权益融资，并显著降低了企业的财务杠杆水平。③与内部控制水平较高企业相比，内部控制水平较低国企的混改优化企业融资决策的程度更明显；行业垄断程度与行业成长性弱化了国企混改股权结构对企业融资行为的影响。这些研究结果意味着，尽管我国混合所有制改革制度仍需推进，但作为一种正式制度的外部治理机制，混改已在优化国企融资决策方面凸显出现实的治理效应，进而提高了国有资本配置效率。同时，国企混改正成为我国公司治理过程中的一项重要制度安排，有效弥补了国企内部控制水平的不足。

本章的政策启示在于：①本章发现国企混改可有效发挥治理效应缓解国企双重代理问题，通过“治理效应”优化了企业的融资决策。因此，应根据“完善治理、强化激励、突出主业、提高效率”的原则，积极推进国企混合所有制改革，规范企业融资行为，不断提高国有资本配置效率。②从具体混改指标治理效应发挥结果来看，除股权多样性外，股权结构深入度、制衡度均有效发挥治理效应而优化企业融资决策，因此，这意味着简单的国企混改的股权多样性无助于国企内部治理机制的完善，国企混改过程中引入的非国有资本更应该遵循“重质非量”的原则，不能盲目追求非国有资本参股种类的多样化，更应注重非国有资本比例的有效配置，发挥非国有资本的制衡效应。

第4章　国企混改如何影响公司现金持有?

4.1　引言

股权结构是产权在微观企业之体现，亦是企业的灵魂和基础，企业不同的股权性质将伴生不同的资源禀赋和治理结构，最终影响着企业的财务行为和经营绩效（Demsetz，1967；Aghion 等，2013）。国企混改作为中国经济体制改革核心和关键的内容之一，在一定程度上直接决定着国企的发展壮大（做大、做强和做优）及宏观经济的持续增长。改革开放之前，受制于国家使命，国有经济功能定位和布局于工业与制造业，形成的企业主体大都是国企，而且是国有独资企业。但碍于国企多元目标所衍生的政府干预（Shleifer 和 Vishny，1994）与所有者缺位恶化的代理冲突（Laffont 和 Tirole，1993），国企在其深化改革过程中，逐渐形成了完全民营化的产权变革理论（张维迎等，1995；Megginson 和 Netter，2001；刘小玄，2004）与剥离政策性负担的市场竞争假说（林毅夫等，1997b）。部分学者指出，国企混改能够降低政策性负担（张辉等，2016），改善经济效益（白重恩等，2006）、利于企业创新（李文贵和余明桂，2015）与提振经济增速（许召元和张文魁，2015）。亦有部分学者发现，在国企混改过程中，预算软约束更加严重（林毅夫和刘培林，2001）、政策性负担不减反增（刘春和孙亮，2013）、民营控股股东掏空更甚（涂国前和刘峰，2010），当国企非国有股比例超过一定限额后，企业绩效反而有所下降（马连福等，2015）。

时下随着系列政策及文件的频繁出台，积极发展国有资本、集体资本、非公有资本等交叉持股、相互融合的混合所有制改革正在深化加快。虽然以顶层设计的政治姿态再度登场的国企混改，现存争论不休、结论不一。但不可否认的是，在国企混改过程中，因其股权结构的动态变化可能影响其资源禀赋及治理结构进而作用于国企的融资约束与代理冲突。一方面，随着非国有资本的不断进入，国有股比例的不断下降，国企受政府干预的程度亦有所缓解、经营目标得到一定纯化，承担的政策性负担也将明显减少（张辉等，2016），国企的上述变化通过降低国有股权的资源效应进而可能强化企业的融资约束；另一方面，随着国企股权中多种所有制资本的逐步引入，非国有资本的所有者基于资本逐利，具有强烈的动机去监督管理层，抑制因所有者缺位、高管薪酬管制（陈冬华等，2005）及追求政治晋升与规避政治风险（金宇超等，2016）等引致的代理冲突，形成合理制衡的多元股权结构（郝云宏等，2015）、缓解国企的政府干预及激发企业活力进而提升国企整体的治理水平。由此可见，国企混改不仅是我国当前经济改革过程中的主要任务与重大课题，更为新时期微观企业的财务决策问题研究提供了机遇，指明了方向。

公司持有的现金不仅是企业重要的流动资产，更是企业一项重要的财务决策，长期以来备受理论界与实务界的青睐和热讨。因信息不对称及代理问题的广泛存在，企业既可能因避免陷入财务困境或捕捉投资机会而增持现金，又可能因大股东或管理层的自利行为而储备更多现金，或将所持现金用于在职消费、关联交易及企业并购等低效甚或无效的投资活动，从而使留存的现金处于较低水平，进而形成了公司的“现金持有之谜”。有关现金持有的国内外研究已日趋完善，从现金的持有动机（Opler 等，1999；Harford 等，2008）、影响因素（Ozkan 等，2004；祝继高和陆正飞，2009）到现金持有的价值效应（Pinkowitz 等，2006；杨兴全和张照南，2008），再到其竞争效应（陆正飞和韩非池，2013；杨兴全和尹兴强，2015），研究视角涉及了微观企业的个体特征与公司治理（辛宇和徐莉萍，2006）、中观的行业特征（杨兴全等，2016）及宏观的经营环境（Dittmar 和 Shivdasani，2003）。其中已涌现了大量的经典文献，但已有研究大都默认公司的产权性质及股权结构等固定不变。即便探究产权性质和股权结构对公司现金持有影响的文献也侧重关注产权性质的国民差异，是否存在大股东等企业股权的静态属性，而忽略了公司的产权性质及股权结构一直处于动态变化的现实背景。

那么，国企在不断引入非国有资本发生混合所有制改革的过程中，硬化预算约束所强化的融资约束及形成多元股权所优化的治理结构是否对公司的现金持有水平产生了影响？进一步地，公司较低水平的现金持有既可能是企业将所持现金用于发放股利（Pinkowitz 等，2006；Kalcheva 和 Lins，2007），或用于股东价值最大化投资等的作用结果，又可能是管理层将留存现金用于非效率投资的真实反映（Harford 等，2008）。企业较高的现金持有水平也可能是预防或投资性动机的需求（Opler 等，1999；杨兴全等，2016），亦可能是代理动机的表现（Harforad，

1999；Liu 等，2015）。此外，公司现金持有水平还可能因上述多种影响机制的共同作用而导致其并不呈现明显的增减变化。由此可见，公司现金持有水平的多少与其持有价值的高或低并非一一对应关系，那么国企混改影响下的现金持有行为又是否提升了企业价值？不同的混改方式，其提升作用又是否存在一定的差异？

具体而言，本章着重探究如下几个问题：第一，国企混改与公司现金持有水平的关系如何？第二，国企混改影响现金持有行为的作用机制何在：强化融资约束还是抑制代理冲突？国企混改背景下的公司现金行为是否得到了明显优化？第三，国企混改影响下的公司现金持有行为最终又是否带来了企业价值的提升？

本章以我国沪深 A 股国有上市公司为研究样本，通过整理上市公司前十大股东股权性质的明细数据，基于 2003~2015 年国有上市公司平衡面板的经验证据表明：①在国企混改过程中，股权多样性、融合度与控制权转移的不同混改方式对现金持有水平存在差异影响，国企股权的融合度越高，其现金持有水平越多。②基于融资约束与代理冲突视角的机制检验发现，国企混改并未通过融资约束渠道影响公司的现金持有水平，股权多样性也未通过治理效应影响现金持有水平，而股权融合度与控制权转移则通过治理效应优化了现金持有行为。具体体现在，股权融合度在抑制超额持现的过度投资、促使现金持有水平明显增加的同时，还促进了企业研发投入。控制权转移在减少超额持现的过度投资的同时，还增加了研发投入与股利支付，最终引致国企控制权转移与现金持有水平的影响关系不明显。③基于企业价值纵深探究的结果发现，股权多样性因未优化现金持有最终也未带来企业价值的提升，股权融合度所优化的现金持有行为对企业价值的提升作用在现金持有水平较低时较为凸显，控制权转移在优化国企现金持有行为的同时亦明显提升了企业价值。

本章可能的理论贡献与现实意义在于：①目前关于国企混改的经济后果既存在正向影响之说，亦存在负向作用之谜（刘小玄，2004；刘春和孙亮，2013；涂国前和刘峰，2010）。本章尝试以公司现金持有为切入点，来探究国企混改过程中混合股权的多样性、国有与非国有资本的融合程度，以及控制权转移等差异混改方式所形成的不同治理结构或资源禀赋是不是引致国企混改不同经济后果的根源所在。对上述问题的探究，一方面，有利于发现企业相对优化的治理结构，为完善我国国企的治理机制提供理论参考和经验借鉴；另一方面，还可通过现金持有来反观国企混改过程中的现成问题与卓有成效，揭示国企混改过程中可能的制约因素与关键症结，进而提炼有效推行国企混改的整体思路与实施方案。②加快推进国企混改，既能在微观层面极大地缓解中国经济短期的下行压力，又能在宏观层面尽快理顺影响中国经济长期的发展掣肘。国内外已有关乎国企改革（混改）经济后果的系列研究，大都围绕国企混改影响代理成本来展开（Megginson 和 Netter，2001；白重恩等，2006），而基于国企混改可能强化企业融资约束的相关分析却少有涉及。本章则基于现金持有视角，将国企混改可能引致的融资约束效应与治理效应同时予以了考量，也为今后国企混改的深化加快提供了可供参考的政策启示。③已有关于国企改革（混改）的相关研究，侧重于考虑国企改革中的国有股或非国有比例、股权集中度或控制权转移中的某一方面，而少有将国企不同的混改程度置于同一分析框架下。本章在同时考虑国企混改的“量变”（异质股东多样性）与“质变”（股权融合度及控制权转移）等差异混改方式（程度）的基础上，还进一步运用倾向“得分匹配（PSM）+双重差分模型（DID）”等方法来探究控制权转移的可能影响，在一定程度上也使研究结论更为稳健可靠。④本章结合我国时下推行并不断深化的国企混改，来探究其对公司现金持有行为的可能影响。在一定程度上拓宽了企业股权结构与公司战略及财务决策相关话题的研究，在深入揭示股权结构影响公司现金持有行为的具体作用机制（融资约束渠道抑或治理效应路径）及其可能经济后果的同时，亦丰富了公司现金持有水平影响因素及其经济后果的已有文献。

4.2　制度背景、理论分析与待检验命题

4.2.1　制度背景：我国国企改革历程

国企改革是中国经济体制改革中较为核心和关键的环节，且一直处于不断摸索和创新的过程中。改革开放初期至 20 世纪 90 年代初，虽政策文件尚未出现混合所有制经济的提法，但混合所有制企业已然形成，特别是早期股权联合、参股与中外合资企业的兴起实则是最早的混合所有制经济。随后，民营企业的迅速发展以及国企效率的相对低下倒逼国企为求生存而被迫走向转型之路，加之系列政策的不断推动，混合所有制改革早在改革开放前夕就已拉开序幕。整体而言，我国国企改革（包含混合所有制改革）大致经历了如下四个阶段：第一阶段（1978~1992 年）为“放权让利”初步探索的破冰时期，政府试图通过建立中外合作、中外合资企业来引导国企走出计划经济体制的旧观念与强束缚，使它们能够逐步适应商品化的经营环境，完成自身的企业化改造；第二阶段（1993~2003 年）为“制度创新”的发展时期，改革重心在于通过引导国企确立与市场经济要求相适应的资本和产权观念，建立现代企业制度，推动国有经济结构调整等方

式来初步解决国有经济部门如何适应市场竞争优胜劣汰等问题；第三阶段（2004~2013 年）为“纵深推进”时期，亦是国企发展混合所有制改革的关键时期，致力于通过国有资产管理体制改革来推动国企改革、实现国有资产保值增值、解决国有经济管理监管效率低下等问题；第四阶段（2014 年至今）则进入了发展混合所有制改革的“攻坚深化”阶段，启动国有资本投资运营公司组建试点，同时明确混合所有制系列实施办法，主张通过积极引入其他国有资本或各类非国有资本实现股权多元来解决国企伴随的系列代理问题，增强国有经济活力、放大国有资本功能、实现国有资产保值增值等目标。

国企混改自其首次提出以来，经历了较长时间的推进与发展，尤其在全面深化改革的新形势与经济增长进入新常态的大背景下，其又被提到了新的高度并被赋予了新的使命。自 2014 年以来，至少从以下三方面可发现国企混改的积极与升温。首先是以中石化为典型代表的企业改革实践，其次是各地国资委与地方国企纷纷制定发展混合所有制改革的预期目标，最后是国务院国资委推动的央企层面的改革实践。由此可知，国企混改的持续深化与其改革绩效的评估备受理论界与实务界的广泛关注。国企混改不仅是我国当前政治经济改革的重大课题与公司治理领域的中心议题之一，更为新时期微观企业的财务研究提供了迫切的现实需求。

4.2.2 国企混改影响现金持有的融资约束渠道

国企改革作为政治经济改革与混合所有制改革的重中之重，对时下中国宏观经济的持续与稳定及微观企业的发展与壮大影响深远。我国特殊制度背景下的国企作为共和国的“长子”，典型的“半政半企”特征促使其具有多元的政治目标与经济目标，承担着政策性负担与赶超战略任务（Qian 和 Xu，1998）。因此，天然的政治关联与多元目标促使国有资本拥有低廉的融资成本、土地资源、政府补贴与税收减免等。因而，随着国企在不断引入非国有资本、减少国有持股、发生混合所有制改革的过程中，其政策性负担的减少（张辉等，2016）在一定程度上可能降低国有股权相伴而生的资源效应，进而强化企业所面临的融资约束。在此种背景下，基于预防性动机或交易性动机，混合所有制国企增持现金的需求亦可能更强、力度也将更大。Megginson 等（2014）基于国有股权的预算软约束视角发现，随着企业国有股比例的降低，公司的现金持有水平则呈现明显的上升趋势。此外，赶超战略影响下国企投资结构的扭曲与特殊时期的政府干预，不仅导致了国企资源配置的低效，也在一定程度上阻碍了国企的技术进步，当混合所有制改革促进国企矫正投资结构的过程，亦可能强化企业的创新投入（李文贵和余明桂，2015）。而在较高信息不对称与融资约束背景下，公司现金持有又具有明显的研发平滑作用（Brown 和 Petersen，2011；吴淑娥等，2016），进而也可能促使国企增加现金持有水平。

4.2.3　国企混改影响现金持有的治理效应路径

由于国企“一股独大”及其所有者缺位引致的“内部人控制”现象较为明显，由此引发国企高管在追求政治晋升与规避经营风险之间存在明显的“急于表现”或“不作为”（金宇超等，2016）。根植于上述制度背景，国企现金持有水平本身可能呈现如下两种截然不同的状况：第一种，基于柔性假说（Flexibility Hypothesis）下的国企高管，在普遍缺乏股东监督及投资者法律保护尚需完善的制度背景下，出于在职消费与利益侵占等自利行为，其可能留存更多的现金资产（Jensen，1986）；第二种，基于耗散假说（Spending Hypothesis）下的国企高管为完成多元目标进而获得政治升迁，也可能具有强烈动机通过过度投资、扩大企业规模（Jensen 和 Meckling，1976）或发起并购（Harford，1999）迅速消耗留存现金而使其现金持有水平处于较低水平，尤其是公司治理机制越差的企业，管理层的上述行为越突出（Harford 等，2008）。

随着国企混改过程中非国有资本的逐步进入将形成合理制衡的多元股权结构（郝云宏等，2015），扭转国企的“四不分离”困境。非国有资本的所有者基于资本逐利，具有强烈的动机去监督管理层，强化国企管理层的薪酬和离职对业绩的敏感性（郝阳和龚六堂，2017），密切关注企业的经营风险与发展动态，在增强市场竞争力的同时还可强化国企的公司治理水平，充分发挥国有产权的资本优势与非国有资本的灵活市场机制，形成相互制衡与激励相容的监督约束机制，利于缓解国有股“一股独大”带来的内部人控制和监管失效等弊端，进而实现“1+1>2”的治理效应（马连福等，2015），最终促使国企的资本结构倾向于最优权衡，或随市场机会的变化而迅速做出调整。由此易得，柔性假说下国企混改所优化的治理结构在降低代理成本的同时将促使国企高管减少超额持现，进而引致现金持有水平的明显减少；耗散假说下随着国企混改对公司治理机制的优化或完善，混改在抑制国企低效甚或无效扩张投资的同时，国企的现金持有水平也可能有所增加。此外，当非国有资本不断进入国企发生混合所有制改革后，当股东有能力对管理层实施有效监督时，基于信息不对称及市场摩擦等现实背景，为避免高昂的外部融资成本导致的企业投资不足，股东也可能允许管理层储备充裕现金来捕捉稍纵即逝的投资机会。

前文主要讨论了国企混改可能通过融资约束与治理效应对现金持有水平产生影响。但较低的现金持有水平既可能是良好内外部治理环境下，企业将多余现金返还给股东（Pinkowitz 等，2006；Kalcheva 和 Lins，2007）或用于股东价值最大化投资（如研发投入）的作用结果，亦可能是较低公司治理水平下，管理层将留存现金用于过度投资或企业并购等非效率投资的真实反映（Harford 等，2008）。信息不对称下，企业较高水平的现金持有既可能是预防或投资性动机的现实需求（Opler 等，1999；杨兴全等，2016），亦可能是管理层或大股东代理动机的突出表现（Harford 等，1999；Liu 等，2015）。此外，公司现金持有水平还可能因上述多种影响渠道的共同作用而导致其并不呈现明显的增减变化。较高的现金持有水平既有利于捕捉投资机会进而带来企业价值的提升（Mikkelson 和 Partch，2003），也易恶化双重代理问题继而带来企业价值的毁损（Dittmar 和 Mahrt-Smith，2007；窦欢和陆正飞，2016）。较高的现金持有水平既可能因有效利用而增加企业价值（杨兴全等，2016），也可能因无效耗散而降低其持有价值（Harford 等，2008）。因此，结合现金持有的形成过程（基于投资机会的增持还是减少无效投资的少耗?）及其具体的使用效率（用于价值投资如研发投入或将其以股利形式返还给股东）来综合评价公司的现金持有行为既利于进一步揭示国企混改对现金持有水平的影响机制，亦利于纵深检验现金持有的价值效应。

基于上述分析，本章重点探究以下几个研究问题：第一，国企混改与现金持有水平的关系如何？第二，国企混改通过哪种机制影响了现金持有水平：融资约束渠道还是治理效应路径？第三，国企混改对现金水平的作用关系是其优化之体现，还是恶化之结果？第四，国企混改下的现金持有行为最终又是否带来了企业价值的提升？

4.3 实证检验与回归分析

4.3.1 模型设计与变量定义

为检验国企混改对现金持有水平的影响，本章参考 Opler 等（1999）、Chen 等（2014）和杨兴全等（2016）的研究设计，建立如下回归模型：

$$Cash_{i,t}=\alpha_0+\alpha_1 Mix_{i,t}+\alpha_2 Capex_{i,t}+\alpha_3 Grow_{i,t}+\alpha_4 Size_{i,t}+\alpha_5 Cf_{i,t}+\alpha_6 Lev_{i,t}+\alpha_7 Nwc_{i,t}+\alpha_8 Age_{i,t}+\varepsilon_{i,t} \tag{4-1}$$

其中，下标 i 和 t 分别表示公司和年份，ε 表示残差。此外，为避免可能的遗漏变量，本章控制时间和行业的固定效应，并采用面板固定效应模型进行检验。

被解释变量（Cash）。参考已有研究（陆正飞和韩非池，2013；杨兴全等，

2016)，现金持有定义为（货币资金+短期投资①）/（总资产-现金及现金等价物）。

解释变量（Mix）。综观已有相关研究，有关国企混改的衡量方式大都借助国企中国有股或非国有股比例来间接度量，而深入内部股权结构的指标构建正在逐渐兴起，加之相关衡量指标在一定程度上亦难以体现系统性和全面性。基于此，本章试图通过国有上市公司中不同产权性质的股权数量及其占比来度量国企混改的不同方式及程度。通过收集和整理国企的定期报告、金融界官网及CS-MAR数据库中披露的前十大股东数据，逐一判断及确认每个国企前十大股东的性质与持股比例（如果股东本身也是上市公司，则依据其实际控制人的性质进行判断）。本章首先界定了国企异质股东的类别。参考La Porta等（1999）、马连福等（2015）及郝阳和龚六堂（2017）的做法，我们将股东性质具体划分为如下几类：①国有股东（SOE），具体包括国家通过政府相关部门如国有资产管理局直接控制所形成的股东，或通过国家控制的实业公司和政府独资的投资管理公司所形成的股东。②自然人或家族（Family），定义为我国境内的自然人或家族进行投资所形成的股东。③外资股东（Foreign），依照相关法律在境外设立的法人企业（包括中国港澳台地区法人企业及国外法人企业）、外商投资企业或境外自然人持有的中国上市公司股票所形成的股东。④民营企业（Non_SOE），我国境内属于非公有制法人（诸如非政府机构、事业单位及金融机构等）的民营企业进行投资形成的股东。⑤机构投资者（Institution），金融市场中从事证券投资的法人机构进行投资所形成的股东，具体包括LOF、QFII、保险、基金及证券公司与金融机构等。⑥其他（Othes），其他股东具体包括研究所、高等事业单位、事务所、集合体及非营利性机构等。

国企混改主要包括“量变”（异质股东的种类）与“质变”（异质股东的制衡及控制权转移）的不同改革方式，分别反映股权来源构成及股权制衡程度的差异。在明晰前十大股东种类的基础上，构建如下指标来衡量国企混改：①股权多样性（Mixnum），参考马连福等（2015）的设计，定义为企业前十大股东所涉及的不同股权性质的种类，如果股东只涉及一种股权性质，Mixnum取值为1，两种取值为2，以此类推，有六种不同性质的股权则Mixnum=6，通常而言，企业拥有多种股权性质，其混改程度越高。②股权融合度或制衡性（Mixrate），参考杨志强等（2016）的研究设计，首先计算国企中国有股及非国有股（除国有股东外的其他性质股东持股比例之和）占全部股权的比例分别为Es和Ep，以Es和Ep中的较大者作为分母，较小者为分子（即当Es>Ep时，Mixrate=Ep/Es，当

① 2007年后为交易性金融资产。

Es<Ep 时，Mixrate=Es/Ep），将所得的比值定义为混改股权的融合度或制衡性（Mixrate），Mixrate 越大，国企的国有资本与非国有资本融合程度越高，制衡作用越明显。③国企控制权转移（Mixcha），参考徐晓东和陈小悦（2003）、白云霞和吴联生（2008）的研究，将第一大股东变更或终极控制人性质变更定义为控制权发生转移，通常而言，控制权发生转让其混改程度可能更高。

控制变量。参考已有的相关研究，本书还控制了资本投资（Capex）、成长性（Grow）、公司规模（Size）、经营现金流（Cf）、资产负债率（Lev）、营运资本（Nwc）及企业上市年龄（Age）等因素对现金持有的可能影响，具体定义如表 4-1 所示。

表 4-1 主要变量定义

变量类型	变量代码	变量名称	变量说明
因变量	Cash	现金持有	（货币资金+短期投资（2007 年之后为交易性金融资产））/非现金资产（总资产-现金及现金等价物）
自变量	Mixnum	混合股权的多样性	企业前十大股东中不同股权性质的种类，如果股东只涉及一种股权性质，Mixnum 取值为 1，两种取值为 2，以此类推，有六种不同性质的股权则 Mixnum=6
	Mixrate	国有与非国有股权的融合程度	当国有股（Es）大于非国有股（Ep）时，Mixrate=Ep/Es，反之，Mixrate=Es/Ep
	Mixcha	控制权转移	将国企终极控制人或第一大股东发生变更（Mixcha=1）视为控制权发生转移
控制变量	Capex	资本投资	（购建固定资产、无形资产与其他长期资产所支付的现金+取得子公司及其他营业单位支付的现金净额-处置固定资产、无形资产和其他长期资产收回的现金净额-处置子公司及其他营业单位收到的现金净额）/非现金资产
	Grow	成长性	主营业务收入增长率
	Size	公司规模	总资产的自然对数
	Cf	经营现金流	经营活动现金流净额/非现金资产
	Lev	资产负债率	总负债/总资产
	Nwc	营运资本	净营运资本/净资产
	Age	企业上市年龄	企业上市时间的自然对数

4.3.2 数据来源与描述性统计

自 2003 年开始，随着国有资产监督管理委员会的成立，国企间的交叉持股现象开始普遍，2003 年之后我国上市公司的终极控制人性质等信息披露才不断完善，也为本章研究提供了可靠的数据来源。因此，本章选取了 2003~2015 年沪深两市 A 股上市公司的年度数据作为初始样本，根据本章研究问题的需要，进行了如下一些处理：①按照研究惯例，剔除营业收入为负、金融行业、ST、PT 以及主变量缺失的样本。②剔除无法从数据库及定期报告中确定该股东性质的样本。③因探究的是国企股权结构的动态变化，因此，本章初始样本即剔除了 2003 年当年为非国企及国企中国有股完全退出的样本，并保留 2003~2015 年的平衡面板数据。最终得到 645 家公司 8385 个观测值。

混合所有制改革的基础数据来自公司年报中披露的前十大股东，并通过软件抓取、收集和整理企业的定期报告、官方网站及金融界网址等数据，逐一判断及确认每个企业前十大股东的股权性质与持股比例。终极控制人性质的数据来自色诺芬（CCER）。其他财务数据取自国泰安（CSMAR）或万得（Wind）数据库，数据处理与实证检验均采用 Stata14.0 版本软件进行操作，为避免极端值影响，并对所有连续变量进行上下 1%的 Winsorize 处理。

表 4-2 报告了主要变量的描述性统计，由结果可知，公司现金持有水平（Cash）的中值为 0.147，公司持有现金水平占非现金资产的最小值为 0.4%，亦有公司现金持有水平高达非现金资产的 128.6%，国企现金持有水平在企业间存在较大差异。整体而言，国企中国有平均持股 38.3%，非国有平均持股 17.3%。平均国有持股超非国有持股 2 倍之多，国有股“一股独大”的现状较为明显。国企股权多样性（Mixnum）有所体现，国企平均拥有 3 种异质股权的股东。国有与非国有股权融合程度（Mixrate）的均值为 0.239 与中值 0.139，说明我国国企股权结构中国有与非国有的融合程度普遍不高，两种股权的持股比例平均相差 75%~85%。

表 4-2　主要变量描述性统计

变量	观测值	均值	标准差	最小值	25 分位数	中值	75 分位数	最大值
Cash	8385	0.212	0.212	0.004	0.083	0.147	0.259	1.286
Es	8385	0.383	0.214	0.000	0.245	0.408	0.547	0.782
Ep	8385	0.173	0.181	0.007	0.040	0.098	0.253	0.795
Mixnum	8385	3.264	1.086	1.000	2.000	3.000	4.000	6.000
Mixrate	8385	0.239	0.252	0.000	0.051	0.139	0.344	0.950
Mixcha	7358	0.078	0.268	0.000	0.000	0.000	0.000	1.000

续表

变量	观测值	均值	标准差	最小值	25 分位数	中值	75 分位数	最大值
Capex	8385	0. 061	0. 061	0. 000	0. 015	0. 042	0. 086	0. 295
Grow	7725	0. 218	0. 725	−0. 718	−0. 0350	0. 110	0. 282	6. 373
Size	8385	21. 890	1. 247	18. 850	21. 010	21. 790	22. 660	25. 280
Cf	8385	0. 061	0. 104	−0. 247	0. 006	0. 054	0. 111	0. 417
Lev	8385	0. 527	0. 194	0. 075	0. 391	0. 534	0. 665	0. 999
Nwc	8385	−0. 091	0. 278	−1. 354	−0. 227	−0. 077	0. 079	0. 548
Age	8385	2. 427	0. 472	0. 693	2. 197	2. 485	2. 773	3. 135

表 4-3a 的 Panel A 揭示了国企终极控制人性质在 2003~2015 年的变化情况，由表 4-3a 可知，2003 年的 645 家国企，截至 2015 年还有 487 家保持国有产权不变，有接近 1/3 的国企发生了控制权转移。国企控制权转移在 2003~2006 年较为普遍，而在 2007~2010 年有所放缓，2010 年后又有所增加。且样本区间内终极控制人由国有转为民营的居多，为 139 家，占国企总数的 21. 5%（139/645），占变更总数的 87. 9%（139/158）。由此可知，随着国家对国企发展混合所有制改革的重视，近年来的改革力度亦不断加码，国企民营化的情况逐渐增多。表 4-3b 的 Panel B 则报告了样本区间内第一大股东变更情况，变更样本占观测值的 9%左右。

表 4-3a　Panel A 国企终极控制人性质的变化情况

控制人性质	2003 年	2004 年	2005 年	2006 年	2007 年	2008 年	2009 年	2010 年	2011 年	2012 年	2013 年	2014 年	2015 年	Total
无实际控制人	0	1	1	1	1	2	4	6	6	8	8	11	12	61
国有企业	645	611	596	569	561	553	545	538	528	521	520	509	487	7183
民营企业	0	28	41	64	70	77	83	87	97	103	103	112	139	1004
外资企业	0	0	2	4	8	8	8	10	12	11	12	11	2	88
集体	0	1	1	2	3	3	3	3	1	1	1	1	3	23
社团	0	1	1	0	0	0	0	0	0	0	0	0	2	4
职工	0	3	3	5	2	2	2	1	1	1	1	1	0	22
Total	645	645	645	645	645	645	645	645	645	645	645	645	645	8385

表 4-3b　Panel B 国企第一大股东变更情况

变更与否	2003 年	2004 年	2005 年	2006 年	2007 年	2008 年	2009 年	2010 年	2011 年	2012 年	2013 年	2014 年	2015 年	Total
未变更	566	515	521	492	511	533	528	528	526	539	535	539	516	6849
变更	0	51	45	74	55	33	38	38	40	27	31	27	50	509

注：Panel A 与 Panel B 样本存在差异的原因在于控制权转移回归时，剔除了无实际控制人的类型，保留平衡面板的结果。

进一步地，图 4-1 反映了国企中国有股与非国有股持股比例的变化情况，由图 4-1 可知，我国国企中的国有股持股比例的均值从 2003 年的 47.96%降到了 2015 年的 32.07%，几乎平均每年下降 1%，尤其是 2005~2007 年，随着股权分置改革的实施与深化，国企中国有股比例的下降尤为明显。但金融危机发生后，国企的国有持股比例又有小幅回升，随后基本维持在 32%~34%。国企中的非国有股比例的变化与国有股变化趋势刚好相反，前期不断增加，金融危机后有所回落，2010 年后又不断上升，截至 2015 年底，我国国企中非国有持股比例的均值虽有所上升，但仍然明显低于国有股均值。上述结果一致表明，自股权分置改革以来，国企混改过程中的股权融合度整体上虽有所提升，但随着金融危机发生后亦有所下滑，直到 2012 年底才开始有所好转并稳步上升。

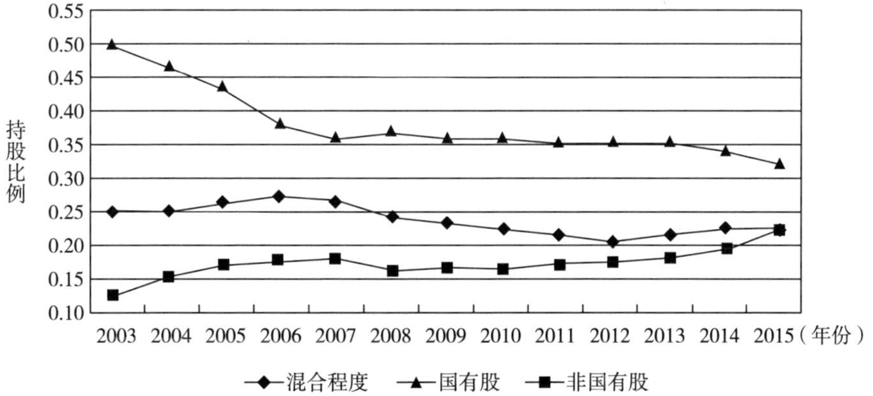

图 4-1　2003~2015 年我国国企股权结构变化趋势

资料来源：根据 CSMAR 数据库及手工整理。

图 4-2 反映了国企中不同属性的非国有资本（均值）在样本区间的变化情况，由图 4-2 可知，一般企业（民营企业）持股比例在样本期间内变化较大，由 2004 年的 1.2%迅速上升至 2006 年的 8.1%，金融危机期间又不断下降至 1%

左右，随后基本维持在1%~2%。机构投资者持股次之，其变化的基本趋势（前期上升，金融危机期间有所下降，而后基本稳定）亦与民营企业持股类似，平均持有水平在1%左右，家族或自然人持股在2003~2015年不断上升，平均持有水平由0%上升到2015年底的2%。外资持股早期有所降低，而后不断上升，均值维持在2%左右。整体而言，各类不同属性的非国有资本（异质股东）近年来进入国企中的比例虽有不同程度的增加，但持股比例仍相对较低。

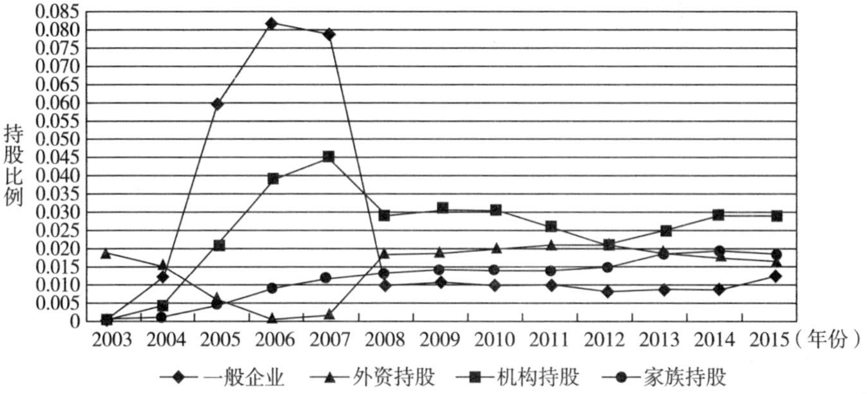

图4-2　2003~2015年我国国企异质股权持股比例的变化趋势

资料来源：根据CSMAR数据库及手工整理。

表4-4报告了按国企混改过程中的股权多样性与融合度的年度行业均值，以及控制权转移与否分组的单变量检验结果，由表4-4的结果可知，在国企混改过程中，公司现金持有水平的中值和均值并未随国企股权多样性（Mixnum）的变化而呈现明显的差异。而国有股与非国有股的融合程度越深（Mixrate），国企现金持有水平的均值和中值均显著更大。控制权发生转移与未发生转移的国企现金持有水平也未呈现明显的高低之分。因单变量检验未加入系列控制变量，因而，更加稳健的研究结论还需通过回归结果予以确定。

表4-4　国企混合所有制改革与公司现金持有

Cash	改革类型	高混改（变更）	低混改（未变更）	T检验值	Z检验值
Mixnum	均值	0.210	0.213	-0.003	1.382
	中值	0.149	0.146		

续表

Cash	改革类型	高混改（变更）	低混改（未变更）	T 检验值	Z 检验值
Mixrate	均值	0.217	0.206	0.011**	14.195***
	中值	0.154	0.142		
Mixcha	均值	0.210	0.207	0.003	-0.363
	中值	0.142	0.145		

注：***、**和*分别表示在 1%、5%和 10%的水平下显著；均值的检验方法是 T 检验，中值的检验方法是 Wilcoxon 秩和检验。

4.3.3 实证结果与回归分析

4.3.3.1　国企混改与现金持有水平的基本回归结果

表 4-5 报告了国企混改对现金持有水平影响的基本结果，无论是采用简单的 OLS 回归［列（1）Mixnum 的系数为-0.001 且不显著］，还是选用面板的固定效应 FE［列（2）Mixnum 的系数为 0.001 且不显著］及随机效应 RE［列（3）Mixnum 的系数为 0.001 且不显著］，结果都未发现国企混改的股权多样性与现金持有水平之间存在明显的影响关系。而股权融合度无论是 OLS 回归［列（4）Mixrate 的系数为 0.031 且在 1%水平下显著］，还是面板的固定效应 FE［列（5）Mixrate 的系数为 0.028 且在 1%水平下显著］及随机效应 RE［列（6）Mixrate 的系数为 0.027 且在 1%水平下显著］中均显著为正。结果证明，随着国企中国有与非国有股权相互混合的程度越高（Mixrate 越大），公司现金持有水平越高。国企控制权转移与现金持有水平间的关系尚不明显［列（7）至列（9）Mixcha 的系数均为 0.004 且不显著］。上述结果基本揭示了在国企混改过程中，不同的国企混改方式对公司现金持有水平存在明显的差异影响，股权多样性及控制权转移与公司现金持有水平的影响关系尚不明显。而随着国企混改的不断深化加快，国企在引入非国有资本（异质股东）过程中，两者相互融合制衡的同时将促使混合所有制国企的现金持有水平呈现明显的增加。

表 4-5　国企混改与公司现金持有水平

Cash	(1) OLS	(2) FE	(3) RE	(4) OLS	(5) FE	(6) RE	(7) OLS	(8) FE	(9) RE
Mixnum	-0.001 (-0.40)	0.001 (0.52)	0.001 (0.40)	—	—	—	—	—	—

续表

Cash	(1) OLS	(2) FE	(3) RE	(4) OLS	(5) FE	(6) RE	(7) OLS	(8) FE	(9) RE
Mixrate	—	—	—	0.031*** (3.61)	0.028*** (3.01)	0.027*** (3.03)	—	—	—
Mixcha	—	—	—	—	—	—	0.004 (0.03)	0.004 (0.55)	0.004 (0.56)
Capex	-0.393*** (-11.62)	-0.073*** (-2.68)	-0.106*** (-3.90)	-0.400*** (-11.82)	-0.077*** (-2.81)	-0.110*** (-4.04)	-0.361*** (-8.08)	-0.059* (-1.90)	-0.092*** (-2.99)
Grow	0.011*** (3.79)	0.007*** (3.36)	0.008*** (3.90)	0.012*** (3.95)	0.007*** (3.42)	0.009*** (3.97)	0.011*** (2.97)	0.006** (2.25)	0.007*** (2.84)
Size	0.000 (-0.10)	0.028*** (7.96)	0.015*** (5.33)	0.000 (-0.11)	0.028*** (8.00)	0.015*** (5.34)	0.002 (0.74)	0.026*** (6.32)	0.014*** (4.32)
Cf	0.467*** (20.46)	0.288*** (15.99)	0.302*** (16.74)	0.467*** (20.47)	0.288*** (16.00)	0.302*** (16.75)	0.479*** (11.64)	0.285*** (13.91)	0.304*** (14.92)
Lev	-0.385*** (-27.58)	-0.585*** (-35.42)	-0.536*** (-34.69)	-0.384*** (-27.53)	-0.584*** (-35.39)	-0.535*** (-34.64)	-0.368*** (-19.11)	-0.570*** (-30.08)	-0.516*** (-29.53)
Nwc	-0.204*** (-21.62)	-0.340*** (-32.00)	-0.309*** (-30.74)	-0.203*** (-21.56)	-0.340*** (-31.98)	-0.308*** (-30.69)	-0.202*** (-11.99)	-0.336*** (-27.52)	-0.301*** (-26.46)
Age	-0.013* (-1.72)	-0.141*** (-9.21)	-0.078*** (-6.48)	-0.014* (-1.89)	-0.143*** (-9.34)	-0.080*** (-6.60)	0.016* (1.67)	-0.079*** (-3.54)	-0.021 (-1.30)
Constant	0.406*** (9.32)	0.275*** (3.20)	0.349*** (4.85)	0.399*** (9.17)	0.276*** (3.21)	0.349*** (4.86)	0.271*** (5.23)	0.045 (0.47)	0.145* (1.90)
Year/Ind	Yes	Yes	Yes	Yes	Yes	Yes	Yes	Yes	Yes
N	7725	7725	7725	7725	7725	7725	6094	6094	6094
R^2_adj	0.201	0.182	—	0.203	0.183	—	0.199	0.156	—

注：①BP 检验的结果（P 值为 0）支持面板的随机效应模型（RE），Hausman 检验的结果（P 值为 0）支持面板固定效应模型（FE）。②***、**和*分别表示在 1%、5%和 10%的水平下显著；括号内为 t 值。本章下同。③因控制权转移存在样本配对（PSM）问题，所以观测值略有差异。

4.3.3.2 稳健性检验

（1）内生性问题。

企业充裕的现金留存也可能吸引潜在的股东进入，因此本章可能存在反向的因果关系，由表 4-6 可知，本章一方面使用股权融合度滞后一期（$Mixrate_{t-1}$）的回归结果亦支持了主要结论［列（1）］。另一方面本章参考已有相关文献的做法（Kusnadi 等，2015），采用混改股权多样性与融合度的年度行业均值（Ind-

Mix）作为各自的工具变量（IV），相关的弱工具变量问题已通过相关检验，回归结果也基本发现股权多样性与现金持有水平影响关系不显著，股权融合度与现金持有水平正相关［列（2）至列（5）］。此外，为进一步缩小控制权转移与否的两组样本差异，前文回归时主要进行了最邻近一对一有放回的倾向得分匹配（PSM），为使国企控制权转移的两组样本保持一致，稳健性检验中我们还采用了一对一无放回的严格匹配方法，并参考相关研究设计（Chen 等，2012；王克敏和刘博，2014），使用 DID 模型的回归结果如列（6）所示，也基本支持了主要发现。系列稳健性检验进一步支持了前述结论。

表 4-6　内生性检验

Cash	(1)	(2)	(3)	(4)	(5)	(6)
	滞后一期	多样性（Mixnum）		融合度（Mixrate）		PSM+DID (Mixcha)
		First	IV	First	IV	
$Mixrate_{t-1}$	0.017*** (2.93)	—	—	—	—	—
Mix	—	—	0.006 (1.24)	—	0.026** (2.30)	-0.010 (-0.51)
IndMix	—	0.811*** (15.53)	—	0.778*** (9.66)	—	—
Control	Yes	Yes	Yes	Yes	Yes	Yes
Year/Ind	Yes	Yes	Yes	Yes	Yes	Yes
N	7725	7725	7725	7725	7725	1002
R^2_adj	0.183	0.244	0.200	0.65	0.203	0.275
F 值	—	155.18***		402.81***		—

注：①倾向得分匹配（PSM）时的控制变量与前述一致；②由于国企在不同时点发生控制权转移，因此，参考 Chen 等（2012）、王克敏和刘博（2014）的研究设计，在给定的年份内，将控制权未发生变更的国企作为控制组，此时的 DID 设计即控制年度与公司固定效应的回归模型；③此处的控制变量 Control 包含了原模型中所有的变量。

（2）其他敏感性测试。

第一，变换样本，因我国特殊制度背景下的股权分置改革也将对公司现金持有产生影响（Chen 等，2012），为排除上述遗漏变量问题，我们参考 Megginson 等（2014）的做法，一方面删除了 2005~2007 年的年度样本，重新对模型进行回归；另一方面，当年度区间位于 2008~2015 年时，设置股权分置改革的虚拟变量 Reform = 1，而当年度区间位于 2003 ~ 2004 年时，Reform = 0，并将其放入回归模型中，进行相应的回归检验，结果也基本支持了前述结论。第二，替换变量，采用经年度行业均值调整或经总资产标准化后的公司现金持有来重新定义现金持有水平（Cash）、运用前十大股东中非国有股比例（Ep）、股权结构的赫芬达尔系数（Mixhhi，$Mixhhi = \sum P_i^2$，P_i = 企业第 i 个股东持股比例/前十大股东持股比例之和）及熵指数［$Mixentro = \sum P_i \times \ln(1/P_i)$，$P_i$ 定义同上］来重新定义国企混改融合度的回归结果与前述发现基本保持一致。第三，换用模型，考虑到现金持有的动态变化，我们纳入上一期的现金持有水平（$Cash_{t-1}$），并直接使用系统矩估计（SYSTEMGMM）的回归结果也与前述发现基本一致。第四，为避免本章采用上市公司前十大股东性质数据来构建混合所有制改革指标可能导致的选择性误差，我们在稳健性检验中删除了前十大股东持股比例之和小于 50% 的样本，重新进行回归检验的结果亦稳健不变。

4.4 机制分析与拓展检验

4.4.1 机制分析：基于融资约束与治理效应的双重视角

在国企混改过程中，既可能减少企业的资源禀赋（诸如信贷资金、政府补助及税收优惠等），强化融资约束，进而影响公司的现金持有水平，又可能优化股权结构，发挥治理效应，继而作用于现金持有水平。且上述两种作用机制在一定程度上均可得出国企混改与现金持有水平呈现前文发现的基本影响关系。然而公司的现金持有水平仅是一个时点存量指标，不能完全反映现金流量的动态变化过程。而国企混改治理效应的发挥既可能增加现金增量（如抑制过度投资，避免现金耗散），又可能减少现金增量（如增加研发投入及发放现金股利）。由此，前文国企股权多样性与控制权转移未对现金持有水平产生明显的影响结果并不意味着国企混改并未优化公司的现金持有行为，也可能是上述两种作用强弱相当，导致现金持有水平的期末存量没有发生明显的变化，表面上虽出现两者影响关系并不明显，而其本质上却可能产生了重要影响。有鉴于此，为进一步明晰和识别国企混改对现金持有水平的影响机制以及所持现金具体使用与动态变化的过程。

一方面，借鉴 Chen 等（2014）和 Almeida 等（2004）的研究设计，借助现金—现金流敏感性建立模型（4-2）检验国企混改影响公司现金持有水平的融资约束渠道：

$$\Delta Cash_{i,t}=\alpha_0+\alpha_1 Cf_{i,t}+\alpha_2 Mix_{i,t-1}+\alpha_3 Mix_{i,t-1}\times CF_{i,t}+\alpha_4 Q_{i,t}+\alpha_5 Size_{i,t}+\alpha_6 Capex_{i,t}+\alpha_7 \Delta Nwc_{i,t}+\alpha_8 \Delta Debt_{i,t}+\varepsilon_{i,t} \quad (4-2)$$

其中，被解释变量为现金持有变动额（ΔCash），定义为现金持有水平的期初期末差额/总资产；解释变量为现金流（Cf），国企混改的系列变量与模型（4-1）一致。模型（4-2）中还控制了投资机会 Q［（市值+负债账面价值）/资产账面价值］、企业规模（Size）、资本支出（Capex）、非现金营运资本变动额（ΔNwc）、短期负债变动额（ΔDebt，短期负债总额/总资产）。若国企混改强化了融资约束，则预期现金—现金流敏感性更强，α_3 的系数应显著为正。

另一方面，借鉴 Harford 等（2008）的做法，通过构建模型（4-3）来估计国企的超额持现（残差 Resid），参考 Richardson（2006）的设计通过模型（4-4）来定义企业的过度投资（残差大于 0 的部分），在此基础上，通过模型（4-5）来探究国企混改对超额持现的过度投资（ΔOver）的影响，以检验国企混改影响现金持有水平的治理效应渠道：

$$Cash_{i,t}=\alpha_0+\alpha_1 Roa_{i,t}+\alpha_2 Capex_{i,t}+\alpha_3 Grow_{i,t}+\alpha_4 Size_{i,t}+\alpha_5 sdCf_{i,t}+\alpha_6 Lev_{i,t}+\alpha_7 Nwc_{i,t}+\alpha_8 R\&D_{i,t}+\varepsilon_{i,t} \quad (4-3)$$

$$Invest_{i,t}=\beta_0+\beta_1 Q_{i,t-1}+\beta_2 Lev_{i,t-1}+\beta_3 Age_{i,t-1}+\beta_4 Cash_{i,t-1}+\beta_5 Size_{i,t-1}+\beta_6 Return_{i,t-1}+\beta_7 Invest_{i,t-1}+\varepsilon_{i,t} \quad (4-4)$$

$$\Delta Over_{i,t}=\alpha_0+\alpha_1 Resid_{i,t-1}+\alpha_2 Mix_{i,t-1}+\alpha_3 Mix_{i,t-1}\times Resid_{i,t-1}+\alpha_4 DResid_{i,t-1}+\alpha_5 Size_{i,t}+\alpha_6 Grow_{i,t}+\alpha_7 Lev_{i,t}+\alpha_7 Nwc_{i,t}+\alpha_7 PE_{i,t}+\varepsilon_{i,t} \quad (4-5)$$

其中，模型（4-3）新增控制变量总资产收益率（Roa，净利润/总资产）、现金流波动（sdCf，年度行业内经营性现金流量净额的标准差）和企业研发投入（R&D，无形资产净额/总资产），模型（4-4）新增控制变量个股回报（Return，年末个股收益率）。模型（4-5）中的被解释变量为经年度行业中值调整后的过度投资（ΔOver），解释变量 Resid 为模型（4-3）的残差，代表国企超额持现水平，DResid 为超额持现的变动额，新增控制变量每股盈余（PE，每股收益率）。如果国企混改减少了超额持现引致的过度投资，则预期模型（4-5）中国企混改（Mix）与超额持现（Resid）交叉变量的系数 α_3 应显著为负。

表 4-7 报告了国企混改对公司现金—现金流敏感性（融资约束）的影响，在多种不同的回归模型下（混合 OLS、面板固定效应 FE 及随机效应 RE），无论是国企股权多样性，还是股权融合度乃至控制权转移均未对国企现金—现金流敏感性产生强化作用（国企混改与经营现金流的交叉项 $Cf\times Mix_{t-1}$ 为负且不显著）。即国企融资约束并未随混合所有制改革的深化而加强。根植于我国特殊制度背景下，国企（国有股权）与政府及银行的友好关系并非一蹴而就，也不太可能因国企中异质股东进入的多少或性质不同而对其大幅削减补助或立即断贷。在政府

大力推进国企混改过程中，政府及商业银行为响应政策号召或为执行相关部门的决定，更可能给予混合所有制国企更多的资金支持，在一定程度上还可能缓解企业融资约束。基于上述分析，国企混改并未通过融资约束渠道影响公司的现金持有水平。

表 4-7 国企混改影响公司现金持有水平的融资约束渠道

ΔCash	(1) OLS	(2) FE	(3) RE	(4) OLS	(5) FE	(6) RE	(7) OLS	(8) FE	(9) RE
Cf	0.473*** (7.85)	0.603*** (8.90)	0.473*** (7.36)	0.478*** (17.20)	0.582*** (15.94)	0.478*** (14.81)	0.442*** (17.50)	0.547*** (17.42)	0.442*** (15.85)
$Mixnum_{t-1}$	0.004** (2.46)	0.005*** (2.68)	0.004** (2.39)	—	—	—	—	—	—
Cf× $Mixnum_{t-1}$	-0.005 (-0.28)	-0.014 (-0.73)	-0.005 (-0.26)	—	—	—	—	—	—
$Mixrate_{t-1}$	—	—	—	0.025*** (3.41)	0.039*** (3.75)	0.025*** (3.24)	—	—	—
Cf× $Mixrate_{t-1}$	—	—	—	-0.096 (-1.32)	-0.11 (-1.13)	-0.096 (-1.18)	—	—	—
$Mixcha_{t-1}$	—	—	—	—	—	—	0.017* (1.91)	0.013 (1.33)	0.017* (1.87)
Cf× $Mixcha_{t-1}$	—	—	—	—	—	—	-0.098 (-1.09)	-0.112 (-1.09)	-0.098 (-1.07)
Q	0.001 (0.71)	0.008*** (4.19)	0.001 (0.83)	0.001 (0.56)	0.008*** (4.15)	0.001 (0.66)	0.002 (1.19)	0.007*** (3.36)	0.002 (1.32)
Size	0.001 (0.26)	0.017*** (4.69)	0.001 (0.26)	0.001 (0.28)	0.017*** (4.70)	0.001 (0.29)	0.001 (-0.14)	0.019*** (4.04)	0.001 (-0.15)
Capex	-0.524*** (-18.50)	-0.556*** (-15.61)	-0.524*** (-18.42)	-0.529*** (-18.68)	-0.559*** (-15.68)	-0.529*** (-18.55)	-0.501*** (-14.59)	-0.530*** (-12.01)	-0.501*** (-14.87)
ΔNwc	-0.037*** (-5.68)	-0.074*** (-5.90)	-0.037*** (-6.52)	-0.037*** (-5.62)	-0.075*** (-5.93)	-0.037*** (-6.38)	-0.033*** (-4.29)	-0.085*** (-6.31)	-0.033*** (-5.38)
ΔDebt	0.203*** (8.32)	0.212*** (7.85)	0.203*** (7.98)	0.204*** (8.33)	0.214*** (7.93)	0.204*** (8.00)	0.216*** (7.61)	0.216*** (6.92)	0.216*** (7.28)
Constant	-0.049* (-1.69)	-0.421*** (-5.03)	-0.020 (-0.63)	-0.037 (-1.29)	-0.412*** (-4.95)	-0.011 (-0.37)	0.006 (0.16)	-0.436*** (-4.16)	0.006 (0.16)
Year	Yes	Yes	Yes	Yes	Yes	Yes	Yes	Yes	Yes
N	7553	7553	7553	7553	7553	7553	5307	5307	5307

续表

ΔCash	(1) OLS	(2) FE	(3) RE	(4) OLS	(5) FE	(6) RE	(7) OLS	(8) FE	(9) RE
R^2_adj	0.194	0.229	—	0.195	0.230	—	0.178	0.215	—

注：①我们还参考 Megginson 等（2014），将企业股权中的国有股比例（Es）与其获得的银行信贷融资（Bankloan，取得借款收到的现金/总资产）同时引入模型（4-1），结果亦未发现国企混改后其融资约束明显减少的证据；②本章还直接检验了国企混改对信贷资金的影响，结果与上述结论一致。

表4-8揭示了国企混改影响现金持有水平的治理效应路径，因代理问题的存在，公司超额持现极易导致过度投资［列（1）$Resid_{t-1}$ 的系数为0.013且在1%水平下显著］。而在信息不对称背景下，超额持现在一定程度上利于增加企业研发［列（2）$Resid_{t-1}$ 的系数为0.052且在5%水平下显著］，超额持现对现金股利发放具有一定的促进作用但尚不显著［列（3）$Resid_{t-1}$ 的系数为0.039，t值为1.46］。在国企混改过程中，较高的股权多样性对国企超额持现的过度投资行为并没有起到明显的抑制作用［列（4）$Mixnum_{t-1}\times Resid_{t-1}$ 的系数尚不显著］。而较高股权融合度［列（7）$Mixrate_{t-1}\times Resid_{t-1}$ 的系数为-0.119且在5%水平下显著］和控制权转移［列（10）$Mixcha_{t-1}\times Resid_{t-1}$ 的系数为-0.168且在1%水平下显著］则能有效抑制国企超额持现引致的过度投资行为。上述结果表明，因国企“内部人控制”现象较为明显，国企高管基于完成多元目标而获得政治升迁，倾向于将所持现金用于过度投资。在国企混改过程中，股权多样性恐难对国企国有股“一股独大”的股权结构产生明显的治理作用，并未有效抑制超额持现的过度投资进而导致其与现金持有水平的影响关系尚不显著。而随着国企混改的深化，非国有资本进入所形成多元融合的股权结构及控制权转移强化了国企治理机制、抑制了国企高管将所持现金用于过度投资的代理行为，从而避免了留存现金的耗散。

前文分析发现，在国企混改过程中，较高的股权融合度通过抑制超额持现的过度投资，从而避免了企业所持现金的耗散，进而导致公司期末现金持有水平的增加。但国企控制权转移同样也具有上述抑制作用，但为何控制权转移并未促使现金持有水平的明显增加？众所周知，虽然信息不对称下，公司保持充裕的现金利于捕捉投资机会或平滑企业研发。但某种意义上公司较多的现金意味着低收益，还可能恶化潜在代理冲突。因此，如果公司留存现金在满足捕捉投资机会或支持企业研发后仍有剩余，则将留存的现金以股利形式发放给股东可能更为合适。那么，是否因控制权转移促使国企将留存的现金用于了股东价值最大化的研发投入或将其以股利的形式返还给了股东，从而导致控制权转移与现金持有水平的影响关系尚不明显。有鉴于此，本章进一步将模型（4-5）的被解释变量更换

表 4-8　国企混改影响公司现金持有水平的治理效应路径

ΔOver/ΔR&D/ΔDiv	(1) ΔOver	(2) ΔR&D	(3) ΔDiv	(4) ΔOver	(5) ΔR&D	(6) ΔDiv	(7) ΔOver	(8) ΔR&D	(9) ΔDiv	(10) ΔOver	(11) ΔR&D	(12) ΔDiv
$Residual_{t-1}$	0.013*** (2.88)	0.052** (2.52)	0.039 (1.46)	0.005 (0.31)	-0.007 (-0.15)	0.051 (0.81)	0.046** (2.33)	0.021 (0.82)	0.046 (1.36)	-0.006 (-0.31)	0.050** (2.08)	0.023 (0.70)
$Mixnum_{t-1}$	—	—	—	-0.003 (-0.82)	0.003 (1.08)	0.002 (0.55)	—	—	—	—	—	—
$Mixnum_{t-1} \times Residual_{t-1}$	—	—	—	0.023 (1.17)	0.018 (1.33)	-0.004 (-0.22)	—	—	—	—	—	—
$Mixrate_{t-1}$	—	—	—	—	—	—	-0.007 (-0.77)	-0.001 (-0.20)	-0.010 (-1.28)	—	—	—
$Mixrate_{t-1} \times Residual_{t-1}$	—	—	—	—	—	—	-0.119** (-2.52)	0.060** (1.99)	-0.011 (-0.28)	—	—	—
$Mixcha_{t-1}$	—	—	—	—	—	—	—	—	—	0.003 (0.37)	0.013 (1.30)	0.026* (1.89)
$Mixcha_{t-1} \times Residual_{t-1}$	—	—	—	—	—	—	—	—	—	-0.168*** (-2.59)	0.191*** (3.50)	0.128* (1.72)
$DResidual_{t-1}$	0.037*** (2.64)	0.029 (1.39)	-0.028 (-1.05)	0.037*** (2.67)	0.029 (1.42)	-0.028 (-1.06)	0.041*** (2.92)	0.030 (1.44)	-0.029 (-1.09)	0.017** (2.15)	0.014 (0.61)	-0.043 (-1.35)
Grow	-0.003 (-1.27)	-0.052*** (-14.98)	-0.008* (-1.86)	-0.004 (-1.31)	-0.052*** (-14.94)	-0.008* (-1.86)	-0.004 (-1.30)	-0.052*** (-14.97)	-0.008* (-1.87)	-0.002 (-1.63)	-0.054*** (-14.14)	-0.013** (-2.46)
Size	-0.010*** (-2.75)	-0.003 (-0.62)	0.001 (0.07)	-0.010*** (-2.76)	-0.003 (-0.65)	0.000 (0.03)	-0.010*** (-2.71)	-0.003 (-0.61)	0.000 (0.03)	-0.007*** (-3.08)	-0.003 (-0.51)	-0.004 (-0.47)
Lev	-0.050*** (-2.97)	0.024 (0.96)	-0.002 (-0.05)	-0.050*** (-2.95)	0.023 (0.91)	-0.002 (-0.05)	-0.052*** (-3.08)	0.025 (0.99)	-0.001 (-0.04)	-0.017** (-2.10)	-0.009 (-0.32)	0.015 (0.37)

续表

ΔOver/ΔR&D/ΔDiv	(1) ΔOver	(2) ΔR&D	(3) ΔDiv	(4) ΔOver	(5) ΔR&D	(6) ΔDiv	(7) ΔOver	(8) ΔR&D	(9) ΔDiv	(10) ΔOver	(11) ΔR&D	(12) ΔDiv
Nwc	-0.017 (-1.30)	-0.023 (-1.44)	0.001 (0.06)	-0.017 (-1.31)	-0.022 (-1.43)	0.001 (0.06)	-0.018 (-1.43)	-0.022 (-1.40)	0.001 (0.04)	-0.005 (-1.20)	-0.024 (-1.36)	0.001 (0.03)
PE	0.008** (2.11)	0.011* (1.79)	0.025*** (3.06)	0.008** (2.11)	0.011* (1.74)	0.026*** (3.07)	0.008** (2.11)	0.012* (1.81)	0.026*** (3.14)	0.003* (1.77)	0.012* (1.69)	0.028*** (2.90)
Constant	0.254*** (3.12)	0.067 (0.57)	-0.004 (-0.03)	0.256*** (3.14)	0.061 (0.52)	-0.005 (-0.03)	0.254*** (3.12)	0.065 (0.56)	0.007 (0.05)	0.160*** (3.27)	0.082 (0.60)	0.085 (0.45)
Year	Yes	Yes	Yes	Yes	Yes	Yes	Yes	Yes	Yes	Yes	Yes	Yes
N	2039	5358	5173	2039	5358	5173	2039	5358	5173	1400	4097	3942
R^2_adj	0.037	0.054	0.009	0.039	0.054	0.009	0.042	0.055	0.009	0.063	0.065	0.011

为经年度行业中值调整后的企业研发（ΔR&D，无形资产净额/总资产）与股利分配（ΔDiv，每股税后现金股利），来探究国企混改是否促使国企将超额持现用于了更多的企业研发，或将多余现金返还给了股东。结果发现，在国企混改过程中，较高的股权多样性并未明显促使国企将超额持现用于企业研发投入，也未将留存现金以股利形式发放给股东。较高股权融合度［列（8）$Mixrate_{t-1} \times Residual_{t-1}$ 为 0.06 且在 5%水平下显著］促使国企将超额持现用于了企业研发投入，但对股利分配的影响尚不显著。而控制权转移既能强化国企将超额现金用于研发投入［列（11）$Mixcha_{t-1} \times Residual_{t-1}$ 为 0.191 且在 1%水平下显著］，也能在一定程度上促使管理层将多余现金以股利形式返还给股东［列（12）$Mixcha_{t-1} \times Residual_{t-1}$ 为 0.128 且在 10%水平下显著］。即控制权转移对公司所持现金的动态使用过程产生了影响，进而优化了企业的现金持有行为。

4.4.2 拓展性检验：国企混改影响下的公司现金持有价值

国企股权融合度和控制权转移通过抑制超额持现的过度投资，并将留存现金用于企业研发或以股利形式发放给股东进而优化了现金持有行为。但在我国治理环境尚待优化，资本市场尚需完善的背景下，企业现金留存既可能因恶化潜在代理冲突而降低企业价值（此时发放股利则可提升企业价值），也可能因及时捕捉投资机会而提升企业价值（此时发放股利则有可能降低企业价值）。那么，国企混改（股权融合度和控制权转移）对现金持有行为的上述影响，最终是否也提升了企业价值？对上述问题的明晰，不仅能进一步揭示国企混改影响公司现金持有的治理效应机制，而且也可从企业价值视角来反观国企混改的改革绩效。基于此，我们进一步将模型（4-5）的被解释变量更换为企业的账面价值（ΔRoa，经年度行业中值调整后的总资产收益率）和市场价值（ΔTobinq，经年度行业中值调整后的 Tobinq），来探究国企混改对现金持有的影响最终是否也提升了企业价值。

表 4-9 报告了国企混改作用下的超额持现对企业价值最终影响的回归结果。由结果易得，在国企混改过程中，简单的股权多样性没有对现金持有水平产生明显影响，最终也未带来企业价值的显著提升［列（1）和列（6）$Mixnum_{t-1} \times Residual_{t-1}$ 的系数均不显著］。而较高的股权融合度对企业价值虽有提升作用但作用尚不明显［列（2）和列（7）$Mixrate_{t-1} \times Residual_{t-1}$ 分别为 0.047 和 0.190，尚不显著］。考虑到国企国有产权性质尚未发生改变的背景下，股权融合度通过抑制国企过度投资所增加的现金留存，管理层可能并未将其完全投入企业研发，或并未以股利形式返还给股东。上述行为又极易恶化代理冲突，因而可能会部分弱化股权融合度对现金持有水平的正向作用。为此，我们在股权融合度（Mixrate）下

表 4-9　国企混改影响下的公司现金持有提升了企业价值吗？

MV	(1)	(2)	(3)	(4)	(5)	(6)	(7)	(8)	(9)	(10)
	ΔRoa					ΔTobinq				
	全样本	全样本	高持现	低持现	全样本	全样本	全样本	高持现	低持现	全样本
$Residual_{t-1}$	-0.096* (-1.70)	-0.064** (-2.14)	-0.069** (-2.08)	-1.000*** (-8.92)	-0.029*** (-3.32)	-0.137 (-0.58)	-0.309** (-2.42)	-0.125 (-0.69)	-0.353 (-0.79)	0.022 (0.13)
$Mixnum_{t-1}$	0.003 (1.04)	—	—	—	—	-0.007 (-0.62)	—	—	—	—
$Mixnum_{t-1}\times Residual_{t-1}$	0.017 (1.07)	—	—	—	—	-0.038 (-0.58)	—	—	—	—
$Mixrate_{t-1}$		-0.041** (-2.50)	-0.046** (-2.24)	-0.011 (-0.41)	—	—	-0.005 (-0.07)	-0.103 (-0.93)	0.143 (1.38)	—
$Mixrate_{t-1}\times Residual_{t-1}$	—	0.047 (1.33)	0.047 (1.27)	0.173** (2.22)	—	—	0.190 (0.61)	0.088 (0.21)	1.797** (2.51)	—
$Mixcha_{t-1}$	—	—	—	—	0.015*** (4.38)	—	—	—	—	-0.013 (-0.19)
$Mixcha_{t-1}\times Residual_{t-1}$	—	—	—	—	0.052*** (2.60)	—	—	—	—	0.733* (1.75)
$DResidual_{t-1}$	-0.168*** (-7.02)	-0.169*** (-7.07)	-0.027 (-1.02)	-1.368*** (-13.09)	-0.060*** (-7.51)	-0.579*** (-5.69)	-0.580*** (-5.70)	-0.436*** (-3.02)	0.145 (0.35)	0.005 (0.03)
Grow	0.021*** (5.24)	0.020*** (5.14)	0.003 (0.56)	0.023*** (3.74)	0.005*** (3.66)	-0.143*** (-7.99)	-0.143*** (-7.95)	-0.180*** (-6.15)	-0.081*** (-3.41)	-0.063** (-2.02)
Size	-0.049*** (-8.04)	-0.048*** (-8.00)	-0.051*** (-6.09)	-0.043*** (-4.28)	-0.018*** (-8.03)	-0.500*** (-18.76)	-0.501*** (-18.86)	-0.583*** (-11.51)	-0.493*** (-13.55)	-0.015 (-0.31)

续表

MV	(1)	(2)	(3)	(4)	(5)	(6)	(7)	(8)	(9)	(10)
	ΔRoa					ΔTobinq				
	全样本	全样本	高持现	低持现	全样本	全样本	全样本	高持现	低持现	全样本
Lev	-0.017 (-0.60)	-0.016 (-0.55)	-0.023 (-0.60)	0.545*** (7.82)	0.005 (0.51)	0.681*** (5.64)	0.683*** (5.64)	0.719*** (3.35)	0.258 (0.95)	-0.055 (-0.26)
Nwc	-0.029 (-1.61)	-0.030 (-1.64)	0.001 (0.05)	0.241*** (5.20)	-0.002 (-0.35)	-0.202*** (-2.62)	-0.199** (-2.57)	-0.071 (-0.59)	-0.515*** (-2.83)	-0.223* (-1.73)
PE	0.211*** (28.45)	0.212*** (28.62)	0.154*** (15.95)	0.226*** (17.35)	0.083*** (34.86)	-0.010 (-0.33)	-0.010 (-0.33)	-0.017 (-0.33)	-0.002 (-0.04)	-0.185*** (-3.63)
MV_{t-1}	-0.564*** (-50.62)	-0.563*** (-50.54)	-0.626*** (-37.22)	-0.544*** (-35.21)	-0.498*** (-37.93)	-0.264*** (-16.44)	-0.264*** (-16.43)	-0.301*** (-12.77)	-0.253*** (-10.67)	-0.348*** (-15.87)
Constant	1.033*** (7.72)	1.044*** (7.80)	1.107*** (6.00)	0.543** (2.41)	0.376*** (7.51)	11.139*** (18.94)	11.142*** (18.93)	13.004*** (11.66)	11.156*** (13.81)	0.558 (0.52)
Year	Yes	Yes	Yes	Yes	Yes	Yes	Yes	Yes	Yes	Yes
N	5357	5357	2663	2694	3623	5052	5052	2543	2509	3280
R^2_adj	0.439	0.440	0.457	0.531	0.493	0.160	0.160	0.180	0.158	0.111

再按期末企业留存现金的年度行业均值细分样本结果发现，当期末留存现金水平较低时（可能因企业将现金用于研发投入或将其以股利形式返回给了股东），股权融合度所优化的现金持有行为明显提升了企业价值［列（4）和列（9）$Mixrate_{t-1} \times Residual_{t-1}$ 分别为 0. 173 和 1. 797 且均在 5%水平下显著］，而在现金留存水平较高的样本中，上述提升作用不复存在。而控制权转移通过抑制超额持现的过度投资并将其用于企业研发或以股利形式返还给股东，在优化现金持有行为的同时亦提升了企业的账面价值［列（5）$Mixcha_{t-1} \times Residual_{t-1}$ 系数为 0. 052 且在 1%水平下显著］和市场价值［列（10）$Mixcha_{t-1} \times Residual_{t-1}$ 系数为 0. 733 且在 10%水平下显著］。

综上所述，我国特殊制度背景下的国企由于政府干预及所有者缺位引致的政府与企业的双重代理问题易使国企高管将留存现金用于完成政策性负担、扩大企业投资来赢得政治升迁。股权多样性的改革方式可能对公司治理结构的优化作用有限，因而并未对公司现金持有水平产生实质性影响，亦未带来企业价值的明显提升，而股权融合度与控制权转移均能通过优化治理结构、缓解代理问题进而优化公司的现金持有行为，且相对于股权融合的混改方式，控制权转移对公司现金持有水平的优化及对企业价值的提升效应更为明显。基于此，进一步鼓励非国有资本进入国企，加强非国有股权的持股比例，降低国企“一股独大”的股权结构或进行产权改革则是未来国企混改不断努力的方向所在。

4.5 本章小结

在政府大力推进混改及国企生存需求的双重驱动下，国企混合所有制改革已然成为理论界与实务界的共识。我国国企改革整体适应了市场的相应需求，但在市场化进程还在完善、法律保护尚需健全的转轨经济背景下，碍于政府干预，国企仍承担着本该由政府主导的部分非市场化任务。时下我国以股权多元化为典型特征的国企混改，在对公司治理结构产生影响的同时，也可能改变国企所面临的融资约束，因而将对其公司现金持有水平产生直接影响。本章主要的研究结论有：①国企混改并未通过融资约束渠道，而主要通过治理效应路径影响了现金持有水平，且不同的混改方式所强化的治理效应亦存在一定的差异，股权多样性因有效提升国企治理水平的作用有限，因而未对现金持有水平产生明显影响，最终亦未带来企业价值的提升。②股权融合度在抑制超额持现的过度投资促使现金持有水平明显增加的同时，还促进了国企将超额持现用于研发投入，进而优化了公司现金持有行为。股权融合度所优化的现金持有行为对企业价值的提升作用在期末现金持有水平较低时尤为凸显。③国企控制权转移在抑制超额持现过度投资的同时，还增加了企业研发投入及股利支付，进而引致控制权转移与期末现金持有水平的影响关系尚不明显，但其在优化现金持有行为的同时亦明显提升了企业价值。

可能的政策启示在于：①国企改革作为混合所有制改革中的重中之重，因其自身“半政半企”的特殊身份，突出表现为多元目标下的“使命冲突”与国企高管的“角色冲突”。因而，国企通过不断引入异质股东来弱化代理冲突、激发企业活力则是国企改革的关键所在。本章发现，股权多样性优化国企治理结构的作用尚未显现，进而未对现金持有水平及企业价值产生明显影响，而股权融合度在强化国企治理机制的同时亦优化了现金持有。基于此，时下的国企混改还需全面提速股份制改革，不断放开诸如上市发行及行业准入等各项管制，在积极引导多种所有制资本进入国企，产生多元股权“量变”的同时，还需注重异质股东进入国企所形成的股权制衡与相互融合的有效“质变”。②碍于国企相伴而生的政策性负担及所有者缺位引致的内部人控制现象，由此引致的政府与企业双重代理问题或多或少都将影响国企混改的整体质量。因此，除在国家安全、国民经济命脉的重要行业或关键性领域，保持国有资本绝对控股地位不变的情况下，其他竞争性国企可尝试通过实行公司制股份改革、股权多元化经营或整体上市等方式来助推国企民营化，变剥离“政策性负担”的治标为“产权改革”的治本，进一步优化国企股权结构，全面深化产权改革。③在国企混改过程中，较高现金留存极易恶化潜在的代理冲突，加之国企天生的资源禀赋，其融资约束程度相对较低，因而如无优良投资机会，时下正在混改中的国企也可适当将所持现金以股利形式返还给股东，避免留存现金的耗散，进而提升国企价值。

第 5 章　国企混改与企业投资决策

5.1 引言

作为微观企业产权之重要体现，股权性质差异赋予其不同资源禀赋与治理结构，企业财务行为和经营绩效亦由此受到影响（Demsetz，1967；Aghion 等，2013）。国有上市公司以其特殊产权性质在为股东利益最大化服务的同时，也肩负着社会利益最大化这一目标。除控制人缺位所带来的高管在职消费、个人帝国扩张等诸多私利动机冲击企业未来现金流之外（Laffont 和 Tirole，1993），国企还受制于国家使命，相较私有企业受更多政府干预，政策性负担的存在为其经营决策施加一定压力（陈林和唐杨柳，2014）。为缓解国企政策性负担，改善经济效益，国企混合所有制改革作为中国经济体制改革的核心和关键内容之一，以其优化企业治理环境、提升公司决策效率之价值，迅速成为学术界探讨的焦点话题（蔡贵龙等，2018）。国企混改不仅在微观层面上使企业剥离部分政策性压力（张辉等，2016）、加强管理层监督（陈冬华等，2005）及提高企业经营业绩（白重恩等，2006），在宏观层面上也对我国整体经济发展趋势产生直接影响。国企混改作为转型经济之关键环节，整个历程先后经历了从放权让利阶段到承包经营责任制落实，直至建立现代企业制度以及“国资发展”等过程（黄群慧和余菁，2013）。伴随国企混改进程的稳步推进，截至 2016 年底，67.7%的央企初步实现混合所有制目标，并随时间推移呈现全面提速之态势，尤其对于地方国企改革来说，2017 年正逐步进入深水区，成为混合所有制改革落地之年。党的十九大报告明确提出“深化国企改革，发展混合所有制经济，培育具有全球竞争力的世界一流企业”，再次吹响了新一轮国企改革的号角，进一步明确了我国混合所有制系列实施办法路径，通过积极引入非国有资本实现股权多元化，以达成缓解国企代理危机、激发国企创新活力以求最终实现国有资产保值增值等目标。

基于混合所有制在国企日常经营中所发挥的作用，企业投资行为作为创造企业价值的关键性活动之一亦受其影响。非国有资本的引入可能对企业投资行为起到积极作用，其通过强化管理层监督，优化企业资源配置（程仲鸣等，2008），利于企业更好地抓住投资机会，不仅提高了企业投资规模，且其投资效率亦得以提升。但国企混改对企业投资行为也可能存在一定消极作用，国企混改实施剥离企业部分政策性任务的同时，亦降低政策性任务所伴生的资源效应（潘红波等，2008），且非国有股东更严重的掏空行为也可能扭曲企业投资与投资机会的关系，从而造成企业投资规模下降、非效率投资行为增加（潘红波和韩芳芳，2016）。鉴于此，国企混改对企业投资效率究竟产生何种影响即为本章探讨的主题之一。另外，本章基于企业内外部特征视角猜测其差异可能对国企混改与投资规模、投资效率间的关系产生影响，故进一步进行了分组检验以探析内部影响因素对国企混改效用带来的冲击。

本章以我国沪深 A 股国有上市公司为研究样本，基于 2007~2017 年国有上市公司经验证据表明：①国企混改显著提高了企业投资规模，亦显著提升了企业投资效率，且经过一系列稳健性检验依然成立。②控制人层级越低、企业内部控制环境欠缺时，国企混改对投资规模的促进效用发挥更为显著。③企业内部控制环境欠缺、外部法律保护水平越高时，国企混改提升企业投资效率效用更为显著。

本章可能的理论贡献与现实意义在于：①本章丰富了企业投资规模、投资效率驱动因素及国企混改经济后果的研究，在为国企与企业投资间关系提供新的证据支持的同时，还探讨了内外部特征因素对该关联的影响，具有一定的理论贡献。②本章在理论上为澄清国企改革成效之争提供了新的证据，已有文献对国企混改作用成效论证存在诸多争议，一方面，有学者指出，国企混改确实为改善公司内部控制质量（刘运国等，2016）、强化高管薪酬激励（蔡贵龙等，2018）、提升企业绩效（马连福等，2015）等发挥了一定的作用。另一方面，也有学者对国企混改的积极效用表示质疑，研究发现国企混改没能实现预期效果，反而加重了高管的在职消费（常风林等，2017）、提高盈余管理（何威风等，2019），本章研究有助于为上述争议提供新的证据支持。③为政府加快国企混改进程，提升微观经济投资建设并推动宏观经济发展提供经验证据支撑，且为其进一步简政放权、降低政府干预强化国企混改效用、推行企业内部控制规范化建设及提升整体法律保护水平提供一定的借鉴意义。

5.2 理论分析与研究假设

5.2.1 国企混改对企业投资决策的正向助推

国企混改可能在一定程度上缓解企业的融资约束。具体来说，国企混改为国有控股公司引入大量非国有资本，不同性质的股权进行重复博弈最终形成权力优配，当企业面临较好投资机会时，国企混改所带来的资金优化配置优势为其提高投资规模、提升投资效率提供了一定条件支持。同时，国企混改弱化了国企政治属性，亦降低政府为实现自身政治目标诉求而向其施加政治压力的意愿，有利于其摆脱居民就业等政策性负担困境，进一步为企业节约大量现金流用于支持其自身投资建设。因此，混合多样性能够为企业投资行为提供强大资本，为国有和非国有资本集中管理创造机会，实现企业资源多维度的优势互补与政策任务的减负，以国企融资约束问题缓解路径优化企业投资决策。

另外，由于国企“内部控制人”缺位引发的代理问题，高管可能为谋求私利进行在职消费从而大量消耗现金流，致使企业无力支撑净现值为正的投资项目（金宇超和靳庆鲁，2016）。然而，在国企混改过程中，非国有资本逐步引入所形成的多元化股权制衡结构可能发挥一定治理效应，从而在一定程度上加强高管约束，通过缓解代理问题提高企业投资规模。同时，由于非国有资本逐利天性的存在，非国有股东有强烈动机对管理层实施监督，以促使其为企业利益最大化服务，当企业面临较好的投资机会时更能积极扩大投资支出，而在投资机会较差时管理层亦会及时止损，从而使内部控制人缺失情形下代理问题诱发的投资效率低下问题得到一定程度解决。此外，非国有股东能在一定程度上加强管理层薪酬、离职对业绩的敏感性（郝阳和龚六堂，2017），使国企混改更进一步缓解高管因过度风险厌恶造成“不作为”引发非效率投资的问题。

5.2.2 国企混改对企业投资决策的负向抑制

在我国特殊制度背景下，国企以其“半政半企”之特征与政府存在天然联系，其往往被政府赋予财政收入、居民就业等多重政策性职能（Lin 和 Tan，1999），同时国企在受政府直接资金支持的同时（Kornai 等，2003），也能获得税收减免、优质信贷等多重资源优势（Allen 等，2000；吴文锋等，2009）。然而，在不断引入非国有资本、减少国有持股、推进混合所有制改革的过程中，国企政策性任务可能在一定程度上降低（张辉等，2016），而与国有股权相伴而生的资源效应或将因此而被削弱，企业不仅较混改前更不易得到政府在资金、政策上的支持，而且通过信息优势获取优质信贷的路径也会受到一定阻碍，外部融资约束的加大反而可能使企业在面临较好投资机会时无力提供资金支持，进而致使企业投资规模降低，投资效率削减。

此外，潘红波和韩芳芳（2016）研究发现，非国有股东与国有股东相比，有更严重的“掏空”动机，随着非国有资本注入，政府对企业重视程度、扶持力度被削弱的同时，监督力度呈现下降趋势（毛淑珍等，2010）。非国有大股东更可能借助关联交易、资金占用等阻碍企业进行更多投资建设，从而侵害中小股东利益（朱清等，2014）。此时，非国有资本的引入非但没有因资源优配改善企业投资行为，反而可能由于第二类代理问题导致企业资金缺乏限制其投资规模，企业投资效率被进一步削减。

由此，本章提出以下对立假设：

假设 H1：国企混改对企业投资规模起到正向助推，混改程度越高，企业投资规模越高，企业投资与投资机会敏感性亦越高。

假设 H2：国企混改对企业投资规模起到负向抑制，混改程度越高，企业投资规模越低，企业投资与投资机会敏感性亦越低。

5.3 研究设计

5.3.1 模型建立与变量定义

基于前文的理论分析，为了验证本章的研究假设，借鉴靳庆鲁（2015）、蔡贵龙等（2018）、杨兴全等（2020）的相关研究设计，构建模型（5-1）以验证国企混改对企业投资规模的影响：

$$INV_{i,t}=\alpha_0+\alpha_1 Mixed_{i,t}+Controls_{i,t}+\sum Year+\sum Ind+\varepsilon_{i,t} \tag{5-1}$$

其中，i 和 t 分别表示公司和年份，ε 为回归模型的残差，$INV_{i,t}$ 表示企业投资规模，Mixed 表示国企混改，Controls 表示各控制变量，若 α_1 显著为正支持假设 H1，显著为负则支持假设 H2。国企混改（Mixed）指标参考马连福等（2015）、杨兴全等（2020）的研究，从以下四个指标进行衡量：①混合多样性（Mixnum），表示前十大股东中代表不同种类股权性质的数目，如果当前十大股东中仅存在一种性质的股东，则将 Mixnum 设为 1，如果存在两种不同性质的股东，则取值为 2，以此类推，如果存在六种不同性质的股东，Mixnum 数值则为 6。②混合制衡度（Mixbalance），企业前十大股东中非国有股东与国有股东持股比例之差，该值越小，说明国有股东与非国有股东之间的股权关系越相对制衡。③股权融合度（Mixrate），参考杨志强等（2016）的研究设计，首先计算国企之中国有股、非国有股占所有股权比例，将其分别定义为 Es 和 Ep，然后择取 Es 和 Ep 中的较大者作为分母，较小者为分子计算比值，将该计算结果定义为混改股权的融合度或制衡性（Mixrate）。Mixrate 越大，则表明国企的国有资本与非国有资本之间的融合程度越高，制衡作用就愈加明显。④国企控制权转移（Mixcha），参考徐晓东和陈小悦（2003）、白云霞和吴联生（2008）的研究，将第一大股东变更或终极控制人性质变更定义为控制权发生转移，通常而言，控制权发生转让，混改程度可能更高。其他各指标的具体构建方法如表 5-1 所示。

表 5-1 变量定义

变量类型	变量名称	变量符号	变量定义
被解释变量	投资规模	INV	（构建固定资产、无形资产和其他长期资产支付的现金-处置固定资产、无形资产和其他长期资产收回的现金净额）/（前期固定资产净额+无形资产净额）
解释变量	混合多样性	Mixnum	前十大股东中涉及的不同种类股权性质的数量
	混合制衡度	Mixbalance	企业前十大股东中非国有股东与国有股东持股比例之差
	混合深入度	Mixratio	企业前十大股东中非国有股东持股比例之和
	控制权转移	Mixcha	国企终极控制人或第一大股东发生变更（Mixcha=1）时为控制权发生转移
控制变量	公司规模	Size	企业资产总额取自然对数
	财务杠杆	Lev	负债总和除以年末资产总额
	盈利能力	Roa	净利润/总资产平均余额
	成长性	Grow	营业收入增长率
	资产结构	Am	固定资产净额/资产总计
	创新投入	Intangible	无形资产净额/总资产
	第一大股东持股比例	Top	第一大股东持股数/总股本
	两职合一	Dual	董事长兼任总经理取值为 1；否则为 0
	国企哑变量	SOE	国企为 1；非国企则为 0

基于前文的理论分析，为了验证本章的研究假设，借鉴靳庆鲁（2015）、蔡

贵龙等（2018）、杨兴全等（2020）的相关研究设计，构建模型（5-2）以验证国企混改对企业投资规模的影响：

$$INV_t=\beta_t+\beta_i+\beta_0+\beta_1 Growth_{i,t-1}+\beta_2 Mixed_{i,t}+\beta_3 Growth_{i,t-1}\times Mixed_{i,t}+Controls_{i,t-1}+\varepsilon_{i,t} \tag{5-2}$$

其中，i 和 t 分别表示公司和年份，ε 为回归模型的残差，INV 表示企业投资规模，Growth 用于衡量投资机会，定义为“公司营业收入增长率”。Mixed 表示国企混改，Controls 表示各控制变量，β_i 和 β_t 分别表示控制公司个体和年份固定效应。本章引入 Growth 与 Mixed 交乘项，重在研究国企混改和企业投资与投资机会敏感性问题，若 β_3 系数显著为正则支持假设 H1，显著为负则支持假设 H2，其他各指标的具体构建方法如表 5-2 所示。

表 5-2　变量定义

变量符号	变量定义
INV	（构建固定资产、无形资产和其他长期资产支付的现金-处置固定资产、无形资产和其他长期资产收回的现金净额）/（前期固定资产净额+无形资产净额）
Growth	营业收入增长率
Mixnum	前十大股东中涉及的不同种类股权性质的数量
Mixbalance	企业前十大股东中非国有股东与国有股东持股比例之差
Mixratio	企业前十大股东中非国有股东持股比例之和
Mixcha	将国企终极控制人或第一大股东发生变更（Mixcha=1）视为控制权发生转移
Lev	年末负债总额/年末资产总额
Top	第一大股东持股数/总股本
Dual	董事长兼任总经理取值为 1；否则为 0
Cash	公司现金持有额/期末资产总额
Intangible	无形资产净额/期末资产总额
β_i	控制公司个体固定效应
β_t	控制年份固定效应

5.3.2　样本选择与数据来源

本章以观测初始年当年（2007 年及之前上市的为 2007 年，2007 年之后上市的为上市当年）实际控制人为国有性质的 A 股上市公司为样本，忽略不具牵制作用的“用脚投票”的小股东，仅以前十大流通股东作为衡量标准，对 2007～2017 年上市公司年报中“股东数量和持股情况”的前十大股东“持股性质”进行手工收集（如果股东本身也是上市公司，则依据其实际控制人的性质进行判断），并参考马连福等（2015）、郝阳和龚六堂（2017）将前十大股东划分为国有股东、民营股东、自然人股东、外资类股东、机构投资者和其他共六大类。本章还对以下数据样本进行剔除：①PT、ST、*ST公司。②金融行业的公司。③删除变量缺失样本。本章的其他数据均来源于CSMAR数据库，且为排除异常值对结果的影响，本章还对所有的连续变量进行1%的缩尾处理。

5.4 描述性统计

表5-3是模型（5-1）描述性统计结果，INV均值为0.296，且标准差为0.409，说明国企之间投资规模存在一定差异，Mixnum均值为3.218，说明我国国企持股股东的种类存在多样性，Mixbalance的均值为0.064，该数值小于10%，说明整体而言，在参与混改的国企中非国有资本与国有资本持股比例基本持平，处于相互制衡的局面。Mixratio均值为0.319，最小值为0.010，最大值为0.828，表明我国国企混改力度较大，且非国有资本在我国部分国企中占比较高，但国企中非国有资本的进入情况存在较大差异。Mixcha的均值为0.447，说明国企混改在部分企业中影响较大，致使企业控制权转移，该情况同样在不同企业间存在差异。

表5-3 国企混改与企业投资规模的描述性统计

变量名	变量符号	样本量	均值	标准差	最小值	最大值	中值
投资规模	INV	9781	0.296	0.409	-0.104	2.712	0.170
混合多样性	Mixnum	9781	3.218	0.859	1.000	6.000	3.000
混合制衡度	Mixbalance	9781	0.064	0.490	-0.756	0.824	-0.044
混合深入度	Mixratio	9781	0.319	0.266	0.010	0.828	0.237
控制权转移	Mixcha	9781	0.447	0.497	0.000	1.000	0.000
公司规模	Size	9781	22.170	1.246	20.050	26.07	21.981
财务杠杆	Lev	9781	0.435	0.202	0.056	0.863	0.431
盈利能力	Roa	9780	0.049	0.049	-0.112	0.207	0.040
成长性	Grow	9772	0.404	1.013	-0.608	7.055	0.147
资产结构	Am	9781	0.239	0.176	0.003	0.760	0.204

续表

变量名	变量符号	样本量	均值	标准差	最小值	最大值	中值
创新投入	Intangible	9781	0.047	0.051	0.000	0.315	0.034
第一大股东持股比例	Top	9781	0.365	0.150	0.099	0.759	0.351
两职合一	Dual	9781	1.777	0.416	1.000	2.000	2.000
国企哑变量	SOE	9781	0.569	0.495	0.000	1.000	1.000

表 5-4 是模型（5-2）的描述性统计结果，INV 均值为 0.280，且标准差为 0.419，而 Growth 均值为 0.377，标准差为 1.143，说明国企之间投资规模及投资机会存在一定差异，Mixnum 均值 3.245，说明我国国企持股股东的种类存在多样性，Mixbalance 的均值为-0.000，该数值小于 10%，说明整体而言，在参与混改的国企中非国有资本与国有资本持股比例基本持平，处于相互制衡的局面。Mixratio 均值为 0.284，最小值为 0.010，最大值为 0.830，表明我国国企混改力度较大，且非国有资本在我国部分国企中占比较高，但不同国企中非国有资本的进入情况存在较大差异。Mixcha 的均值为 0.388，说明国企混改在部分企业中影响较大，致使企业控制权转移，该情况同样在不同企业间存在差异。

表 5-4　国企混改与企业投资效率的描述性统计

变量符号	样本量	均值	标准差	最小值	最大值	中值
INV	8434	0.280	0.419	-0.194	3.439	0.160
Growth	8434	0.377	1.143	-0.692	9.971	0.115
Mixnum	8434	3.245	0.850	1.000	6.000	3.000
Mixbalance	8434	-0.000	0.482	-0.759	0.826	-0.165
Mixratio	8434	0.284	0.258	0.010	0.830	0.166
Mixcha	8434	0.388	0.487	0.000	1.000	0.000
Lev	8434	0.444	0.210	0.054	0.950	0.443
Top	8434	0.381	0.152	0.0872	0.750	0.372
Dual	8434	1.796	0.403	1.000	2.000	2.000
Cash	8434	0.187	0.135	0.001	0.925	0.150
Intangible	8434	0.048	0.053	0.000	0.323	0.033

5.5　国企混改与企业投资规模实证检验结果与分析

5.5.1　基本回归结果

参考已有文献，本章基于模型（5-1）分别从混合多样性（Mixnum）、混合制衡度（Mixbalance）、混合深入度（Mixratio）以及控制权转移（Mixcha）四个维度检验国企混改与企业投资规模之间可能的关联，为保证回归结果的稳健性，采用了 Robust 稳健标准误以得到更精确的 t 值，具体回归结果如表 5-5 所示，Mixnum 与 INV 未呈现显著关系，而 Mixbalance、Mixratio 以及 Mixcha 均在 1%水平下与 INV 显著正相关，说明国企混改显著提高了企业投资规模，验证了假设 H1。

表 5-5　国企混改与企业投资规模

被解释变量	投资规模（INV）			
	（1）	（2）	（3）	（4）
Mixnum	-0.005 （-1.200）	—	—	—
Mixbalance	—	0.122*** （6.29）	—	—
Mixratio	—	—	0.256*** （8.43）	—
Mixcha	—	—	—	0.068*** （3.16）
Size	0.016*** （3.93）	0.017*** （4.11）	0.014*** （3.45）	0.016*** （3.91）
Lev	0.108*** （3.80）	0.108*** （3.84）	0.116*** （4.12）	0.107*** （3.79）
Roa	1.081*** （11.07）	1.029*** （10.46）	0.9904*** （10.07）	1.081*** （11.06）
Grow	0.020*** （2.66）	0.020*** （2.67）	0.020*** （2.66）	0.020*** （2.69）

续表

被解释变量	投资规模（INV）			
	(1)	(2)	(3)	(4)
Am	-0.412*** (-13.86)	-0.404*** (-13.72)	-0.407*** (-13.78)	-0.408*** (-13.78)
Intangible	-0.376*** (-4.89)	-0.402*** (-5.19)	-0.416*** (-5.35)	-0.389*** (-5.03)
Top	0.018 (0.61)	0.066** (2.10)	-0.009 (-0.31)	0.025 (0.83)
Dual	-0.051*** (-4.59)	-0.047*** (-4.18)	-0.047*** (-4.18)	-0.050*** (-4.46)
SOE	-0.143*** (-13.75)	-0.048*** (-2.67)	-0.030* (-1.84)	-0.084*** (-3.86)
Constant	0.179** (2.08)	0.062 (0.73)	0.065 (0.77)	0.095 (1.08)
Ind/Year	Yes	Yes	Yes	Yes
Observations	9771	9771	9771	9771
Adjusted R^2	0.132	0.136	0.139	0.133

注：***、**和*分别表示在1%、5%和10%的水平下显著；括号内为稳健标准误下的t统计量。本章下同。

5.5.2 稳健性检验

考虑到国企混改与企业投资间可能存在潜在的逆向因果问题，当企业投资规模提高时，非国有资本出于其逐利天性，可能会主动向企业注入更多资金，且可能还涉及遗漏重要控制变量等问题。故进行如下稳健性检验：①利用滞后回归法，将所有控制变量滞后一期重新进行回归分析。②为获得更为稳健的标准误，本章采用个体聚类分析方法进行回归分析。③鉴于2007年会计制度变革及2008年金融危机对企业财务指标产生的潜在影响，剔除2007年与2008年样本后重新进行回归分析，具体回归结果如表5-6所示。Mixnum与INV关系不显著，而Mixbalance、Mixratio、Mixcha与INV显著正相关，与基本回归结果保持一致。

表 5-6 稳健性检验一

解释变量	被解释变量：投资规模（INV）											
	滞后回归				聚类分析				替换样本区间			
	（1）	（2）	（3）	（4）	（5）	（6）	（7）	（8）	（9）	（10）	（11）	（12）
Mixnum	0. 001 （0. 12）	—	—	—	-0. 005 （-0. 97）	—	—	—	-0. 004 （-0. 89）	—	—	—
Mixbalance	—	0. 082*** （3. 87）	—	—	—	0. 122*** （4. 48）	—	—	—	0. 129*** （6. 41）	—	—
Mixratio	—	—	0. 183*** （5. 63）	—	—	—	0. 256*** （6. 37）	—	—	—	0. 265*** （8. 35）	—
Mixcha	—	—	—	0. 049** （1. 96）	—	—	—	0. 068** （2. 19）	—	—	—	0. 075*** （3. 31）
Size	0. 005 （0. 96）	0. 005 （1. 04）	0. 003 （0. 68）	0. 005 （0. 97）	0. 016*** （2. 65）	0. 017*** （2. 76）	0. 014** （2. 34）	0. 016*** （2. 63）	0. 013*** （2. 84）	0. 013*** （3. 05）	0. 010** （2. 38）	0. 012*** （2. 81）
Lev	0. 092*** （2. 70）	0. 091*** （2. 70）	0. 094*** （2. 78）	0. 091*** （2. 69）	0. 108*** （3. 01）	0. 109*** （3. 06）	0. 117*** （3. 28）	0. 108*** （3. 01）	0. 117*** （3. 89）	0. 120*** （3. 99）	0. 129*** （4. 30）	0. 118*** （3. 91）
Roa	1. 192*** （10. 46）	1. 168*** （10. 20）	1. 143*** （9. 99）	1. 190*** （10. 45）	1. 081*** （9. 46）	1. 030*** （8. 86）	0. 990*** （8. 55）	1. 081*** （9. 47）	1. 013*** （9. 72）	0. 957*** （9. 12）	0. 920*** （8. 77）	1. 009*** （9. 67）
Grow	0. 004 （0. 61）	0. 004 （0. 62）	0. 004 （0. 62）	0. 004 （0. 63）	0. 020** （2. 46）	0. 020** （2. 47）	0. 020** （2. 46）	0. 020** （2. 49）	0. 018** （2. 32）	0. 019** （2. 33）	0. 018** （2. 32）	0. 019** （2. 35）
Am	-0. 553*** （-17. 19）	-0. 549** （-17. 08）	-0. 551*** （-17. 19）	-0. 551*** （-17. 18）	-0. 412*** （-11. 43）	-0. 405** （-11. 36）	-0. 407*** （-11. 36）	-0. 408*** （-11. 45）	-0. 409*** （-12. 97）	-0. 399** （-12. 77）	-0. 400*** （-12. 81）	-0. 405*** （-12. 89）
Intangible	-0. 787*** （-9. 02）	-0. 799** （-9. 15）	-0. 811*** （-9. 23）	-0. 793*** （-9. 06）	-0. 376*** （-3. 93）	-0. 403** （-4. 13）	-0. 417*** （-4. 21）	-0. 390*** （-4. 02）	-0. 417*** （-5. 17）	-0. 443** （-5. 45）	-0. 457*** （-5. 59）	-0. 429*** （-5. 30）

续表

解释变量	被解释变量：投资规模（INV）											
	滞后回归				聚类分析				替换样本区间			
	(1)	(2)	(3)	(4)	(5)	(6)	(7)	(8)	(9)	(10)	(11)	(12)
Top	-0.036 (-1.05)	-0.003 (-0.08)	-0.055 (-1.60)	-0.030 (-0.88)	0.019 (0.41)	0.066 (1.46)	-0.001 (-0.21)	0.025 (0.56)	0.013 (0.41)	0.055* (1.68)	-0.024 (-0.76)	0.019 (0.60)
Dual	-0.050*** (-4.05)	-0.048* (-3.84)	-0.048*** (-3.87)	-0.049*** (-3.98)	-0.052*** (-3.77)	-0.047** (-3.40)	-0.047*** (-3.40)	-0.050*** (-3.65)	-0.056*** (-4.80)	-0.051** (-4.40)	-0.051*** (-4.40)	-0.054*** (-4.67)
SOE	-0.082*** (-7.27)	-0.019 (-0.96)	-0.003 (-0.19)	-0.039 (-1.55)	-0.143*** (-10.32)	-0.049** (-1.97)	-0.031 (-1.41)	-0.085*** (-2.78)	-0.140*** (-13.26)	-0.040** (-2.11)	-0.023 (-1.35)	-0.075*** (-3.28)
Constant	0.448*** (4.49)	0.386*** (3.82)	0.384*** (3.90)	0.399*** (3.91)	0.180 (1.49)	0.063 (0.50)	0.066 (0.53)	0.096 (0.76)	0.304*** (3.31)	0.183** (2.00)	0.190** (2.11)	0.218** (2.34)
Ind/Year	Yes	Yes	Yes	Yes	Yes	Yes	Yes	Yes	Yes	Yes	Yes	Yes
Observations	6460	6460	6460	6460	9771	9771	9771	9771	8904	8904	8904	8904
Adjusted R^2	0.156	0.158	0.160	0.157	0.132	0.137	0.139	0.133	0.136	0.141	0.143	0.138

5.5.3　基于控制人层级的异质性分析

不同层级政府控制下的国有上市公司，其内部治理机制存在较大差异，因而政府干预对企业投资决策行为的影响也有所不同。中央国有企业相较于地方国有企业在一定程度上受更多政府干预，国企混改带来企业投资规模助推效用可能受到限制。本章根据上市公司最终控制人的行政层级将样本划分为中央国有企业与地方国有企业两组，观察控制人层级对国企混改与企业投资规模相关关系的影响。表 5-7 是控制人层级横截面分析的分组检验结果，列（1）至列（4）中中央国有企业组中国企混改指标均与企业投资规模不存在显著关系，而列（5）至列（8）中地方国有企业组 Mixnum 与 INV 关系不显著，而 Mixbalance、Mixratio 和 Mixcha 分别与 INV 在 1%、1%和 5%水平下显著正相关，说明地方国有企业的国企混改效用发挥更显著。另外，为降低样本分组本身对结果产生的可能偏差，本章进行了 SUEST 组间差异检验，结果显示国企混改各指标不同组别间系数差异均在 1%水平下显著，故进一步证实了本节所得出的结论。

表 5-7　基于控制人层级的异质性分析

	被解释变量：投资规模（INV）							
	中央国有企业				地方国有企业			
	(1)	(2)	(3)	(4)	(5)	(6)	(7)	(8)
Mixnum	0.008 (0.94)	—	—	—	-0.010 (-1.63)	—	—	—
Mixbalance	—	0.015 (0.36)	—	—	—	0.128*** (3.84)	—	—
Mixratio	—	—	0.098 (1.35)	—	—	—	0.268*** (5.64)	—
Mixcha	—	—	—	-0.0321 (-1.05)	—	—	—	0.077** (2.01)
Size	0.026*** (2.87)	0.025*** (2.79)	0.023** (2.51)	0.025*** (2.82)	0.017** (2.11)	0.018** (2.20)	0.016* (1.96)	0.017*** (2.06)
Lev	-0.050 (-0.82)	-0.052 (-0.86)	-0.050 (-0.83)	-0.049 (-0.81)	0.137*** (3.29)	0.136*** (3.30)	0.144*** (3.50)	0.136*** (3.27)
Roa	0.806*** (3.74)	0.793*** (3.78)	0.773*** (3.67)	0.805*** (3.74)	1.141*** (8.63)	1.087*** (8.04)	1.039*** (7.70)	1.141*** (8.63)
Grow	0.041** (2.39)	0.041** (2.38)	0.040** (2.36)	0.041** (2.38)	0.015 (1.64)	0.015* (1.65)	0.015 (1.64)	0.015* (1.69)

续表

	被解释变量：投资规模（INV）							
	中央国有企业				地方国有企业			
	(1)	(2)	(3)	(4)	(5)	(6)	(7)	(8)
Am	−0.523*** (−6.84)	−0.524*** (−6.85)	−0.521*** (−6.82)	−0.527*** (−6.86)	−0.394*** (−9.59)	−0.387*** (−9.54)	−0.389*** (−9.53)	−0.390*** (−9.64)
Intangible	−0.373* (−1.90)	−0.373* (−1.91)	−0.367* (−1.89)	−0.374* (−1.90)	−0.376*** (−3.53)	−0.410*** (−3.77)	−0.432*** (−3.90)	−0.393*** (−3.63)
Top	−0.080 (−1.01)	−0.070 (−0.78)	−0.068 (−0.85)	−0.091 (−1.13)	0.042 (0.83)	0.071 (1.40)	−0.008 (−0.16)	0.044 (0.88)
Dual	0.029 (0.98)	0.030 (1.01)	0.031 (1.03)	0.031 (1.03)	−0.058*** (−4.00)	−0.054*** (−3.70)	−0.054*** (−3.73)	−0.056*** (−3.89)
SOE	0.021 (0.50)	0.022 (0.52)	0.022 (0.52)	0.021 (0.49)	−0.145*** (−9.06)	−0.0474 (−1.60)	−0.0295 (−1.16)	−0.081** (−2.14)
Constant	−0.368** (−2.01)	−0.329* (−1.77)	−0.304 (−1.63)	−0.331* (−1.81)	0.186 (1.16)	0.057 (0.33)	0.048 (0.29)	0.090 (0.53)
Ind/Year	Yes	Yes	Yes	Yes	Yes	Yes	Yes	Yes
Observations	1830	1830	1830	1830	7941	7941	7941	7941
R^2_a	0.179	0.179	0.180	0.179	0.132	0.135	0.138	0.133
Different	243.36***		232.54***		213.84***		249.55***	

注：括号内为 SUEST 检验卡方值，本章下同。

5.5.4 基于企业内部控制的调节效应分析

内部控制作为保证企业内部契约有效实施的重要保证机制，亦在加强企业高管监督、提高信息透明度进而提高企业投资中扮演着重要的角色。具体来说，较好的内部控制环境有助于提高信息质量，缓解代理冲突，从而影响企业外部债务融资。有学者指出，内部控制较为缺失的企业，信息披露的不及时与不完善给股东、债权人等利益相关者监督管理层行为带来一定障碍（La Porta 等，2000）。完善企业内部控制制度、优化信息披露环境对于削弱高管机会主义行为、降低代理成本具有重要意义。国企混改作为影响企业投资的路径之一，可能会受到企业内部控制环境的影响。内部控制较为完善的情形下，企业信息披露情况较好，管理层监督机制较为完善，不仅代理问题较小，信息不对称所带来融资约束的降低亦可能抑制国企混改对企业投资规模的助推效用；而内控相对较差的企业中，国企混改促进企业投资建设的效用可能表现得更为明显。本章以迪博内控指数

（IE）行业年度中位数划分内部控制环境优质与内部控制环境欠佳两组分别对被解释变量企业投资规模（INV）进行回归分析，表 5-8 为其检验结果。在内部控制环境优质组中，Mixnum、Mixcha 和 INV 未呈现显著关系，而 Mixbalance、Mixratio 和 INV 分别在 10%、5%水平下显著。而内部控制环境欠佳组中，Mixbalance、Mixratio、Mixcha 均与 INV 在 1%水平下显著正相关。因此得出结论：内部控制环境越差的企业，国企混改效用发挥就越凸显。另外，为降低样本分组本身对结果产生的可能偏差，进行了 SUEST 组间差异检验，结果显示国企混改各指标不同组别间系数差异均在 1%水平下显著，故进一步证实了本节所得出的结论。

表 5-8　基于企业内部控制的调节效应分析

	被解释变量：投资规模（INV）							
	内部控制环境优质				内部控制环境欠佳			
	(1)	(2)	(3)	(4)	(5)	(6)	(7)	(8)
Mixnum	-0.002 (-0.31)	—	—	—	-0.008 (-1.27)	—	—	—
Mixbalance	—	0.054* (1.65)	—	—	—	0.185*** (5.30)	—	—
Mixratio	—	—	0.1224** (2.52)	—	—	—	0.382*** (7.26)	—
Mixcha	—	—	—	-0.0070 (-0.20)	—	—	—	0.137*** (3.55)
Size	0.006 (0.87)	0.007 (0.92)	0.006 (0.78)	0.006 (0.87)	0.023*** (3.04)	0.024*** (3.15)	0.019*** (2.62)	0.023*** (3.00)
Lev	0.202*** (3.66)	0.200*** (3.62)	0.202*** (3.66)	0.202*** (3.67)	0.006 (0.15)	0.018 (0.45)	0.032 (0.83)	0.009 (0.23)
Roa	1.072*** (5.47)	1.038*** (5.15)	1.017*** (5.08)	1.072*** (5.45)	0.978*** (7.18)	0.941*** (7.03)	0.891*** (6.69)	0.984*** (7.26)
Grow	0.031*** (2.84)	0.031*** (2.83)	0.031*** (2.82)	0.031*** (2.84)	0.000 (0.07)	0.001 (0.16)	0.001 (0.15)	0.001 (0.16)
Am	-0.421*** (-8.47)	-0.417*** (-8.40)	-0.418*** (-8.40)	-0.422*** (-8.50)	-0.403*** (-8.93)	-0.396*** (-8.92)	-0.401*** (-9.03)	-0.396*** (-8.86)
Intangible	-0.375*** (-2.67)	-0.382*** (-2.70)	-0.391*** (-2.75)	-0.375*** (-2.66)	-0.417*** (-3.75)	-0.475*** (-4.29)	-0.491*** (-4.40)	-0.452*** (-4.07)
Top	0.025 (0.41)	0.048 (0.76)	0.014 (0.23)	0.025 (0.40)	0.012 (0.24)	0.079 (1.53)	-0.037 (-0.73)	0.026 (0.53)

续表

	被解释变量：投资规模（INV）							
	内部控制环境优质				内部控制环境欠佳			
	(1)	(2)	(3)	(4)	(5)	(6)	(7)	(8)
Dual	-0.053*** (-2.74)	-0.050*** (-2.61)	-0.050** (-2.58)	-0.053*** (-2.76)	-0.044*** (-2.64)	-0.039** (-2.29)	-0.040** (-2.38)	-0.043** (-2.56)
SOE	-0.176*** (-9.03)	-0.134*** (-4.30)	-0.122*** (-4.45)	-0.183*** (-5.08)	-0.110*** (-6.57)	0.032 (1.01)	0.054* (1.95)	0.007 (0.20)
Constant	0.394** (2.45)	0.337** (2.06)	0.332** (2.07)	0.395** (2.42)	0.027 (0.18)	-0.128 (-0.82)	-0.117 (-0.76)	-0.126 (-0.78)
Ind/Year	Yes	Yes	Yes	Yes	Yes	Yes	Yes	Yes
Observations	4869	4869	4869	4869	4902	4902	4902	4902
R^2_a	0.142	0.143	0.144	0.142	0.129	0.140	0.146	0.135
Different	107.74***		121.53***		126.67***		125.31***	

5.6 国企混改与企业投资效率实证检验结果与分析

5.6.1 基本回归结果

参考已有文献，本章基于模型（5-2）在控制一系列变量及个体、年份固定效应之后，分别从混合多样性（Mixnum）、混合制衡度（Mixbalance）、混合深入度（Mixratio）以及控制权转移（Mixcha）四个维度检验国企混改和企业投资与投资机会敏感性关联，具体回归结果如表5-9所示，列（1）显示企业投资机会与企业投资规模在1%水平下正相关，符合企业资本逐利动机。列（2）至列（5）加入国企混改指标及其与投资机会交乘项，重点关注交乘项指标系数及其显著性特征，可以看出各国企混改指标与投资机会交乘项系数均为正，且Growth×Mixbalance、Growth×Mixratio、Growth×Mixcha分别与INV呈现1%、5%、10%的显著性，说明国企混改显著提高了企业投资与投资机会敏感性，对企业投资效率起到了正向助推效用，支持假设H1。

表 5-9 国企混改与企业投资决策

变量	投资规模（INV）				
	(1)	(2)	(3)	(4)	(5)
Growth	0.013*** (3.43)	-0.004 (-0.29)	0.016*** (4.04)	0.004 (0.94)	0.009** (2.04)
Mixnum	—	-0.011** (-2.04)	—	—	—
Growth×Mixnum	—	0.005 (1.18)	—	—	—
Mixbalance	—	—	0.087*** (5.44)	—	—
Growth×Mixbalance	—	—	0.022*** (3.00)	—	—
Mixratio	—	—	—	0.199*** (7.05)	—
Growth×Mixratio	—	—	—	0.034** (2.41)	—
Mixcha	—	—	—	—	0.081*** (5.30)
Growth×Mixcha	—	—	—	—	0.014* (1.70)
Controls	Yes	Yes	Yes	Yes	Yes
Constant	0.496*** (13.17)	0.423*** (10.16)	0.298*** (7.41)	0.252*** (6.07)	0.278*** (6.59)
Firm/Year	Yes	Yes	Yes	Yes	Yes
Observations	8434	8434	8434	8434	8434
R_sq	0.072	0.073	0.083	0.085	0.082

5.6.2 稳健性检验

考虑到国企混改与企业投资效率间可能存在潜在的逆向因果问题，当企业投资效率提高时，非国有资本出于逐利天性，可能会主动向企业注入更多资金，且可能还涉及遗漏重要控制变量等问题。故进行如下稳健性检验：①采用滞后回归法，将投资机会及所有控制变量指标滞后二期重新进行回归分析。②鉴于 2007 年会计制度变革及 2008 年金融危机对企业财务指标产生的潜在影响，剔除 2007 年与 2008 年样本后重新进行回归分析，具体回归结果如表 5-10 所示，回归结果与基本回归所得出结论保持一致，在滞后回归组中，国企混改各指标与企业投机交乘项均在 1% 水平下显著为正。而替换样本区间组中，Growth × Mixbalance、Growth×Mixratio、Growth×Mixcha 与 INV 分别在 1%、1%、10% 水平下显著正相关，即国企混改能够显著提高企业投资与投资机会敏感性，对其投资效率起到一定助推效用。

表 5-10 稳健性检验二

解释变量	被解释变量：投资规模（INV）							
	滞后二期				替换样本区间			
	(1)	(2)	(3)	(4)	(5)	(6)	(7)	(8)
Growth	-0.019 (-1.29)	0.021*** (5.55)	0.004 (0.94)	0.008* (1.82)	0.020 (1.16)	0.013*** (3.15)	0.001 (0.22)	0.006 (1.28)
Mixnum	-0.004 (-0.89)	—	—	—	-0.011* (-1.92)	—	—	—
Growth×Mixnum	0.011*** (2.59)	—	—	—	-0.002 (-0.49)	—	—	—
Mixbalance	—	0.045*** (2.94)	—	—	—	0.092*** (5.53)	—	—
Growth×Mixbalance	—	0.028*** (3.91)	—	—	—	0.024*** (3.15)	—	—
Mixratio	—	—	0.129*** (4.65)	—	—	—	0.200*** (6.83)	—
Growth×Mixratio	—	—	0.053*** (3.93)	—	—	—	0.0375*** (2.59)	—
Mixcha	—	—	—	0.043*** (2.95)	—	—	—	0.089*** (5.59)
Growth×Mixcha	—	—	—	0.030*** (3.96)	—	—	—	0.015* (1.70)
Controls	Yes	Yes	Yes	Yes	Yes	Yes	Yes	Yes
Constant	0.373*** (9.98)	0.306*** (8.65)	0.269*** (7.30)	0.290*** (7.76)	0.434*** (9.94)	0.299*** (7.10)	0.257*** (5.89)	0.273*** (6.15)
Firm/Year	Yes	Yes	Yes	Yes	Yes	Yes	Yes	Yes
Observations	8470	8470	8470	8470	7331	7331	7331	7331
R_sq	0.061	0.066	0.068	0.066	0.078	0.090	0.091	0.088

5.6.3　基于企业内部控制环境的异质性分析

内部控制作为保证企业内部契约有效实施的重要保证机制，亦在加强企业高管监督、提高信息透明度进而提高企业投资中扮演着重要的角色。具体来说，较好内部控制环境有助于提高信息质量，缓解代理冲突，从而影响企业外部债务融资。有学者指出，内部控制较为缺失的企业，信息披露的不及时与不完善给股东、债权人等利益相关者监督管理层行为带来一定障碍（La Porta 等，2000）。完善企业内部控制制度、优化信息披露环境对于削弱高管机会主义行为、降低代理成本具有重要意义。国企混改作为影响企业投资的路径之一，可能会受到企业内部控制环境差异的影响。在内部控制较为完善的情形下，企业信息披露情况较好，管理层监督机制较为完善，不仅代理问题较小，信息不对称所带来融资约束的降低亦可能削弱国企混改对企业投资效率的助推效用，而在内控相对较差的企业中，国企混改提升企业投资与投资机会敏感性的效用可能表现得更为明显。本章以迪博内控指数（IE）行业年度中位数划分内部控制环境优质与内部控制环境欠佳两组分别对被解释变量企业投资规模（INV）进行回归分析，表 5-11 为其检验结果。在内控环境欠佳组中，国企混改指标和投机机会交乘项与企业投资规模相关系数均为正，且 Growth×Mixbalance、Growth×Mixratio 分别与 INV 在 5%、1%水平下显著。而内控环境优质组中，只有 Growth×Mixbalance 与 INV 在 10%水平下显著正相关。可以看出，当企业内控环境较差时，国企混改呈现出对企业投资效率更显著的促进作用。

表 5-11　基于企业内部控制环境的异质性分析

解释变量	被解释变量：投资规模（INV）							
	内控环境优质				内控环境欠佳			
	(1)	(2)	(3)	(4)	(5)	(6)	(7)	(8)
Growth	0.005 (0.24)	0.006 (1.05)	-0.001 (-0.08)	-0.002 (-0.29)	0.005 (0.23)	0.028*** (5.02)	0.012 (1.59)	0.023*** (3.42)
Mixnum	-0.005 (-0.59)	—	—	—	-0.009 (-1.26)	—	—	—
Growth×Mixnum	-0.000 (-0.10)	—	—	—	0.006 (0.91)	—	—	—
Mixbalance	—	0.084*** (3.95)	—	—	—	0.088*** (4.25)	—	—

续表

解释变量	被解释变量：投资规模（INV）							
	内控环境优质				内控环境欠佳			
	(1)	(2)	(3)	(4)	(5)	(6)	(7)	(8)
Growth×Mixbalance	—	0.017* (1.69)	—	—	—	0.0277** (2.47)	—	—
Mixratio	—	—	0.188*** (4.96)	—	—	—	0.178*** (4.88)	—
Growth×Mixratio	—	—	0.014 (0.75)	—	—	—	0.057*** (2.83)	—
Mixcha	—	—	—	0.085*** (4.13)	—	—	—	0.080*** (4.10)
Growth×Mixcha	—	—	—	0.01 (1.59)	—	—	—	0.010 (0.89)
Controls	Yes	Yes	Yes	Yes	Yes	Yes	Yes	Yes
Constant	0.453*** (7.77)	0.341*** (6.07)	0.300*** (5.16)	0.309*** (5.25)	0.396*** (7.08)	0.275*** (5.13)	0.244*** (4.41)	0.262*** (4.70)
Firm/Year	Yes	Yes	Yes	Yes	Yes	Yes	Yes	Yes
Observations	4345	4345	4345	4345	4010	4010	4010	4010
R_sq	0.069	0.077	0.078	0.077	0.081	0.093	0.096	0.091

5.6.4 基于外部法律环境的调节效应分析

除企业内部环境要素对基本回归产生的影响之外，本章还考虑到外部市场化进程对国企混改效用所产生的影响。基于资源依赖理论，企业作为一个独立组织体，其日常经营不仅有赖于内部运作环境的优劣，还需要与外部环境相互依存，通过汲取有利资源以达到目的。樊纲编制的市场化进程指数报告中地区法律环境水平指数为本章研究外部环境差异对国企混改影响效果提供了很好的借鉴。一个地区的法律保护程度越高，投资者自我保护意识越强且其维权手段也会更加多样，因此，国企混改所带来的非国有股东维护自身权益、遏制高管自利行为从而提高企业投资效率的效果可能会更为强劲。相比之下，法律环境较为欠缺的地区，投资者权益并不能得到有效的保障，即使国企混改程度较高，非国有资本维护自身利益、约束高管的力量也会受到一定限制。因此，本章猜测，国企混改与企业非效率投资的负相关关系受地区法律保护环境强弱的影响，法律保护程度越高，国企混改对企业非效率投资的抑制效应就会越凸显。

为验证该猜测，本章以樊纲编制的市场化指数报告中“市场中介组织发育与法治环境”指标作为地区法律保护水平的替代变量，以年度中位数划分法律保护水平高低两组分别进行回归分析，具体回归结果如表 5-12 所示。在低法律保护水平组中，各国企混改指标与企业投资机会交乘项与投资规模均不显著，在高法律保护水平组中，Growth×Mixbalance、Growth×Mixratio、Growth×Mixcha 分别与 INV 在 1%、5%、5%水平下显著正相关，故得出结论：当外部法律保护水平较高时，国企混改对企业投资效率的促进作用更加明显，企业投资与投资机会敏感性更强。

表 5-12 基于外部法律环境的调节效应分析

解释变量	被解释变量：投资规模（INV）							
	高法律保护水平				低法律保护水平			
	(1)	(2)	(3)	(4)	(5)	(6)	(7)	(8)
Growth	0.002 (0.13)	0.020*** (4.41)	0.008 (1.26)	0.011** (2.11)	-0.023 (-0.76)	-0.002 (-0.40)	0.003 (0.44)	0.005 (0.70)
Mixnum	-0.005 (-0.88)	—	—	—	-0.027** (-2.53)	—	—	—
Growth×Mixnum	0.004 (0.89)	—	—	—	0.006 (0.77)	—	—	—
Mixbalance	—	0.081*** (4.42)	—	—	—	0.109*** (3.47)	—	—
Growth×Mixbalance		0.027*** (3.14)	—	—	—	-0.013 (-0.98)	—	—
Mixratio	—	—	0.186*** (5.74)	—	—	—	0.251*** (4.49)	—
Growth×Mixratio	—	—	0.038** (2.37)	—	—	—	-0.020 (-0.74)	—
Mixcha	—	—	—	0.072*** (4.06)	—	—	—	0.105*** (3.63)
Growth×Mixcha	—	—	—	0.022** (2.24)	—	—	—	-0.021 (-1.47)
Controls	Yes	Yes	Yes	Yes	Yes	Yes	Yes	Yes
Constant	0.426*** (8.97)	0.319*** (6.94)	0.276*** (5.79)	0.303*** (6.25)	0.382*** (4.40)	0.221*** (2.71)	0.165** (1.98)	0.197** (2.37)
Firm/Year	Yes	Yes	Yes	Yes	Yes	Yes	Yes	Yes

续表

解释变量	被解释变量：投资规模（INV）							
	高法律保护水平				低法律保护水平			
	(1)	(2)	(3)	(4)	(5)	(6)	(7)	(8)
Observations	6534	6534	6534	6534	1900	1900	1900	1900
R_sq	0.069	0.080	0.082	0.078	0.105	0.111	0.113	0.112

5.7 本章小结

作为我国国企改革的重点任务之一，国企混改通过发展混合所有制经济，国企经营机制得到一定程度的改善，有力实现了国有资本配置效率提升。本章基于2007~2017年国有上市公司样本探索了国企混改与企业投资之间的相关关系，检验结果表明：①国企混改显著提高了企业投资规模，亦显著提升了企业投资效率，且经过一系列稳健性检验依然成立。②控制人层级越低、企业内部控制环境欠缺时，国企混改对投资规模的促进效用发挥更为显著。③企业内部控制环境欠缺、外部法律保护水平越高时，国企混改提升企业投资效率效用更为显著。

本章研究具有如下重要启示：①国企混改不仅能够提高企业投资规模，亦能通过提升企业投资与投资机会敏感性推动高效率投资，凸显积极推进国企混合所有制改革的意义，鉴于目前国企混改现状，本章认为，政府应当持续推进国企混合所有制改革，构建和完善现代企业制度，不同所有制性质的资本交叉渗透、相互融合形成股份制企业以达到推动微观企业投资建设、宏观经济持续发展之目的。②基于国企混改与企业投资规模的调节效应分析，本章认为，政府在进行混合所有制改革时，一方面通过积极推行我国国企国有资本与非国有资本充分融合，有利于实现国企投资规模提升之目的；另一方面本章结论亦进一步凸显简政放权在国企混改进程中的重要地位，政府应当适当放缓其对国企的干预行为，力求更好地激发国企投资活力，促进国企资本增值。③考虑到企业内部控制环境与国企混改的替代关系，本章认为，虽然国企混改能在一定程度上缓解内部控制薄弱对企业投资规模及投资效率带来的负面影响，但政府也应当积极推行内部控制规范化建设，鼓励企业强化相关内控制度，有助于其与国企混改一并成为改善企业投资的力量源泉。④政府之地位亦不容小觑，其通过制定相关正式制度，不仅能够督促国企加强内部控制缓解信息不对称性从而强化国企混改力量，还能从投资者法律保护方面入手，加大违规企业惩戒力度，通过为非国有股东提供“维权”利器进一步深化国企混改的作用，力求更大限度地激发企业活性，优化其投资决策行为。

第6章　国企混改与企业创新

6.1　引言

在我国资源储备和人口红利逐渐下降的新形势下，实现市场经济发展从“要素驱动”“投资驱动”向“创新驱动”的快速转变是国民经济得以持续增长的关键所在。创新始于技术，成于资本。创新作为企业的重要发展战略型投资决策，其整个实施过程需要企业大量稀缺资源的持续注入，成功与否取决于企业能否有效获得各类与创新相关的稀缺资源；加之企业技术创新所需投资周期长、项目风险高的特点也更容易导致自利高管占用投资资金、推迟创新项目等代理问题，使企业创新陷入融资约束和代理问题的双重困境。国企作为我国经济发展的中坚力量，如何建立其高效运行的现代化公司治理机制关系到其参与社会主义市场经济建设的效率和能力。目前我国国企普遍存在的产权不清晰、所有者缺位、代理链过长等诸多委托代理问题，其最直接后果将严重损害企业的创新意愿和创新效率（任海云，2010），并将进一步违背我国经济体制改革下国有经济由高速增长向高质量发展的最新要求。国企天然的“父爱”优势致使其享有特殊的资源禀赋以及复杂的治理结构并进一步影响企业的财务行为甚至公司战略（Demsetz，1967；Aghion 等，2013）。唯有不断推进国企混合所有制改革、深入探索国企最优治理结构、努力提升国企经营效率才能进一步推动其高质量发展并形成核心内在驱动，提高其资本实力，提升国有资本影响力，促进中国经济整体快速发展。

国企混合所有制改革作为转型经济改革的重要环节，先后经历了放权让利、承包经营、现代企业制度建立等发展阶段（黄群慧和余菁，2013）。为了激发国企经营活力，提高其核心内在驱动，我国一直坚持并深化国企混合所有制改革。

党的十八届三中全会在《中共中央关于全面深化改革若干重大问题的决定》报告中明确提出，国有资本、集体资本、非公有资本等交叉持股、相互融合的混合所有制经济，是基本经济制度的重要实现形式。党的十九大报告明确提出，坚持深化国企混合所有制，培育具有全球竞争力的世界一流企业，对处于新时代中国特色社会主义与高质量发展阶段的国企混改提出了要求。

随着混合所有制改革在我国经济活动中所发挥的重要作用，其在理论研究领域也逐渐成为热点议题。部分学者发现国企混改可以提高国企内控效果（刘运国等，2016）、优化会计信息质量（曾诗韵等，2017）、完善高管薪酬契约（蔡贵龙等，2018）来优化国企公司治理，而且混改还进一步降低国企政策性负担（廖冠民和沈红波，2014）从而缓解其融资约束，进而提升企业经营效率（刘小玄，2004；李广子和刘力，2010；Megginson 等，2014；马连福等，2015；郝阳和龚六堂，2017）。此外，部分案例研究发现混改有利于对国有大股东形成有效制衡（郝云宏等，2015）并促进企业创新（王艳，2016），混改在优化公司治理、降低国企政策性负担（张辉等，2016）、改善经济状况（白重恩等，2006）、提高企业绩效（Liu 等，2015；武常岐和张林，2014）等方面发挥了重要促进作用。但也有研究表明，在国企混合所有制改革过程中，预算软约束被进一步强化（林毅夫和刘培林，2001），政策性负担有增无减（刘春和孙亮，2013），非国有资本注入不但抑制了国企的创新效率，更为民营股东掏空国有资产提供了合规渠道（钟昀珈等，2016），当非国有资本超过一定比例时，公司绩效明显下降（马连福等，2015）。时下随着系列政策及文件的频繁出台，积极发展国有资本、集体资本、非公有资本等交叉持股、相互融合的混合所有制改革正在深化加快。虽然以顶层设计的政治姿态再度登场，身处全面深化改革之大背景下，国企混合所有制改革之路仍然漫长且艰辛，但不可否认的是，在改革过程中，国企股权结构的适时调整可能影响其治理机制的发挥及稀缺资源的获取进而作用于企业的融资与代理问题。

理论上，混合所有制改革的出发点是股权结构改革，非国有资本的注入可以在一定程度上影响国有股东的决策。一方面，随着非国有资本的不断进入，国企受政府干预的程度有所缓解，承担的政策性负担也明显减少（张辉等，2016），在纯化经营目标的同时降低了国企可能因为与政府的“天然联系”而承担的更多的社会成本，弱化了预算软约束，而且非国有资本的引入并没有实质上改变国企的根本性质，国企天然的资源禀赋及融资便利不会有所削减，因此混改可能并不会强化企业的融资约束，而随着非国有资本这种战略资本的增加反而会进一步缓解企业融资约束，强化国企的资源效应。另一方面，由于缺乏对管理层的有效监督和激励，国企普遍存在严重的代理冲突。民营资本注入国企后，非国有资本凭借一定的所有权将可能致力于完善公司对管理层的监督和激励（Megginson 和 Netter，2001；Gupta，2005），以抑制国企管理层的机会主义利己行为，从而有利于发挥非国有股东改善国企公司治理水平、提高国企经营效率的治理作用。然而，如果非国有资本仅拥有小部分股权，作为小股东就无法拥有管理权，其治理能力及提升国企经营绩效的作用将很难实现，国有管理体制将无法实现实质性的改变，因此简单的股权融合并不足以改善国企治理能力不高的现状。

因此，如果仅仅考虑资本层面，混合所有制改革简单地停留在引入非国有资本层面，民营股东无法获得充分的话语权，不仅会导致非国有资本融入国企的意愿和动机的弱化，也将从根本上失去国企混合所有制改革的重要意义，难以实现混合所有制改革改善国企公司治理的终极目标。在已经进行混合所有制改革并引入民营企业资本的国企，如何切实保护好非国有产权不受损害并保障民营股东权利的有效实施（黄速建，2014），特别是将民营股东纳入董事选举的权利，将有助于民营股东有效发挥改善国企公司治理作用的发挥。纯粹的民营股东参股国企难以有效提升其管理层薪酬业绩敏感性，当董事会存在非国有股东席位时，国企管理层的薪酬业绩敏感性才得以改善（蔡贵龙等，2018），非国有资本在提升国企内部控制和会计信息质量的研究中也得到了类似结论（刘运国等，2016；曾诗韵等，2017）。鉴于此，本章将分别从股权治理和高层治理两个维度研究混改对国企融资约束以及治理效应的作用将如何影响企业的创新行为。具体来说，本章将考察混改的股权结构和国企引入非国有董监高比例对企业创新水平是否具有提升作用？如若混合所有制改革能够提升国企的创新水平，其具体作用机制是源于融资约束的缓解还是公司治理水平的提高抑或两者兼而有之？混改对企业创新水平的影响又会受制于哪些因素？又是如何作用于企业的创新效率乃至企业价值？

基于我国沪深两市 A 股 2007~2017 年国有上市公司面板的经验证据表明：混合所有制改革股权治理层面的混合主体深入性、混合主体制衡度及控制权转移以及高层治理层面的委派董监高比例均能够显著提升国企创新水平；混改对企业创新水平的正向影响在地方国企、市场竞争程度较小以及市场化进程较高的样本中更加显著；作用机制发现，混改对企业创新水平的提升主要源于企业融资约束的缓解和公司治理水平的提高的双重效应。本章还发现混改可以有效提升企业创新效率并进一步提高企业价值。本章证实了混改提升企业创新水平源自融资约束的缓解和治理水平的提升，进一步回应了关于混改有效性的争论和政策质疑，丰富了企业创新水平的影响因素研究和混合所有制改革的后果研究。

本章预期将对已有研究做出如下补充：第一，丰富了国企混改的相关研究。

本章从股权治理和高层治理两个维度，探究了国企混改如何通过缓解企业融资约束和提升公司治理水平两个层面作用于企业的创新行为，丰富了“国企混改—混改的资源和治理—国企混改的经济后果”的因果逻辑链条。第二，讨论了不同企业行政层级属性、不同行业竞争程度、不同企业所属治理环境下国企混合所有制改革对企业创新水平的影响，细化了混合所有制改革与企业创新之间的研究框架，不同情境下混改对企业创新水平的影响使本章研究结论更有助于创新企业进行对照和参考，优化自身治理结构和财务决策。第三，把混合所有制改革影响企业创新水平与创新效率的研究进一步拓展到企业价值层面，明晰了优化国企股权改革与促进我国国企高质量发展的内在逻辑关系。

6.2 理论分析与假设提出

6.2.1 国企混合所有制改革与企业创新：融资约束

由于中国政府深刻介入到经济运行当中，“政企关系”对企业的各项财务活动具有显著影响。一方面，GDP 增长、财政税收等经济发展指标和就业率等维护社会稳定的指标成为我国地方政府官员综合政绩考核的重要内容，出于增加财政收入、提高经济增长和稳定就业的政绩要求，各级政府围绕经济增长在“晋升锦标赛”模式下展开激烈竞争（周黎安，2004），地方国企成为地方政府实现其政治目标和经济目标的重要途径（逯东等，2014）。另一方面，政府在国企中仍占据着绝对控股地位，绝大多数国有控股公司董事长、董事、总经理等高管人员的任免权仍由各级政府掌控，还有部分国企高管本身就是政府官员，方便了政府对国企的干预，国有股权沦为政府对国企实施行政干预的有效工具。政府通过国有股权对国有控股公司采取行政干预，将自身利益内化于国有控股公司的经营活动中，向其摊派各种政策性负担（Lin 和 Li，2008；曾庆生和陈信元，2006；廖冠民和沈红波，2014）。政府通过促使国企积极参与地方经济建设，进行能源、交通等基础项目投资（程仲鸣等，2008）；或通过干预国有控股公司并购等经济行为，利用当地盈利企业收购兼并破产企业，帮助本地企业“脱贫解困”，缓解财政赤字（潘红波等，2008），同时，由于企业所得税是政府的重要资金来源，国有控股企业也比民营控股企业承担更重的税负（吴联生，2009）。因此国有控股企业可能因为与政府的“天然联系”而承担了更多的社会成本。国企混改为国有控股公司引入大量非国有资本，不同性质的股权进行重复博弈最终形成权力优配，弱化了国企的政治属性，亦降低了政府为实现自身政治目标诉求而向其施加政治压力的意愿，有利于其摆脱政策性负担过重的困境。具体来说，混合多样性和混合深入度能够深刻弱化国企的“政治属性”，有效降低社会成本，为国有和非国有资本的集中管理创造机会，实现企业资源多维度的优势互补，为企业创新提供强大的资本，从而进一步缓解国企融资约束；混合制衡度有利于形成大股东间的相互制衡，避免企业过高的监督成本，相互融合、激励相容的股权结构更有利于国企资源优势的有效发挥并强化其资源效应；由于国企与政府“根深蒂固”的天然联系，即使控制权发生了转移，国企的资源效应也不会立即消失，反而为企业带来了广泛的融资渠道和资源禀赋；高层治理下随着非国有董监高比例的增加又能更加强化股权治理的有效性从而进一步缓解国企融资约束，为国企创新注入新的活力，提高其创新水平。

6.2.2　国企混合所有制改革与企业创新：公司治理

国内对国企创新效率处于较低水平的分析普遍存在政治观和经理人观两种观点（吴延兵，2012）。政治观认为，国企受制于政府，为了实现国企的政治目标（干预国企经营决策从而实现稳定社会、扩大就业）（Boycko 等，1996；Boubakri 等，2013）将可能导致国企的经营决策有悖于其企业价值最大化的经营目标，导致其更加倾向于采取保守的投资决策（Boubakri 等，2013），从而放弃风险较高、回收期长、不确定性较大的创新投资项目。经理人观则认为，国企普遍存在产权不够明晰、所有者严重缺位、代理链条复杂的现象（刘汉民等，2018），这将导致国企严重的代理冲突和对经理人监督以及激励机制的缺失（Laffont 和 Tirole，1993），进而导致国企的代理成本显著高于其他企业，加之追求机会主义自利行为的管理层与股东目标的冲突，致使管理层可能放弃风险大、回收慢的创新活动。因此，国企具有“所有权虚设”和“委托人行政化”特征，未能对管理层形成有效监督。加上国有股权引致的预算软约束，使政府无法区分国企的经营亏损是来自政策性负担还是经理人的道德风险，这种对企业所有亏损“照单全收”的管理模式进一步加剧了管理者的道德风险问题（林毅夫和李志赟，2004），从内部治理的视角来看，国企引入非国有资本可以实现公司治理与稀缺资源的有机结合（武常岐和张林，2014）、减少国企的政策性负担（张辉等，2016）、形成合理制衡的多元股权结构（郝云宏等，2015）、提高公司治理水平（Boateng 和 Huang，2017；沈昊和杨梅英，2019；吴秋生和独正元，2019），从而改善所有者缺位、规避政治风险等带来的代理问题（金宇超等，2016）。具体来说，国企通过减持国有股权，增加股权多样性，能够强化监督公司的日常运营，减少内部人控制；混合深入度有利于分散股权，避免其他股东过高的监督成本，强化公司和股东监督，从而降低控制权私有收益；混合制衡度有利于不同性质的股权相互融合、形成适度集中的股权制衡作用以激励大股东积极监督公司管理层，在一定程度上抑制大股东掏空行为，形成高效的公司治理机制；控制权转移也更有利于形成对“内部人”掏空的有效制约，优化内部公司治理机制；同样非国有股东派驻董监高更能强化非国有股东的控制权，有利于股权治理的有效发挥。总体而言，国企混改通过非国有资本的引入以及高层治理的强化，能够缓解代理冲突以及提升公司治理以促进企业创新。

因此，在国企混改过程中，股权结构及高层治理动态变化可能影响其资源禀赋及治理结构进而作用于国企的融资约束与代理冲突。国企混改既可弱化其融资约束或提升公司治理抑或两者兼而有之，从而促进创新水平的提升。因此，基于融资约束与公司治理，本章提出以下假设：

假设 H1：国企混合所有制改革能够提升其创新水平。

6.3 研究设计

6.3.1 样本选择与数据来源

本章以观测初始年当年（2007 年及之前上市的为 2007 年，2007 年之后上市的为上市当年）实际控制人为国有性质的 A 股上市公司为样本，忽略不具牵制作用的“用脚投票”的小股东，仅以前十大流通股东作为衡量标准，对 2007～2017 年上市公司年报中“股东数量和持股情况”的前十大股东“持股性质”进行手工收集（如果股东本身也是上市公司，则依据其实际控制人的性质进行判断），并将前十大股东划分为国有股东、民营股东、自然人股东、外资类股东、机构投资者和其他共六大类。非国有股东委派的判断主要参考蔡贵龙等（2018）的研究设计，自然人股东以其自身是否在上市公司担任董监高为依据；法人股东以上市公司的董监高是否在该法人股东单位任职为依据。本章还对以下数据样本进行了剔除：①PT、ST、*ST 的公司。②金融行业的公司。③数据缺失的样本。此外，在国企混改中，垄断行业优先得到非国有股东的青睐，吸引非国有资本投资；但由于垄断性国企居于重要战略地位，关系国民经济命脉，政府控制垄断性国企的动机依旧较强，非国有股东委派高管进入垄断性国企的难度大（蔡贵龙等，2018），因此本章在高层治理维度删除了垄断行业的样本。同时，考虑到股权结构维度分析中包含部分国有股权退出的情况，这类样本中的高层治理数据存在异常，因此本章在高层治理维度的分析中对此进行了剔除。最终在股权结构维度获得11870个企业—年度观测值，高层治理维度获得10777个企业—年度观测值。本章上市公司主营业务收入数据来源于Wind数据库，前十大股东持股情况、股东单位任职情况及相关财务数据均来自CSMAR数据库，企业创新数据来自CSMAR数据库和CNRDS数据库的多库合并，为排除异常值对结果的影响，本章还对所有的连续变量进行了上下1%的缩尾处理，本章使用Stata16.0进行统计分析。

6.3.2 计量模型构建

本章的被解释变量为企业创新水平，具体等于企业自身专利授予数量的自然对数（Grant），混合所有制改革与企业创新水平采用控制年份和行业的OLS回归。本章构建模型（6-1）以检验国企混合所有制改革对其创新水平的影响。

$$Grant = \alpha_0 + \alpha_1 Mixnum/Mixratio/Mixbalance/Mixcontrol/Mixdjg + \alpha_2 Size + \alpha_3 Lev + \alpha_4 Age + \alpha_5 Grow + \alpha_6 Roa + \alpha_7 Cashr + \alpha_8 Rta + \alpha_9 Market + \alpha_{10} Bsize + \sum Industry + \sum Year + \varepsilon \quad (6-1)$$

6.3.3 变量定义

6.3.3.1 企业创新

借鉴冯根福等（2017）的研究，本章定义企业自身专利授权数量的自然对数作为企业创新水平（Grant）的代理变量，定义企业自身专利申请数量的自然对数（Apply）作为混改影响企业创新水平稳健性检验的代理变量。

6.3.3.2 国企混改

本章主要从股权治理和高层治理两个维度进行度量。①股权结构维度，借鉴马连福等（2015）、杨兴全等（2020）的研究设计，构建如下系列指标衡量国企混改的股权治理：混合多样性（Mixnum），前十大股东中涉及的不同种类股权性质的数量，当前十大股东中仅存在一种性质的股东时，Mixnum取值为1，当存在两种性质的股东时取值为2，以此类推，当具有六种不同性质股东时Mixnum取值为6；混合深入度（Mixratio），根据企业前十大股东性质及持股比例加总得到的非国有股东持股比例总和；混合制衡度（Mixbalance），衡量国有股东与非国有股东之间形成的股权制衡关系，以前十大股东中非国有股东持股总量减去国有股东持股总量的差衡量；控制权转移（Mixcontrol），判断企业的控制权是否发生了变更，将实际控制人或第一大股东为非国有性质的企业定义为发生了国有控制权转移，转移取值为1，否则为0。②高层治理维度，借鉴蔡贵龙等（2018）、杨兴全等（2020）的研究，以非国有股东委派的董监高人数占董监高人数的比例（Mixdjg）进行衡量。

6.3.3.3　控制变量

参考已有文献，本章选取资产规模（Size）、负债比率（Lev）、公司年龄（Age）、企业成长性（Grow）、总资产利润率（Roa）、现金流量（Cashr）、固定资产投资（Rta）、营销力度（Market）、董事会规模（Bsize）等变量加以控制，同时考虑行业和年度的影响。具体变量定义如表 6-1 所示。

表 6-1　变量定义及说明

变量类型	变量符号	变量名称	变量定义
被解释变量	Patent	企业自身专利授权	企业自身专利授权的对数
解释变量	Mixnum	混合多样性	前十大股东中涉及的不同种类股权性质数量
	Mixratio	混合深入度	前十大股东中非国有股东持股比例和
	Mixbalance	混合制衡度	前十大股东中非国有股东持股—国有股东持股
	Mixcontrol	控制权转移	实际控制人或第一大股东非国有取 1，否则为 0
	Mixdjg	委派董监高	非国有股东委派董监高人数的比例
公司特征	Size	资产规模	年末资产总额的自然对数
	Lev	负债比率	负债总额/年末资产总额
	Age	公司年龄	公司成立年数的自然对数
	Grow	企业成长性	主营业务收入自然对数
	Roa	总资产利润率	净利润/总资产
	Cashr	现金流量	现金流量净额/总资产
	Rta	固定资产投资	固定资产净值/总资产
	Market	营销力度	销售费用/营业收入
	Bsize	董事会规模	董事会总人数的自然对数

6.4　实证结果与分析

6.4.1　描述性统计

对样本变量进行描述性统计，有助于从整体上初步认识和分析各变量的相关关系。表6-2报告了主要变量的描述性统计结果。企业创新水平（Grant）的均值为1.418，最大值为8.509，最小值为0，说明企业整体创新水平不高，而不同企业间的创新水平也具有一定差距。从衡量国企混改的股权结构来看，Mixnum的均值为3.212，说明我国国企持股股东的种类存在多样性；Mixratio的均值为0.318，最大值为0.831，最小值为0.010，说明我国国企混改力度较大，并且非国有资本在我国部分国企中占比较高，但不同国企中非国有资本的进入比例存在较大差异；Mixbalance的均值为0.057，该值小于10%，说明整体而言，在参与混改的国企中非国有资本与国有资本持股比例基本持平，处于相互制衡的局面；Mixcontrol的均值为0.442，表明我国大约有44.2%的国企在混改过程中发生了控制权的转移。从高层治理维度看，非国有股东委派董监高比例Mixdjg的均值为1.5%，表明目前非国有资本参与国企混改的过程中存在同股不同权的现象，非国有股东委派董监高的情况还具有较大的提升空间。

表6-2　描述性统计

变量名称	样本量	均值	标准差	最大值	最小值
Grant	11870	1.418	1.663	8.509	0.000
Mixnum	11870	3.212	0.859	6.000	1.000
Mixratio	11870	0.318	0.268	0.831	0.010
Mixbalance	11870	0.057	0.495	0.827	-0.759
Mixcontrol	11870	0.442	0.497	1.000	0.000
Mixdjg	10777	0.015	0.047	0.714	0.000
Size	11870	22.170	1.285	26.246	20.020
Lev	11870	0.438	0.205	0.875	0.057
Age	11870	2.735	0.354	3.401	1.609
Roa	11870	0.041	0.047	0.185	-0.129
Grow	11870	22.029	1.385	25.496	18.997
Market	11870	0.066	0.075	0.390	0.000
Rta	11870	0.238	0.175	0.751	0.003
Casher	11870	0.008	0.001	0.294	-0.240
Bsize	11870	2.161	0.201	2.708	1.609

表 6-3 报告了混改的股权治理和高层治理与企业创新水平的单变量检验结果，分别报告了按照混合多样性（Mixnum）、混合深入度（Mixratio）、混合制衡度（Mixbalance）均值、控制权转移（Mixcontrol）和委派董监高（Mixdjg）均值进行的单变量检验结果，除混合多样性（Mixnum）外，企业创新水平（Grant）在各混改变量较高组中均显著大于混改变量较低组。初步检验结果认为，除混合多样性（Mixnum）外，混改的股权治理和高层治理均能提升企业创新水平。

表 6-3 单变量检验

	Mixnum> 均值	mixnun< 均值	Mixratio> 均值	Mixratio< 均值	Mixbalance> 均值	Mixbalance< 均值	Mixcontrol = 1	Mixcontrol = 0	Mixdjg> 均值	Mixdjg< 均值
Grant	1. 391	1. 433	1. 734	1. 165	1. 707	1. 171	1. 730	1. 170	0. 939	1. 123
T	−1. 323		18. 769		17. 699		18. 464		3. 830	
N	4388	7482	5273	6597	16366	10052	5245	6625	1453	9324

6.4.2 基本检验结果

表 6-4 报告了混改各变量对企业创新水平（Grant）的回归结果。股权治理层面，除 Mixnum 外，其余股权治理变量 Mixratio、Mixbalance、Mixcontrol 与 Grant 均至少在 1%的显著性水平下呈正相关关系，假设 H1 基本得到验证。混合深入度、混合制衡度和控制权转移均体现我国混改过程中国有股与非国有股的股权博弈均为动态变化，着重强调非国有股入股标的企业的力量对比，更能体现异质股权制衡的力量差异所带来的优化效果，而股权多样性仅仅体现非国有资本进入种类的多寡，没有体现出国有股与非国有股股权的力量对比关系，可能仅仅是混改过程中的“拉郎配”。因而国企混改不应仅流于形式而追求股权种类的多样性，更应关注股权结构的实质性改变，真正发挥非国有资本所产生的优化作用。高层治理层面，Mixdjg 与 Grant 在 1%的显著性水平下呈正相关关系，表明非国有股东通过委派高管进驻企业显著提升企业创新水平。在国企混改过程中，非国有股东向标的国企董事会委派代表自身利益的董事以保障自身“话语权”或委派监事和高管参与公司日常经营管理，有利于监督约束国企高管自利性的机会主义行为、优化国企公司治理，从而提升企业创新水平。

表 6-4 混改与企业创新

变量	Grant				
	混合多样性（1）	混合深入度（2）	混合制衡度（3）	控制权转移（4）	委派董监高（5）
Constant	-7.059*** (-18.40)	-7.667*** (-19.41)	-7.688*** (-19.44)	-7.655*** (-19.22)	-8.250*** (-21.37)
Mixnum	-0.075* (-1.70)	—	—	—	—
Mixratio	—	0.346*** (5.43)	—	—	—
Mixbalance	—	—	0.193*** (5.45)	—	—
Mixcontrol	—	—	—	0.166*** (4.80)	—
Mixdjg	—	—	—	—	0.496* (1.71)
Size	0.382*** (21.71)	0.391*** (22.20)	0.398*** (22.43)	0.394*** (22.29)	0.396*** (24.65)
Lev	-0.503*** (-5.73)	-0.476*** (-5.42)	-0.487*** (-5.55)	-0.485*** (-5.53)	-0.698*** (-8.56)
Age	-0.441*** (-10.53)	-0.376*** (-8.53)	-0.388*** (-8.92)	-0.388*** (-8.87)	-0.507*** (-9.03)
Roa	2.162*** (6.89)	1.925*** (6.11)	2.004*** (6.41)	2.076*** (6.64)	1.214*** (4.35)
Grow	0.028** (2.41)	0.030** (2.52)	0.030** (2.54)	0.030** (2.51)	0.067*** (5.20)
Market	0.339* (1.67)	0.248 (1.22)	0.248 (1.21)	0.284 (1.39)	1.485*** (5.71)
Rta	-0.819*** (-9.27)	-0.788*** (-8.89)	-0.779*** (-8.78)	-0.785*** (-8.84)	-0.896*** (-11.11)
Cashr	-0.290* (-1.87)	-0.277* (-1.78)	-0.278* (-1.79)	-0.273* (-1.76)	-0.426** (-2.52)
Bsize	-0.172** (-2.25)	-0.133* (-1.74)	-0.134* (-1.75)	-0.139* (-1.82)	-0.0930 (-1.15)
N	11870	11870	11870	11870	10777
Ajust R^2	0.289	0.291	0.291	0.290	0.308

续表

变量	Grant				
	混合多样性（1）	混合深入度（2）	混合制衡度（3）	控制权转移（4）	委派董监高（5）
F	164.6	167.1	167.0	167.4	114.8

注：***、**和*分别表示在1%、5%和10%的水平下显著。本章下同。

6.4.3　稳健性检验

为了获得可靠结论，对国企混改与企业创新进行了如下稳健性检验。

6.4.3.1　倾向得分匹配法（PSM）

为了避免国企混改影响企业创新可能存在的非随机干扰所导致的内生性问题，本章采用倾向得分匹配法（PSM）进行了内生性检验，鉴于公司规模、企业负债比率、公司年龄、企业成长性、企业净资产利润率和现金流量可能同时影响企业创新水平，因此选取以上协变量并进行较严格的无放回一对一匹配。本章根据主效应显著的 Mixratio、Mixbalance、Mixcontrol、Mixdjg 四个混改解释变量进行了四次匹配，根据匹配前后的密度函数图比较，PSM 匹配效果较好（鉴于控制篇幅需要，未报告密度函数图，留存备索）。PSM 的检验结果如表 6-5 的列（1）至列（4）所示，Mixratio、Mixbalance、Mixcontrol、Mixdjg 至少在10%的显著性水平下与企业创新水平呈正相关关系，PSM 内生性检验得到了与前文一致的回归结果。

表 6-5　稳健性检验

变量	PSM				Heckman			
	混合深入度（1）	混合制衡度（2）	控制权转移（3）	委派董监高（4）	混合深入度（5）	混合制衡度（6）	控制权转移（7）	委派董监高（8）
Constant	-7.149*** (-13.62)	-6.573*** (-11.21)	-5.926*** (-9.40)	-8.820*** (-10.22)	-7.662*** (-19.45)	-7.334*** (-16.63)	-5.618*** (-8.53)	-8.332*** (-21.06)
Mixratio	0.316*** (3.39)	—	—	—	0.360*** (3.09)	—	—	—
Mixbalance	—	0.168*** (2.81)	—	—	—	0.296*** (4.28)	—	—
Mixcontrol	—	—	0.167*** (2.84)	—	—	—	1.031*** (4.58)	—

续表

变量	PSM				Heckman			
	混合深入度（1）	混合制衡度（2）	控制权转移（3）	委派董监高（4）	混合深入度（5）	混合制衡度（6）	控制权转移（7）	委派董监高（8）
Mixdjg	—	—	—	0.609* (1.70)	—	—	—	0.894* (1.88)
Imr1	—	—	—	—	0.005 (0.14)	—	—	—
Imr2	—	—	—	—	—	0.068* (1.77)	—	—
Imr3	—	—	—	—	—	—	0.510*** (3.94)	—
Imr4	—	—	—	—	—	—	—	0.037 (1.05)
Size	0.371*** (15.27)	0.341*** (13.11)	0.316*** (11.52)	0.296*** (8.66)	0.391*** (22.11)	0.381*** (19.00)	0.270*** (7.28)	0.396*** (24.65)
Lev	-0.146 (-1.21)	-0.113 (-0.94)	-0.121 (-0.98)	-0.439*** (-2.61)	-0.479*** (-5.25)	-0.523*** (-5.80)	-0.696*** (-6.64)	-0.687*** (-8.36)
Age	-0.297*** (-5.70)	-0.282*** (-5.33)	-0.305*** (-5.76)	-0.509*** (-3.64)	-0.376*** (-8.53)	-0.397*** (-9.09)	-0.375*** (-8.53)	-0.502*** (-8.90)
Roa	2.579*** (6.38)	2.507*** (6.36)	2.467*** (5.88)	3.011*** (4.96)	1.929*** (6.11)	2.173*** (6.63)	3.193*** (7.53)	1.226*** (4.39)
Grow	0.017 (1.14)	0.008 (0.54)	0.000 (0.01)	0.151*** (5.98)	0.030** (2.51)	0.028** (2.38)	0.012 (0.98)	0.067*** (5.20)
Market	-0.149 (-0.63)	-0.071 (-0.30)	-0.246 (-0.99)	3.086*** (5.62)	0.249 (1.22)	0.243 (1.19)	0.283 (1.36)	1.478*** (5.68)
Rta	-0.780*** (-6.01)	-0.869*** (-6.63)	-0.856*** (-6.07)	-0.557*** (-3.47)	-0.788*** (-8.89)	-0.782*** (-8.80)	-0.806*** (-9.06)	-0.898*** (-11.12)
Cashr	-0.172 (-0.90)	-0.158 (-0.83)	-0.032 (-0.17)	-0.472 (-1.18)	-0.277* (-1.79)	-0.282* (-1.82)	-0.264* (-1.69)	-0.425** (-2.52)
Bsize	-0.161* (-1.68)	-0.080 (-0.80)	-0.021 (-0.20)	0.120 (0.72)	-0.133* (-1.73)	-0.134* (-1.76)	-0.132* (-1.71)	-0.087 (-1.07)
N	6824	6745	6100	2565	11870	11870	11808	10777
Ajust R^2	0.251	0.235	0.229	0.293	0.290	0.291	0.289	0.308
F	86.40	83.92	86.94	26.25	163.5	162.4	162.7	111.3

6.4.3.2 Heckman 内生性检验

混改对企业创新水平的影响也可能存在样本自选择问题，为缓解这种内生性，本章用两阶段回归控制潜在的自选择问题对实证结果的影响（Heckman, 1979）。第一阶段为进一步探究影响混改形成的因素，通过 Probit 模型计算出上市公司混改产生的概率，即逆米尔斯比率（Inverse Mills Ratio），第一阶段分别得到了四个混改变量的逆米尔斯比率（Imr1、Imr2、Imr3、Imr4），然后将其作为控制变量加入第二阶段的回归模型中。Heckman 内生性检验结果如表 6-5 的列（5）至列（8）所示，混改的四个解释变量至少在 10%的显著性水平下与企业创新水平呈正相关关系，Heckman 内生性检验依然得到了与前文一致的回归结果。

除内生性检验外，本章还进行其他稳健性检验。①使用自身专利申请的自然对数（Apply）作为被解释变量的替代变量重新进行检验。②将自身专利授权的自然对数设置为虚拟变量（Grant_ dum），并使用 Probit 模型进行回归。③随机删除总样本的 10%重新进行检验。其他稳健性检验均得到与前文一致的结论，结果如表 6-6 所示。

6.4.4 混改提升企业创新：横截面分析

6.4.4.1 控制人层级的横截面分析

不同层级政府控制下的国有上市公司，其内部治理机制存在较大差异，因而政府干预对企业行为决策的影响也有所不同。本章根据上市公司最终控制人的行政层级将样本划分为中央国有企业与地方国有企业两组，观察控制人层级对国企混改与企业创新相关关系的影响。表 6-7 是控制人层级横截面分析的分组检验结果。在中央国有企业的样本［列（1）至列（4）］中，国企混改的股权治理和高层治理变量均不显著；而在地方国有企业样本［列（5）至列（8）］中，除 Mixdjg 的系数为正不显著外，其他股权治理变量的系数均显著为正，表明国企混改对企业创新的提升作用主要在地方国有企业中更加明显，而且这种提升作用主要缘于股权治理作用的有效发挥。这是因为对地方政府控制的国企来说，当地方政府在面临上级政治、经济考核任务时，对辖区内的地方国有企业具有较强的干预愿望和能力，对这部分企业的财务行为的干预更多；同时，相对于中央政府控制的国企，非国有资本的持股和委派高管进入地方国有企业的条件相对宽松，因而国企混改影响企业创新的效果也更明显。

表 6-6　其他稳健性检验

变量	Apply				Logit 模型				随机删除 10%样本			
	混合深入度 (1)	混合制衡度 (2)	控制权转移 (3)	委派董监高 (4)	混合深入度 (5)	混合制衡度 (6)	控制权转移 (7)	委派董监高 (8)	混合深入度 (9)	混合制衡度 (10)	控制权转移 (11)	委派董监高 (12)
Constant	-7.311*** (-17.47)	-7.398*** (-17.63)	-7.332*** (-17.35)	-7.838*** (-19.21)	-3.581*** (-10.13)	-3.615*** (-10.16)	-3.674*** (-10.28)	-5.299*** (-14.65)	-7.520*** (-18.04)	-7.510*** (-17.99)	-7.489*** (-17.83)	-6.757*** (-18.26)
Mixratio	0.400*** (5.83)	—	—	—	0.560*** (9.00)	—	—	—	0.332*** (4.96)	—	—	—
Mixbalance	—	0.243*** (6.39)	—	—	—	0.312*** (9.05)	—	—	—	0.176*** (4.74)	—	—
Mixcontrol	—	—	0.202*** (5.38)	—	—	—	0.302*** (9.07)	—	—	—	0.154*** (4.25)	—
Mixdjg	—	—	—	0.522* (1.71)	—	—	—	0.501* (1.65)	—	—	—	0.600** (2.28)
Size	0.363*** (19.37)	0.373*** (19.75)	0.367*** (19.52)	0.371*** (21.89)	0.162*** (9.84)	0.173*** (10.39)	0.170*** (10.27)	0.249*** (15.18)	0.384*** (20.76)	0.390*** (20.91)	0.386*** (20.81)	0.300*** (20.24)
Lev	-0.451*** (-4.66)	-0.463*** (-4.78)	-0.461*** (-4.76)	-0.752*** (-8.46)	-0.457*** (-4.92)	-0.478*** (-5.15)	-0.474*** (-5.12)	-0.707*** (-7.81)	-0.454*** (-4.91)	-0.465*** (-5.03)	-0.462*** (-5.00)	-0.541*** (-7.13)
Age	-0.307*** (-6.57)	-0.316*** (-6.82)	-0.318*** (-6.84)	-0.502*** (-8.47)	-0.358*** (-8.29)	-0.378*** (-8.88)	-0.366*** (-8.53)	-0.457*** (-8.50)	-0.406*** (-8.78)	-0.421*** (-9.21)	-0.421*** (-9.16)	-0.379*** (-7.34)
Roa	3.142*** (9.14)	3.214*** (9.42)	3.310*** (9.70)	1.770*** (5.80)	1.750*** (5.39)	1.876*** (5.81)	1.965*** (6.10)	2.016*** (6.50)	1.885*** (5.72)	1.971*** (6.02)	2.035*** (6.22)	1.060*** (3.98)
Grow	0.040*** (3.14)	0.040*** (3.17)	0.040*** (3.13)	0.080*** (5.90)	-0.019 (-1.52)	-0.019 (-1.50)	-0.020 (-1.53)	-0.019 (-1.29)	0.036*** (2.90)	0.036*** (2.90)	0.036*** (2.88)	0.072*** (6.33)

续表

变量	Apply				Logit 模型				随机删除 10%样本			
	混合深入度(1)	混合制衡度(2)	控制权转移(3)	委派董监高(4)	混合深入度(5)	混合制衡度(6)	控制权转移(7)	委派董监高(8)	混合深入度(9)	混合制衡度(10)	控制权转移(11)	委派董监高(12)
Market	0.101 (0.47)	0.090 (0.42)	0.138 (0.64)	1.447*** (5.20)	-0.241 (-1.16)	-0.242 (-1.16)	-0.208 (-1.00)	1.283*** (4.73)	0.172 (0.81)	0.177 (0.83)	0.209 (0.98)	1.021*** (4.29)
Rta	-0.833*** (-8.41)	-0.818*** (-8.25)	-0.828*** (-8.34)	-1.035*** (-11.68)	-0.484*** (-5.19)	-0.469*** (-5.03)	-0.478*** (-5.12)	-0.684*** (-7.81)	-0.785*** (-8.41)	-0.778*** (-8.33)	-0.783*** (-8.37)	-0.732*** (-9.30)
Cashr	-0.297* (-1.74)	-0.297* (-1.74)	-0.292* (-1.70)	-0.312* (-1.66)	-0.212 (-1.26)	-0.215 (-1.28)	-0.205 (-1.22)	-0.363* (-1.89)	-0.310* (-1.89)	-0.311* (-1.90)	-0.308* (-1.88)	-0.182 (-1.10)
Bsize	-0.122 (-1.49)	-0.119 (-1.45)	-0.127 (-1.55)	-0.099 (-1.15)	0.024 (0.34)	0.025 (0.36)	0.024 (0.34)	0.053 (0.70)	-0.160** (-1.99)	-0.164** (-2.03)	-0.167** (-2.07)	-0.024 (-0.32)
N	11870	11870	11870	10777	11808	11808	11808	10659	10683	10683	10683	9700
Ajust R^2	0.286	0.286	0.285	0.301	0.2468	0.2468	0.2467	0.2320	0.288	0.288	0.288	0.261
F	180.3	180.5	180.5	123.1	—	—	—	—	148.6	148.3	148.8	79.81

表 6-7 控制人层级的横截面分析

变量	中央国有企业				地方国有企业			
	混合深入度（1）	混合制衡度（2）	控制权转移（3）	委派董监高（4）	混合深入度（5）	混合制衡度（6）	控制权转移（7）	委派董监高（8）
Constant	-8.363*** (-3.44)	-8.522*** (-3.54)	-10.421*** (-11.55)	-10.552*** (-14.84)	-6.428*** (-14.63)	-6.505*** (-14.64)	-6.531*** (-14.72)	-7.474*** (-16.24)
Mixratio	-0.233 (-0.55)	—	—	—	0.518*** (7.42)	—	—	—
Mixbalance	—	0.223 (1.07)	—	—	—	0.313*** (7.97)	—	—
Mixcontrol	—	—	0.196 (1.22)	—	—	—	0.302*** (7.73)	—
Mixdjg	—	—	—	0.362 (0.72)	—	—	—	0.370 (1.06)
Size	0.182** (2.16)	0.193** (2.28)	0.578*** (13.21)	0.488*** (16.00)	0.310*** (16.41)	0.321*** (16.71)	0.316*** (16.65)	0.317*** (17.76)
Lev	-0.393 (-1.35)	-0.397 (-1.37)	-1.414*** (-6.28)	-1.175*** (-7.41)	-0.246*** (-2.68)	-0.262*** (-2.85)	-0.250*** (-2.72)	-0.399*** (-4.40)
Age	1.935*** (3.35)	1.937*** (3.35)	-0.590*** (-4.30)	-0.426*** (-3.92)	-0.272*** (-6.16)	-0.278*** (-6.37)	-0.268*** (-6.09)	-0.347*** (-5.92)
Roa	-0.193 (-0.44)	-0.252 (-0.57)	1.630** (2.07)	1.755*** (3.31)	1.963*** (5.79)	2.085*** (6.20)	2.196*** (6.53)	1.105*** (3.49)
Grow	0.031 (1.12)	0.031 (1.11)	-0.020 (-0.54)	0.035 (1.30)	0.035*** (2.90)	0.036*** (2.92)	0.035*** (2.89)	0.091*** (6.64)
Market	1.236 (0.81)	1.097 (0.71)	2.444*** (3.14)	2.343*** (4.01)	0.234 (1.11)	0.229 (1.08)	0.280 (1.32)	1.806*** (6.22)
Rta	0.104 (0.27)	0.0860 (0.22)	-1.643*** (-7.10)	-1.552*** (-8.69)	-0.615*** (-6.60)	-0.594*** (-6.36)	-0.596*** (-6.38)	-0.578*** (-6.66)
Cashr	-0.162 (-0.75)	-0.186 (-0.86)	-0.400 (-0.97)	-0.602* (-1.90)	-0.205 (-1.23)	-0.208 (-1.25)	-0.193 (-1.15)	-0.220 (-1.15)
Bsize	0.125 (0.55)	0.122 (0.53)	0.144 (0.67)	0.294* (1.75)	-0.150* (-1.90)	-0.152* (-1.91)	-0.152* (-1.92)	-0.154* (-1.74)
N	2243	2243	2243	3625	9627	9627	9627	7152
Ajust R^2	0.126	0.126	0.345	0.325	0.287	0.288	0.288	0.291
F	6.870	6.754	47.36	56.72	151.2	151.4	152.4	66.96

6.4.4.2 市场竞争程度的横截面分析

由于市场竞争程度本身就是一项重要的治理机制，竞争程度较高的企业对应较高的公司治理水平，并且竞争程度较高的企业会采取积极的创新行为来应对激烈的市场竞争，混改对企业创新水平的提高极为有限。相反，竞争程度较小的垄断企业由于缺乏有效竞争，企业公司治理水平较低，也缺乏创新的积极性，更有利于混改治理效应的发挥从而提升企业创新水平。表 6-8 是市场竞争程度横截面分析的分组检验结果。在市场竞争程度较小的样本［列（1）至列（4）］中，国企混改的股权治理均至少在 1%的显著性水平下与企业创新呈正相关关系，高层治理变量系数为正但并不显著；而在市场竞争程度较高的样本［列（5）至列（8）］中，除 Mixcontrol 的系数为正不显著外，其他股权治理变量以及高层治理变量的系数均为负且不显著，表明国企混改对企业创新的提升作用主要在市场竞争程度较低组中更加明显，在相对垄断国企，由于较低的公司治理水平和创新积极性，更容易强化混改的治理效应而提升其创新水平。

表 6-8 市场竞争程度的横截面分析

变量	市场竞争程度小				市场竞争程度大			
	混合深入度（1）	混合制衡度（2）	控制权转移（3）	委派董监高（4）	混合深入度（5）	混合制衡度（6）	控制权转移（7）	委派董监高（8）
Constant	-8.018*** (-15.04)	-8.005*** (-15.04)	-8.152*** (-15.12)	-8.389*** (-16.57)	-3.709*** (-2.67)	-3.906*** (-2.82)	-5.654*** (-8.41)	-8.723*** (-4.24)
Mixratio	0.480*** (5.29)	—	—	—	-0.241 (-1.19)	—	—	—
Mixbalance	—	0.243*** (4.96)	—	—	—	-0.007 (-0.06)	—	—
Mixcontrol	—	—	0.264*** (5.46)	—	—	—	0.047 (0.96)	—
Mixdjg	—	—	—	0.111 (0.28)	—	—	—	-0.070 (-0.19)
Size	0.465*** (19.65)	0.473*** (19.89)	0.473*** (19.90)	0.456*** (21.98)	0.109** (2.00)	0.106* (1.91)	0.313*** (11.79)	0.170** (2.35)
Lev	-0.677*** (-5.67)	-0.692*** (-5.78)	-0.682*** (-5.71)	-0.709*** (-6.88)	-0.053 (-0.25)	-0.041 (-0.19)	-0.249* (-1.92)	0.152 (0.66)
Age	-0.569*** (-9.17)	-0.597*** (-9.81)	-0.576*** (-9.39)	-0.654*** (-9.02)	0.660* (1.76)	0.736** (2.00)	-0.163*** (-2.66)	1.880*** (3.83)

续表

变量	市场竞争程度小				市场竞争程度大			
	混合深入度（1）	混合制衡度（2）	控制权转移（3）	委派董监高（4）	混合深入度（5）	混合制衡度（6）	控制权转移（7）	委派董监高（8）
Roa	1.997*** (4.66)	2.133*** (5.01)	2.170*** (5.09)	0.552 (1.63)	-0.107 (-0.26)	-0.156 (-0.38)	1.919*** (4.17)	0.161 (0.46)
Grow	0.003 (0.17)	0.003 (0.18)	0.004 (0.21)	0.049*** (2.91)	0.032** (2.14)	0.032** (2.18)	0.035** (2.18)	0.032* (1.88)
Market	0.877*** (2.59)	0.911*** (2.69)	0.955*** (2.82)	2.340*** (6.77)	0.314 (0.57)	0.280 (0.51)	-0.061 (-0.24)	1.773** (2.36)
Rta	-0.447*** (-3.53)	-0.436*** (-3.43)	-0.432*** (-3.41)	-0.636*** (-5.92)	0.316 (1.36)	0.335 (1.44)	-0.956*** (-7.32)	0.102 (0.45)
Cashr	-0.043 (-0.19)	-0.043 (-0.19)	-0.024 (-0.11)	-0.263 (-1.19)	0.058 (0.45)	0.054 (0.42)	-0.416* (-1.95)	-0.178 (-1.39)
Bsize	-0.260** (-2.30)	-0.262** (-2.33)	-0.262** (-2.31)	-0.312*** (-2.96)	0.039 (0.28)	0.040 (0.29)	0.067 (0.66)	0.078 (0.44)
N	5923	5923	5923	6320	5947	5947	5947	4457
Ajust R^2	0.314	0.314	0.314	0.323	0.281	0.281	0.280	0.311
F	83.26	83.37	83.71	64.71	123.68	123.67	123.78	71.20

6.4.4.3 外部治理环境的横截面分析

国企混改对企业创新的影响内生于企业所处的外部治理环境，治理环境通过增强政府的放权意愿和提高非国有资本参与国企混改积极性的双重效应推进国企混改，进而影响企业创新行为。本章选取市场化进程（王小鲁和樊纲，2016）衡量企业外部所处治理环境。由于该项数据只更新到2014年，采取上年指数加上前三年指数增加值的平均值来确定2015~2017年的市场化指数（杨兴全等，2014）。表6-9是外部治理环境横截面分析的分组检验结果。在市场化进程高的样本［列（1）至列（4）］中，国企混改的股权治理和高层治理变量均至少在5%的显著性水平下与企业创新呈正相关关系；而在市场化进程低的样本［列（5）至列（8）］中，除Mixbalance的系数为正不显著外，其他股权治理变量以及高层治理变量的系数均为负不显著，表明国企混改对企业创新的提升作用主要在治理环境较高组中更加明显，治理环境强化了混改的优化效应。

表 6-9 外部治理环境的横截面分析

变量	市场化进程高				市场化进程低			
	混合深入度（1）	混合制衡度（2）	控制权转移（3）	委派董监高（4）	混合深入度（5）	混合制衡度（6）	控制权转移（7）	委派董监高（8）
Constant	-7.256*** (-10.23)	-7.252*** (-10.17)	-7.312*** (-10.21)	-6.783*** (-11.33)	-7.995*** (-15.77)	-8.071*** (-15.92)	-7.963*** (-15.61)	-7.947*** (-15.23)
Mixratio	0.374*** (3.97)	—	—	—	-0.042 (-0.47)	—	—	—
Mixbalance	—	0.198*** (3.65)	—	—	—	0.012 (0.24)	—	—
Mixcontrol	—	—	0.198*** (3.69)	—	—	—	-0.032 (-0.70)	—
Mixdjg	—	—	—	0.891** (2.23)	—	—	—	-0.119 (-0.28)
Size	0.374*** (13.99)	0.380*** (14.06)	0.379*** (14.10)	0.398*** (16.14)	0.368*** (16.62)	0.369*** (16.58)	0.367*** (16.49)	0.335*** (16.59)
Lev	-0.241* (-1.79)	-0.254* (-1.89)	-0.248* (-1.84)	-0.546*** (-4.15)	-0.498*** (-4.42)	-0.493*** (-4.38)	-0.497*** (-4.42)	-0.660*** (-6.54)
Age	-0.433*** (-6.67)	-0.443*** (-6.84)	-0.440*** (-6.86)	-0.623*** (-7.19)	-0.351*** (-6.01)	-0.341*** (-5.92)	-0.354*** (-6.09)	-0.375*** (-5.61)
Roa	2.761*** (5.80)	2.855*** (6.04)	2.934*** (6.22)	2.162*** (4.62)	1.370*** (3.38)	1.332*** (3.30)	1.360*** (3.36)	0.759** (2.28)
Grow	0.016 (0.96)	0.016 (0.95)	0.016 (0.93)	0.056*** (2.72)	0.023 (1.50)	0.024 (1.53)	0.023 (1.49)	0.045*** (2.95)
Market	0.051 (1.22)	0.053 (1.26)	0.052 (1.25)	-0.081*** (-2.75)	0.164*** (11.96)	0.163*** (11.87)	0.165*** (11.96)	0.154*** (10.91)
Rta	-0.192 (-1.26)	-0.182 (-1.19)	-0.189 (-1.24)	-0.454*** (-3.57)	-1.100*** (-10.06)	-1.093*** (-9.99)	-1.103*** (-10.07)	-1.208*** (-11.62)
Cashr	-0.194 (-0.88)	-0.197 (-0.89)	-0.190 (-0.86)	-0.492* (-1.89)	-0.388* (-1.83)	-0.386* (-1.82)	-0.390* (-1.84)	-0.310 (-1.44)
Bsize	-0.088 (-0.79)	-0.093 (-0.83)	-0.092 (-0.82)	-0.243* (-1.96)	-0.046 (-0.45)	-0.041 (-0.40)	-0.048 (-0.47)	0.167* (1.66)
N	5830	5830	5830	5321	6040	6040	6040	5456
Ajust R^2	0.298	0.298	0.298	0.349	0.298	0.298	0.298	0.280
F	102.4	102.5	103.6	75.79	83.52	83.61	83.51	57.73

6.5 混合所有制改革提升国企创新水平的作用机制

6.5.1 混改提升国企创新水平：缓解融资约束

基于前文分析，国企混合所有制改革的股权治理和高层治理均显著提升了其创新水平。创新作为企业的重要发展战略，其实施过程需要企业大量资源的投入，成功与否取决于企业能否有效获得各类与创新相关的资源，伴随不同性质股权的相互融合，混改弱化了政府与国企的“天然联系”，这将导致国企一方面可能失去政府提供的各种隐性担保、优惠政策带来的资源效应，另一方面又可能会降低国企的各种政策性负担等社会隐性成本，两者相抵，混改是否能够缓解国企的融资约束从而提升企业创新水平？借鉴温忠麟等（2004）的研究设计，构建模型（6-2）和模型（6-3）进行融资约束中介效应检验。

$$Sa = \theta_0 + \theta_1 Size + \theta_2 Lev + \theta_3 Age + \theta_4 Grow + \theta_5 Roa + \theta_6 Cashr + \sum Industry + \sum Year + \varepsilon \quad (6-2)$$

$$Grant = \alpha_0 + \alpha_1 Mixnum/Mixratio/Mixbalance/Mixcontrol/Mixdjg + \alpha_2 Sa + \alpha_3 Size + \alpha_4 Lev + \alpha_5 Age + \alpha_6 Grow + \alpha_7 Roa + \alpha_8 Cashr + \alpha_9 Rta + \alpha_{10} Market + \alpha_{11} Bsize + \sum Industry + \sum Year + \varepsilon \quad (6-3)$$

模型（6-2）借鉴已有研究（Almeida 等，2014；姜付秀等，2016；卢盛峰和陈思霞，2017；钱雪松等，2019），用融资约束指数（Sa）衡量企业受融资约束程度，该指数越大表明企业面临的融资约束越小。模型（6-3）在模型（6-1）的基础上加入了融资约束变量（Sa）。表 6-10 是融资约束的中介效应检验结果，列（1）至列（4）的回归结果显示，Mixratio、Mixbalance、Mixcontrol、Mixdjg 均与 Sa 至少在 10%显著性水平下呈正相关关系，混改显著缓解了国企融资约束；列（5）至列（8）的回归结果显示，Sa 均至少在 1%的显著性水平下与企业创新（Grant）呈正相关关系，而混改相关变量的回归系数也显著为正，说明融资约束为混改提升国企创新水平的部分中介。

表 6-10　作用机制：融资约束

变量	Sa				Grant			
	混合深入度（1）	混合制衡度（2）	控制权转移（3）	委派董监高（4）	混合深入度（5）	混合制衡度（6）	控制权转移（7）	委派董监高（8）
Constant	-22.428*** (-592.48)	-22.405*** (-591.53)	-22.409*** (-592.55)	-21.644*** (-185.06)	28.922*** (7.43)	29.565*** (7.62)	29.642*** (7.66)	28.731*** (8.18)
Sa	—	—	—	—	1.644*** (9.13)	1.676*** (9.33)	1.678*** (9.36)	1.644*** (10.25)
Mixratio	0.053*** (13.69)	—	—	—	0.298*** (4.68)	—	—	—
Mixbalance	—	0.016*** (7.13)	—	—	—	0.188*** (5.32)	—	—
Mixcontrol	—	—	0.016*** (8.17)	—	—	—	0.162*** (4.68)	—
Mixdjg	—	—	—	0.054* (1.83)	—	—	—	0.548* (1.89)
Size	1.220*** (699.28)	1.220*** (694.17)	1.220*** (697.20)	1.188*** (220.41)	-1.613*** (-7.55)	-1.645*** (-7.71)	-1.651*** (-7.76)	-1.620*** (-8.47)
Lev	-0.099*** (-16.31)	-0.104*** (-17.07)	-0.104*** (-17.03)	0.048*** (3.23)	-0.331*** (-3.84)	-0.336*** (-3.90)	-0.334*** (-3.87)	-0.597*** (-7.52)
Roa	-0.210*** (-9.80)	-0.182*** (-8.60)	-0.179*** (-8.48)	-0.028 (-1.24)	2.225*** (7.10)	2.278*** (7.32)	2.348*** (7.55)	1.638*** (5.95)
Grow	0.009*** (10.06)	0.009*** (9.85)	0.009*** (9.85)	0.003** (2.14)	0.013 (1.13)	0.013 (1.13)	0.013 (1.09)	0.032** (2.45)
Cashr	-0.076*** (-7.46)	-0.078*** (-7.63)	-0.077*** (-7.54)	-0.007 (-1.17)	-0.168 (-1.08)	-0.165 (-1.06)	-0.160 (-1.03)	-0.411** (-2.46)
Age	—	—	—	—	-0.293*** (-6.62)	-0.295*** (-6.74)	-0.295*** (-6.69)	-0.354*** (-6.25)
Market	—	—	—	—	0.209 (1.03)	0.197 (0.97)	0.232 (1.14)	1.312*** (5.05)
Rta	—	—	—	—	-0.856*** (-9.80)	-0.845*** (-9.67)	-0.851*** (-9.74)	-0.960*** (-12.09)
Bsize	—	—	—	—	-0.085 (-1.12)	-0.080 (-1.05)	-0.085 (-1.12)	-0.017 (-0.21)
N	11870	11870	11870	10777	11870	11870	11870	10777

6.5.2 混改提升国企创新水平：提升公司治理

从内部治理的视角来看，国企引入非国有股东可以实现机制与资源的有机结合、减少国企承担的政策性负担、降低所有者缺位和规避政治风险等带来的代理冲突、形成合理制衡的多元股权结构从而可能会进一步优化公司治理水平进而促进国企提升其创新水平。同样借鉴温忠麟等（2004）的研究设计，构建模型（6-4）和模型（6-5）进行公司治理中介效应检验。

$$Gov = \theta_0 + \theta_1 Size + \theta_2 Lev + \theta_3 Age + \theta_4 Grow + \theta_5 Roa + \theta_6 Cashr + \theta_7 Rta + \theta_8 Market + \theta_9 Bsize + \sum Industry + \sum Year + \varepsilon \quad (6-4)$$

$$Grant = \alpha_0 + \alpha_1 Mixnum/Mixratio/Mixbalance/Mixcontrol/Mixdjg + \alpha_2 Gov + \alpha_3 Size + \alpha_4 Lev + \alpha_5 Age + \alpha_6 Grow + \alpha_7 Roa + \alpha_8 Cashr + \alpha_9 Rta + \alpha_{10} Market + \alpha_{11} Bsize + \sum Industry + \sum Year + \varepsilon \quad (6-5)$$

借鉴方红星和金玉娜（2013）的研究，本章从监督机制、激励机制两个层面构建衡量内部治理机制的指标。选取大股东持股比例、第二至第五大股东持股比例、董事长与总经理是否两职合一和监事会会议次数作为监督机制的衡量指标；选取高级管理者持股比例、董事持股比例、领取薪酬的董事比例、领取薪酬的监事比例、监事持股比例、高管前三名薪酬作为激励机制的衡量指标，分别对上述公司治理两个层面的指标进行主成分分析，选取第一大主成分计算公司治理两个层面的算术平均值，并作为公司内部治理机制（Gov）的衡量指标。表 6-11 是公司治理的中介效应检验结果，列（1）至列（4）的回归结果显示，Mixratio、Mixbalance、Mixcontrol、Mixdjg 均与 Gov 至少在 1%显著性水平下呈正相关关系，混改显著提升了国企公司治理水平；列（5）至列（8）的回归结果显示，Gov 均至少在 1%的显著性水平下与企业创新（Grant）呈正相关关系，而混改相关变量的回归系数也至少在 5%显著性水平下与 Grant 呈正相关关系，说明公司治理为混改提升国企创新水平的部分中介。

表 6-11　作用机制：公司治理

变量	Gov				Grant			
	混合深入度（1）	混合制衡度（2）	控制权转移（3）	委派董监高（4）	混合深入度（5）	混合制衡度（6）	控制权转移（7）	委派董监高（8）
Constant	4.133*** (36.98)	4.132*** (36.71)	4.198*** (37.08)	4.215*** (41.63)	-8.394*** (-19.96)	-8.416*** (-19.96)	-8.412*** (-19.81)	-9.303*** (-22.36)

续表

变量	Gov				Grant			
	混合深入度（1）	混合制衡度（2）	控制权转移（3）	委派董监高（4）	混合深入度（5）	混合制衡度（6）	控制权转移（7）	委派董监高（8）
Gov	—	—	—	—	0.176*** (5.91)	0.176*** (5.92)	0.180*** (6.05)	0.250*** (7.10)
Mixratio	0.165*** (8.21)	—	—	—	0.317*** (4.98)	—	—	—
Mixbalance	—	0.089*** (8.03)	—	—	—	0.177*** (5.02)	—	—
Mixcontrol	—	—	0.062*** (5.48)	—	—	—	0.155*** (4.49)	—
Mixdjg	—	—	—	0.361*** (4.48)	—	—	—	0.578** (2.29)
Size	0.141*** (28.66)	0.144*** (28.86)	0.141*** (28.38)	0.134*** (30.21)	0.366*** (20.55)	0.373*** (20.77)	0.368*** (20.62)	0.363*** (21.80)
Lev	-0.068** (-2.41)	-0.074*** (-2.62)	-0.075*** (-2.65)	-0.173*** (-6.88)	-0.464*** (-5.29)	-0.474*** (-5.41)	-0.472*** (-5.38)	-0.655*** (-8.02)
Age	0.058*** (4.32)	0.051*** (3.90)	0.046*** (3.42)	0.008 (0.56)	-0.386*** (-8.77)	-0.398*** (-9.14)	-0.397*** (-9.07)	-0.509*** (-9.12)
Roa	1.573*** (15.19)	1.613*** (15.65)	1.657*** (16.06)	1.329*** (15.23)	1.648*** (5.20)	1.720*** (5.46)	1.777*** (5.65)	0.882*** (3.15)
Grow	0.008* (1.96)	0.008** (1.98)	0.008* (1.92)	0.010*** (2.67)	0.028** (2.41)	0.028** (2.43)	0.028** (2.40)	0.064*** (5.00)
Market	0.164*** (2.65)	0.166*** (2.67)	0.188*** (3.02)	0.392*** (4.98)	0.219 (1.08)	0.219 (1.07)	0.250 (1.23)	1.387*** (5.35)
Cashr	-0.137** (-2.55)	-0.138** (-2.56)	-0.137** (-2.55)	-0.0860 (-1.61)	-0.253 (-1.63)	-0.254 (-1.64)	-0.249 (-1.60)	-0.404** (-2.40)
Rta	-0.249*** (-9.20)	-0.245*** (-9.05)	-0.251*** (-9.26)	-0.338*** (-14.14)	-0.744*** (-8.36)	-0.736*** (-8.25)	-0.740*** (-8.29)	-0.812*** (-9.99)
Bsize	0.080*** (3.69)	0.079*** (3.65)	0.073*** (3.37)	0.112*** (5.37)	-0.147* (-1.93)	-0.148* (-1.94)	-0.152** (-1.99)	-0.121 (-1.50)
N	11870	11870	11870	10777	11870	11870	11870	10777
Ajust R^2	0.295	0.295	0.293	0.385	0.293	0.293	0.292	0.312
F	200.2	200.1	198.5	235.9	163.7	163.6	163.9	114.4

6.6 混合所有制改革、创新效率与企业价值

6.6.1 国企混合所有制改革与企业创新效率

当前，国企技术创新成果转化率较低（程俊杰，2019），如何有效提高创新效率和创新效果成为当前亟待解决的重要问题。企业创新投入在其长期复杂的创新过程中很容易成为被管理层操纵的对象，国企管理层可以通过开展大量的创新活动满足自身的机会主义私利需求。但在国企混改之后，非国有股东为了加强其对管理层的监督可能会搜集更多有关创新项目的信息，提升国企创新决策的透明度，进而降低其创新失败风险，在一定程度上提高了创新成功的概率。基于此，为检验国企混合所有制改革对创新效率是否有提升作用，本章参考权小锋和尹洪英（2017）的研究，用每单位研发投入的专利申请数（Rdeffi）的综合指标，即创新专利授权数加 1 的对数与企业研发投入加 1 的对数取比值作为创新效率的代理变量，构建模型（6-6）考察国企混合所有制改革对企业创新效率的影响。

$$Rdeffi = \alpha_0 + \alpha_1 Mixnum/Mixratio/Mixbalance/Mixcontrol/Mixdjg + \alpha_2 Size + \alpha_3 Lev + \alpha_4 Age + \alpha_5 Grow + \alpha_6 Roa + \alpha_7 Cashr + \alpha_8 Rta + \alpha_9 Market + \alpha_{10} Bsize + \sum Industry + \sum Year + \varepsilon \quad (6-6)$$

由表 6-12 列（1）至列（4）的回归结果可以看出，Mixratio、Mixbalance、Mixcontrol 与企业创新效率（Rdeffi）的回归系数在 1%的显著性水平下为正，Mixdjg 与 Rdeffi 的回归系数为正但不显著，这说明混改的股权治理能够显著提升企业创新效率，促进企业进行高质量创新。高层治理对企业创新效率的提升作用有限，这可能是由于非国有股东向国企派驻董监高的比例相对较小，监督力度不足，不足以提升企业的创新效率。

表 6-12 混合所有制改革与企业创新

变量	Rdeffi			
	混合深入度（1）	混合制衡度（2）	控制权转移（3）	委派董监高（4）
Constant	-0.248^{***} (−12.59)	-0.249^{***} (−12.64)	-0.250^{***} (−12.56)	-0.288^{***} (−15.05)

续表

变量	Rdeffi			
	混合深入度（1）	混合制衡度（2）	控制权转移（3）	委派董监高（4）
Mixratio	0.024*** (7.19)	—	—	—
Mixbalance	—	0.013*** (7.23)	—	—
Mixcontrol	—	—	0.012*** (6.85)	—
Mixdjg	—	—	—	0.023 (1.47)
Size	0.014*** (16.29)	0.015*** (16.69)	0.014*** (16.51)	0.015*** (19.14)
Lev	−0.026*** (−5.53)	−0.026*** (−5.70)	−0.026*** (−5.65)	−0.035*** (−8.24)
Age	−0.022*** (−9.57)	−0.023*** (−10.09)	−0.022*** (−9.88)	−0.027*** (−9.61)
Roa	0.087*** (5.27)	0.093*** (5.65)	0.097*** (5.92)	0.058*** (4.05)
Grow	0.000 (0.39)	0.000 (0.41)	0.000 (0.38)	0.001* (1.80)
Market	−0.003 (−0.32)	−0.003 (−0.32)	−0.001 (−0.11)	0.047*** (3.52)
Cashr	−0.010 (−1.21)	−0.010 (−1.23)	−0.010 (−1.17)	−0.015* (−1.71)
Rta	−0.038*** (−8.09)	−0.037*** (−7.95)	−0.037*** (−8.00)	−0.042*** (−9.89)
Bsize	−0.003 (−0.72)	−0.003 (−0.74)	−0.003 (−0.78)	0.001 (0.13)
N	11870	11870	11870	10777
Ajust R^2	0.313	0.313	0.312	0.295
F	222.1	222.4	223.1	125.3

6.6.2 国企混合所有制改革、创新效率与企业价值

企业的高质量发展指追求高水平、高层次、高效率的经济价值和社会价值创造过程（黄速建等，2018），作为国有经济高质量发展的重要组成部分，其有效实现的重要途径便是国企的混合所有制改革。相关研究表明，混合所有制改革关键在于“合”而不是“混”，国有资本以及非国有资本持股比例在相互制衡的情况下才会对公司业绩实现有效提升（黄建欢等，2017）。因此。前文验证了股权治理变量（Mixratio、Mixbalance、Mixcontrol）以及高层治理变量（Mixdjg）通过缓解企业融资约束和提升公司治理水平而提升了企业创新水平，在我国资本市场亟待完善、投资者保护水平相对较低的现实背景下，企业可能因为有效创新提升企业价值，也可能盲目实施混合所有制改革丧失潜在投资机会从而损害企业价值。基于此，本章进一步研究当股权相互融合即混合所有制改革进入深层次领域后是否能够通过提升企业创新效率而提升企业价值，本章构建模型（6-7）和模型（6-8）考察混合所有制改革影响下的企业创新效率是否提升了企业价值。

$$Roa = \alpha_0 + \alpha_1 Mixnum/Mixratio/Mixbalance/Mixcontrol/Mixdjg + \alpha_2 Size + \alpha_3 Lev + \alpha_4 Age + \alpha_5 Grow + \alpha_6 Cashr + \alpha_7 Rta + \alpha_8 Market + \alpha_9 Bsize + \sum Industry + \sum Year + \varepsilon \quad (6-7)$$

$$Roa = \alpha_0 + \alpha_1 Mixnum/Mixratio/Mixbalance/Mixcontrol/Mixdjg + \alpha_2 Reffi + \alpha_3 Mixnum\_r/Mixratio\_r/Mixbalance\_r/Mixcontrol\_r/Mixdjg\_r + \alpha_4 Size + \alpha_5 Lev + \alpha_6 Age + \alpha_7 Grow + \alpha_8 Cashr + \alpha_9 Rta + \alpha_{10} Market + \alpha_{11} Bsize + \sum Industry + \sum Year + \varepsilon \quad (6-8)$$

借鉴杨兴全和尹兴强（2018）的研究，本章在模型（6-7）和模型（6-8）中用总资产净利润率（Roa）衡量企业价值，模型（6-7）考察国企混改变量对企业价值的影响，模型（6-8）加入混改和企业创新效率（Reffi）的交乘项 Mixratio_r、Mixbalance_r、Mixcontrol_r 和 Mixdjg_r 考察国企混改对企业创新效率的影响是否提升了企业价值。从表 6-13 中的列（1）至列（4）的回归结果可以看出，混改能够显著提升企业价值，从列（5）至列（8）可以看出，混改对创新效率的影响也能够显著提升企业价值。

随着混合所有制改革的不断深入，其重点从“混”转移为“合”，即更加重视股权的多元化以及不同性质股东之间的融合度从而不仅能够提升企业创新能力，且更能够显著提升混改后企业创新效率和企业价值。

表 6-13　混合所有制改革、创新效率与企业价值

变量	Roa				Roa			
	混合深入度（1）	混合制衡度（2）	控制权转移（3）	委派董监高（4）	混合深入度（5）	混合制衡度（6）	控制权转移（7）	委派董监高（8）
Constant	-0.148*** (-14.17)	-0.136*** (-13.03)	-0.128*** (-12.18)	-0.142*** (-12.16)	-0.144*** (-13.72)	-0.136*** (-12.84)	-0.123*** (-11.66)	-0.136*** (-11.44)
Rdeffi	—	—	—	—	0.000 (0.05)	0.026*** (5.07)	0.013** (1.99)	0.020*** (3.50)
Mixratio	0.029*** (15.77)	—	—	—	0.021*** (8.42)	—	—	—
Mixbalance	—	0.011*** (11.10)	—	—	—	0.006*** (4.43)	—	—
Mixcontrol	—	—	0.008*** (7.53)	—	—	—	0.004*** (2.60)	—
Mixdjg	—	—	—	0.018* (1.91)	—	—	—	0.008 (0.64)
Mixratio_r	—	—	—	—	0.080*** (4.65)	—	—	—
Mixrbalace_r	—	—	—	—	—	0.055*** (6.15)	—	—
Mixcontrol_r	—	—	—	—	—	—	0.040*** (4.21)	—
Mixdjg_r	—	—	—	—	—	—	—	0.175* (1.82)
Size	0.007*** (13.45)	0.007*** (13.71)	0.006*** (13.07)	0.009*** (15.31)	0.006*** (12.81)	0.007*** (13.05)	0.006*** (12.27)	0.009*** (14.51)
Lev	-0.108*** (-38.74)	-0.111*** (-39.62)	-0.112*** (-39.75)	-0.127*** (-36.63)	-0.107*** (-38.46)	-0.109*** (-39.24)	-0.110*** (-39.43)	-0.126*** (-36.21)
Age	0.003** (2.16)	0.000 (0.19)	0.000 (-0.38)	-0.001 (-0.36)	0.003** (2.52)	0.001 (0.72)	0.000 (0.10)	0.000 (-0.02)
Grow	0.003*** (7.25)	0.003*** (7.25)	0.003*** (7.19)	0.001* (1.95)	0.003*** (7.29)	0.003*** (7.34)	0.003*** (7.24)	0.001* (1.90)
Market	0.030*** (4.33)	0.032*** (4.73)	0.035*** (5.17)	0.049*** (5.12)	0.030*** (4.44)	0.034*** (4.88)	0.036*** (5.27)	0.048*** (5.00)
Cashr	0.057*** (10.70)	0.057*** (10.68)	0.058*** (10.71)	0.094*** (13.71)	0.057*** (10.73)	0.057*** (10.69)	0.058*** (10.73)	0.094*** (13.75)

续表

变量	Roa				Roa			
	混合深入度（1）	混合制衡度（2）	控制权转移（3）	委派董监高（4）	混合深入度（5）	混合制衡度（6）	控制权转移（7）	委派董监高（8）
Rta	-0.034*** (-12.63)	-0.035*** (-12.83)	-0.036*** (-13.19)	-0.038*** (-12.94)	-0.033*** (-12.28)	-0.033*** (-12.41)	-0.034*** (-12.83)	-0.037*** (-12.61)
Bsize	0.011*** (5.19)	0.010*** (4.66)	0.009*** (4.29)	0.008*** (3.64)	0.011*** (5.30)	0.010*** (4.78)	0.009*** (4.36)	0.009*** (3.67)
N	11870	11870	11870	10777	11870	11870	11870	10777
Ajust R^2	0.243	0.235	0.231	0.280	0.246	0.239	0.234	0.281
F	89.05	84.39	82.07	71.77	85.31	81.39	78.62	68.37

6.7 本章小结

基于我国沪深两市 A 股 2007~2017 年国有上市公司面板的经验证据表明：混合所有制改革股权治理层面的混合主体深入性、混合主体制衡度及控制权转移以及高层治理层面的委派董监高比例均能够显著提升国企创新水平；混改对企业创新水平的正向影响在地方国有企业、市场竞争程度较小以及市场化进程较高的样本中更加显著；作用机制发现，混改对企业创新水平的提升主要源于企业融资约束的缓解和公司治理水平的提高的双重效应。本章还发现混改可以有效提升企业创新效率并进一步提高企业价值。本章证实了混改提升企业创新水平源自融资约束的缓解和治理水平的提升，进一步回应了关于混改有效性的争论和政策质疑，丰富了企业创新水平的影响因素研究和混合所有制改革的后果研究。基于本章的研究结论，提出以下政策建议：

第一，国企混改是提高国企创新能力和创新效率的一个重要途径，有利于我国培育具有全球核心竞争力的世界一流企业战略目标的实现；与改善内部监督与激励等代理问题相比，弱化政府对国企的无效干预将对促进国企创新发展具有更加显著的效果。在进行混合所有制改革时，一方面要积极推动国有与非国有资本的深度融合，促进国企创新能力进一步提升；另一方面要进一步简政放权，减少政府对企业的无效干预，激发国企的创新活力。

第二，企业创新效率的提高需要健全的制度环境和有效的市场环境，相关政策应该更加强调有效市场在稀缺资源配置中的重要作用，加快建设开放、竞争的现代化市场体系，进一步消除市场壁垒，有效保障各种所有制性质经济体的合法权益，保护各种所有制经济公开、公平、公正地参与市场竞争，废除对非公有制经济的不合理规定等。这些政策的贯彻落实，有利于健全制度体系、营造良好的市场环境，为混合所有制企业的发展创造更加有利的市场条件，进一步释放国企强劲的发展能力。

第7章　国企混改优化了多元化经营行为吗？

7.1　引言

多元化作为企业的重要经营战略，一直以来备受实务界与学术界的关注。关于多元化经营的动机，国外学者围绕市场势力（Williamson，1981）、资源基础（Chatterjee和Wernerfelt，1991）以及代理理论（Jensen，1986；Aggarwal和Samwick，2003）等多个方面给出较为全面的分析。企业高管既可能因多元化经营整合内部资源、构建内部资本市场而形成的范围经济和财务协同效应进而有效缓解融资约束、优化资金配置效率且抵御金融危机冲击等诸多益处（Lewellen，1971；Teece，1980；Stulz，1990；Miller和Yang，2016），而偏好于多元化投资；同时亦可因多元化投资能够满足其帝国扩张、在职消费和职位晋升等诸多私利动机（Baek等，2006；Claessens等，2006），而积极推进多元化经营。作为处于转型经济过程中的新兴市场国家，我国企业的多元化经营决策与政府行为、“一股独大”和投资者法律保护不足等制度特征息息相关，尤其是对国企而言，其多元化经营行为更可能源自政治观下政府控股股东的多元目标政治诉求和经理人观下国企高管的私利动机所带来的双重代理问题（潘红波和余明桂，2011；余明桂等，2019）：基于政治观，企业多元化有助于政府控股股东履行社会经济职能，实现稳就业、促民生、保增长等多元政治目标诉求，因而肩负政治和经济双重任务的政府具有激发国企采取多元化经营的倾向（Shleifer和Vishny，1998；陈信元和黄俊，2007）；基于经理人观，“薪酬管制”和“所有者缺位”加剧了国企高管的多元化经营扩张行为以满足政治晋升、在职消费抑或帝国构建等私欲（陈冬华等，2005；柳建华，2009）。

有鉴于此，无论是基于政治观还是经理人观，双重代理问题所诱发的国企多元化经营更可能损害企业价值，陷入“多元化折价”困境。柳建华（2009）发现高管自利、政府干预和大股东自利是造成国企多元化折价的重要原因，与此同时，张纯和高吟（2010）亦认为与民营企业相比，国企的多元化经营更容易出问题。一方面，由于“所有者缺位”、内部人控制比较严重，国企高管更有动机进行多元化经营扩张；另一方面，多元化政治目标诉求也加剧了政府干预国企决策进而助推多元化经营（王化成和胡国柳，2005），从而降低国企价值。可见，无论是出于政府政策性负担的“支持动机”还是个人私利的“掏空动机”，政府控制下的多元化投资既无助于企业业绩的提升（柳建华，2009），也无助于企业竞争优势的获得（宋献中和周昌仕，2007）。

国企产权改革作为转型经济改革的重要环节，先后经历了放权让利、承包经营责任制、建立现代企业制度与“国资发展”等阶段（黄群慧和余菁，2013）。党的十八届三中全会提出以协同推进混合所有制改革确立国有经济的主要实现形式，实现市场在资源配置中起决定性作用条件下的国有经济与成熟市场经济体制的全面融合。党的十九大报告又提出深化国企改革，发展混合所有制经济，培育具有全球竞争力的世界一流企业，吹响了新一轮国企改革的号角，对新时代中国特色社会主义与高质量发展阶段国企深化改革提出了新的要求。2018 年 10 月全国国企改革座谈会强调从战略高度认识新时代深化国企改革的中心地位，按照“完善治理、强化激励、突出主业、提高效率”的要求，扎实推进国企改革，并将突出抓好混合所有制改革作为国企改革的重点任务之一。2020 年，我国《政府工作报告》进一步明确提出，国企改革要完善国资监管体制，深化混合所有制改革；国企要聚焦主责主业，健全市场化经营机制，提高核心竞争力，以提升国资国企改革成效。随着国企改革实践的深入推进，国企混改通过积极引入盈利动机更为明确的民营资本、机构投资者、外国资本等战略投资者，逐步形成“交叉持股”“股权制衡”的股本结构，通过战略投资者积极监督约束国企高管且积极参与公司经营决策，以达到博采众长充分发挥各种所有制优势进而形成有效监管、激励相容和股权共治的公司治理机制，优化公司决策（杨兴全和尹兴强，2018；蔡贵龙等，2018；逯东等，2019）。

鉴于我国国企改革日益突出“主业经营”的施策导向、国企多元化的双重代理动机和“多元化折价”的客观现实，国企混改能否通过引入战略投资者发挥“股权制衡”的公司治理机制优化效应来实现“聚焦主业”的政策预期呢?关于这一问题的回应和有益探索，对评判时下国企改革成效和如何深入推进国企混改有着重要的理论诉求和现实意义。然而，现有文献多从风险承担（Boubakri

等，2013）、政策性负担（陈林和唐杨柳，2014）、创新（李文贵和余明桂，2015）、内部控制质量（刘运国等，2016）、企业绩效（马连福等，2015；郝阳和龚六堂，2017）等角度探求国企混改的经济后果，对于国企混改是否优化企业多元化经营行为，现有文献尚未系统关注。国企混改可能通过减负效应和治理效应来抑制受政治观和经理人观影响的国企多元化经营双重代理问题，进而优化企业多元化经营行为：一方面，随着非国有资本的不断进入和国有股比例不断下降，依附于国有股权性质背后的隐性契约逐步消解和国家信用背书下预算软约束逐渐丧失，国企受政府干预的程度亦有所缓解、经营目标得到一定纯化，承担的政策性负担也将明显减少（陈林和唐杨柳，2014），国企的上述变化势必优化其多元化经营行为；另一方面，随着国企中多种所有制资本的逐步引入，形成合理制衡的多元股权结构和高层治理机制（郝云宏等，2015；蔡贵龙等，2018；逯东等，2019），非国有资本的所有者基于强烈的资本逐利动机去激励、约束和监督管理层，有助于抑制国企因所有者缺位、高管薪酬管制等引致的代理冲突，进而提高企业多元化经营效率。基于上述分析，本章着重探究以下几个问题：国企混改是否通过发挥多元化股权治理效应而优化企业的多元化经营程度？国企混改影响多元化经营的作用机制何在：减负效应还是治理效应？公司内部治理效应能否有效发挥与其政府控制层级和所处的外部治理环境休戚相关，那么国企混改优化多元化经营行为所发挥的治理效应是否因政府控制层级与外部治理环境差异而有所不同呢？国企混改是否有助于提升企业多元化经营的价值？

本章以我国沪深 A 股国有上市公司为研究样本，通过整理上市公司前十大股东股权性质及其是否委派高管的明细数据对国企混改股权结构和高层治理进行识别和有效测度，基于 2007~2017 年国有上市公司的经验证据表明：①国企混改股权结构的深入度、制衡度和控制权转移以及非国有股东委派高管显著降低了企业多元化经营程度，但股权多样性对多元化经营程度的影响不明显。②通过机制检验发现，减负效应与治理效应是国企混改的股权结构优化企业多元化经营的作用机制，非国有股东的高层治理仅通过治理效应降低企业多元化程度。③进一步研究发现，国企混改股权结构降低企业多元化程度的优化效应在高市场化进程和高政府质量的地区更明显，而非国有股的委派高管发挥的治理效应受外部治理环境影响较弱；与央企相比，地方国企混改优化企业多元化经营的程度更明显。④最后价值研究发现，国企混改的股权结构和高层治理均缓解了国企多元化经营“折价”的负面影响进而优化了多元化经营价值。

本章可能的理论贡献与现实意义在于：①本章丰富了企业多元化行为的影响因素研究。已有研究多从股权结构（王化成和胡国柳，2005；姜付秀，2006；窦军生等，2017）、政治关联（巫景飞等，2008；张敏和黄继承，2009；郑建明等，2014）、产业政策（袁博和芮明杰，2017；杨兴全等，2018）等角度溯因企业多元化行为，鲜有从股权制衡动态变化所衍生治理演变角度展开研究。本章从党的十八大后新一轮国企混改通过逐步引入非国有资本完善“股权制衡”“交叉持股”以优化国企治理机制的改革实践出发，探求国企混改能否通过股权结构和高层治理优化企业多元化行为。②本章丰富了国企混改的经济后果研究。已有研究多从投资决策及效率（Boubakri 等，2013；李文贵和余明桂，2015；逯东等，2019）、政策性负担（陈林和唐杨柳，2014）、内部控制质量（刘运国等，2016）、企业绩效（马连福等，2015；郝阳和龚六堂，2017）、国企高管薪酬激励（蔡贵龙等，2018）等角度探求国企混改的经济后果，鲜有从国企多元化“折价”困局和国企改革“聚焦主业”施策导向的角度对企业多元化行为倾注更多关注。按照“完善治理、强化激励、突出主业、提高效率”的改革要求，发展混合所有制经济，提高国有资本配置效率，成为当前国企改革的重要任务。本章基于减负效应和治理效应的视角深入分析国企混改对企业多元化经营的影响，为评价国企混改的资本配置效果提供直接的经验证据，同时亦为进一步深入推进国企改革提供参考依据。③由于我国各地区的市场化改革与政府质量存在明显的不平衡性，这可能会导致不同地区的上市公司面临的治理环境存在显著差异，进而对国企混改的效果产生不同的影响。本章进一步检验市场化进程和政府质量对国企混改影响多元化经营的调节作用，为加强治理环境改善和提高产权保护同步推进以实现更好的国企混改效果提供政策启示。④本章亦有助于从理论层面为澄清国企改革成效之争提供经验证据和政策含义。现有研究有关国企改革能否提升企业效率存在诸多争议：一方面国企改革通过强化内外部监管治理效应提升企业效率，例如改善内部控制质量（刘运国等，2016）、降低代理成本（李文贵等，2017；蔡贵龙等，2018）、促进企业创新和并购效率（余明桂等，2016；逯东等，2019）等；另一方面国企改革并未实现预期效果，例如未能有效限制高管薪酬且增加在职消费（常风林等，2017）、提高盈余管理（何威风等，2019）等。本章从国企混改的治理效应出发，发现国企混改可以通过股权结构和高层治理发挥减负效应或治理效应降低企业多元化程度，进而优化提升国企多元化价值。上述结果意味着，国企混改可强化内部监管、完善公司治理机制进而优化企业决策及企业绩效，既有助于明晰国企改革成效的争议，又为进一步深入推进国企混改实践提供理论支撑和经验证据。

7.2 理论分析与待检验问题

多元化经营是公司极其重要的投资决策，企业多元化的动因及价值主要表现为溢价观与折价观之争。一方面，多元化公司可有效整合内部现金流构建内部资本市场，既可以获取公司整体财务协同效应带来的抵税收益（Lewellen，1971），减少内部冗余资金成本而产生范围经济（Teece，1980；Miller 和 Yang，2016），又可缓解融资约束以应对金融危机冲击、优化投资效率（Stulz，1990），通过内部择优将有限资本优配到高边际收益部门（Stein，1997），即多元化经营存在明显的溢价效应（Campa 和 Kedia，2002；Villalonga，2004；Mackey 等，2017）。另一方面，多元化经营可满足管理层“帝国构建”、在职消费和职位晋升等诸多私欲（Jensen，1986；Stulz，1990），且公司多元化极易诱发跨部门交叉补贴与内部经营者寻租骗补，进而削弱内部资本市场配置效率以至失灵（Rajan 等，2000；Scharfstein 和 Stein，2000）。经验研究表明多元化经营的公司价值更低，即存在明显的折价现象（Lang 和 Stulz，1994；Berger 和 Ofek，1995），并且 Baek 等（2006）和 Claessens 等（2006）均指出弱投资者保护的新兴市场国家或地区的企业多元化经营极易沦落为公司内部人利益攫取的重要渠道。因此对于我国而言，国企更可能因政治观和经理人观的双重代理动机而大力推动多元化经营，进而陷入多元化折价困局，降低国企价值（柳建华，2009；张纯和高吟，2010）。而混合所有制改革可以有效提升国资国企高质量发展，国企混改通过不断完善股权制衡、激励相容和利益趋同的公司治理机制以达到强化监督、约束国企高管代理问题，同时亦可削弱政府控股股东的多元目标诉求，因此国企混改所发挥的抑制双重代理问题的治理效应势必会优化企业多元化行为。本章将国企混改优化政治观和经理人观驱动国企多元化经营的双重治理效应视为减负效应和治理效应。

7.2.1 政府干预下的多元化经营与国企混改的减负效应

政府干预的意愿和能力共同影响其干预行为。一方面，GDP 增长、财政税收等经济发展指标和就业率等维护社会稳定的指标成为我国地方政府官员综合政绩考核的重要内容，出于增加财政收入、提高经济增长和稳定就业的政绩要求，各级政府围绕经济增长在“晋升锦标赛”模式下展开激烈竞争（周黎安，2007），地方国有企业成为地方政府实现其政治目标和经济目标的重要途径（逯东等，2014）。另一方面，政府在国企中仍占据着绝对控股地位，绝大多数国有控股公司董事长、董事、总经理等高管人员的任免权仍由各级政府掌控，还有部分国企高管本身就是政府官员，方便了政府对国企的干预，国有股权沦为政府对国企实施行政干预的有效工具。政府通过国有股权对国有控股公司采取行政干预，将自身利益内化于国有控股公司的经营活动中，向其摊派各种政策性负担（Lin 和 Li，2008；曾庆生和陈信元，2006；廖冠民和沈红波，2014）。政府通过促使国企积极参与地方经济建设，进行能源、交通等基础项目投资（程仲鸣等，2008）；或通过干预国有控股公司并购等经济行为，利用当地盈利企业收购兼并破产企业，帮助本地企业"脱贫解困"，缓解财政赤字（潘红波等，2008），最终造成企业多元化经营程度的加剧。这种多元化的规模扩张，既可提高地方 GDP 水平，稳定就业率，又可助力官员完成政治晋升目标，与政府官员的政治经济需求不谋而合。

国企混改为国有控股公司引入大量非国有资本，不同性质的股权进行重复博弈最终形成权力优配，弱化了国企的政治属性，亦降低了政府为实现自身政治目标诉求而向其施加政治压力的意愿，有利于其摆脱政策性负担过重的困境。随着政府对国企人事安排、投资运营的干预和管制程度降低，公司的经营目标开始更多地偏向价值最大化（白重恩等，2006），企业能够根据自身经济效益合理地选择多元化经营，从而减少因承担政策性负担而实施的非效率多元化投资。当国企在混改过程中发生控制权转移，企业性质由国有控股转为民营控股，企业在摆脱政策性负担压力的同时，也丧失了国有产权隐性契约的担保，致使显性化的破产风险和违约风险上升，助推企业纯化价值最大化的经营目标，企业根据自身经济效益合理地做出多元化经营选择，从而减少非效率的多元化投资支出。

7.2.2 监管失效下的多元化经营与国企混改的治理效应

由于大规模企业的经理在薪酬收入、在职消费、社会地位等方面都要远远超过中小规模的企业，公司管理层为了追求自身利益具有通过多元化经营扩大公司规模的动机，而这种动机在国企中可能尤为明显。一方面，国企高管人员的薪酬受到严重管制，"预先给定"式的显性薪酬存在"刚性特征"（陈冬华等，2005），在这种脱离了经理人谈判和市场定价的薪酬契约中，管理层的付出与业绩难以从货币薪酬中得到补偿。为了追求大规模企业带来的一系列声誉、权力和薪酬，拥有企业实际控制权的国企经理人极有可能通过采取多元化扩张的方式来获取额外的私人收益。另一方面，国企具有"所有权虚设"和"委托人行政化"特征，未能对管理层形成有效监督。加上国有股权引致的预算软约束，使政府无法区分国企的经营亏损是来自政策性负担还是经理人的道德风险，这种对企业所有亏损“照单全收”的管理模式进一步加剧了管理者的道德风险问题（林毅夫和李志赟，2004），国企经营者很可能在预算软约束预期下盲目扩大规模进行多元化投资，以追求多元化带来的报酬、威望和特权。

非国有资本的进入，为国有控股公司引入更有效的监督治理机制，强化了企业内部治理机制，有效缓解管理层存在的委托代理问题，进而优化企业多元化经营决策。一方面，国企混改通过建立经理人薪酬激励、选聘与退出、公司绩效评价等合理的激励约束机制，增强了管理层的薪酬和离职对业绩的敏感度（郝阳和龚六堂，2017），有效遏制了管理层为获取隐性福利而产生的构建个人帝国等多元化扩张行为。另一方面，非国有资本大多来自具有明确盈利动机的个人、机构或团体，更加关注企业绩效与投资回报，其“逐利天性”使非国有股东具有很强的动机对企业管理层进行监督，有益于形成相互制衡与激励相容的监督约束机制，可有效改善国企“内部人控制”和监管失效等委托代理问题，能在一定程度上减少因监管失效引起的国企经理人多元化扩张行为。

7.2.3 控制人层级和治理环境的调节作用

国企混改通过引入非国有资本优化内部治理机制，而内部治理机制能否有效发挥治理效应既依赖于企业内部股权结构和高层治理间的权力配比及制衡，同时也与国有股权依存的政府控制层级和企业所在地身处的外部治理环境紧密相关。鉴于政府行为和市场力量是助推企业尤其是国企高质量发展的双驱力量，因此由政府和市场分别衍生的政府质量和市场化进程所构成的外部治理环境、国企出资人的央地政府控制层级差异均不可避免地影响着区域内公司权力、信息、资本、技术等资源配置效率，进而影响企业内部治理以及财务决策。

国企因政府控股实控人层级的不同，其内部治理机制存在较大差异，因而政府干预对企业行为决策的影响也有所不同。一方面，央企面临强有力的内外部监管，公司治理也更为规范，重大投资和重组必须经过国务院批准，因而当地政府通过行政干预企业多元化经营以满足私利的行为会受到一定程度的抑制。另一方面，中央政府控制的企业规模相对较大，且往往涉及国家关键领域，牵扯更多的利益相关者，混合所有制改革在中央国有企业的推进过程中可能会受到较多阻力，非国有资本的进入相对更加困难或进入后的非国有股东在这些企业中很难拥有话语权（刘运国等，2016；蔡贵龙等，2018），因而对国有股权的制衡能力也较弱。而对地方政府控制的国企来说，当地方政府在面临上级政治、经济考核任务时，对辖区内的地方国企具有较强的干预愿望和能力，对这部分企业多元化经营行为的干预更多；同时，相对于中央政府控制的国企，非国有资本的持股和委派高管进入地方国有企业的条件相对宽松，因而国企混改影响企业多元化经营的效果也更明显。

由于我国地域广阔，不同地区市场化进程和政府质量存在显著差异，致使国企混改效果可能因不同的治理环境而异。当地区市场化进程较慢、政府质量较差时，企业所在地往往因缺乏高质量的产权保护而致使非国有股权的合法权益得不到应有保障，非国有资本参与国企混改的积极性亦随之降低，进而引致混合所有制“遇冷”（张文魁，2017）。混合所有制改革内生于政府放权意愿，政府放权意愿对国企混改具有重要促进作用（蔡贵龙等，2018），而政府放权意愿又与市场化进程和政府质量紧密相关，所在地区的市场化进程与政府质量越低，政府放权的意愿也越弱，较弱的政府放权意愿阻碍了国企混改进程。当区域内市场化进程较快、政府质量较高时，企业所在地的法律和司法体系更加公正且投资者合法权益能够得到有效保护，有助于激发非国有投资者参与混改的积极性；政府角色定位亦随之由“干预型”快速向“服务型”转变，进而使其混改放权意愿得以强化，促进国企混改对多元化经营优化作用的有效发挥。

基于上述分析，本章将重点探究国企混改是否通过优化而降低了企业多元化经营程度？国企混改通过何种机制优化企业的多元化经营？这种影响是否因控制人层级和治理环境的不同而异？国企混改最终是否有利于提高多元化经营价值？本章理论分析的逻辑框架如图 7-1 所示。

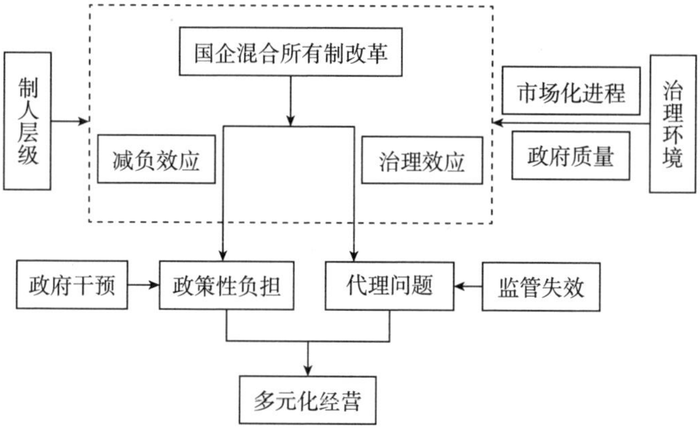

图 7-1 国企混改优化多元化经营的逻辑框架

7.3 研究设计

7.3.1 模型建立与变量定义

参考陈信元和黄俊（2007）的研究建立模型（7-1）验证国企混改对企业多元化经营程度的影响：

$$Div_{it} = \beta_0 + \beta_1 Mixed_{it} + Controls_{it} + \sum Year + \sum Industry + \varepsilon_{it} \quad (7-1)$$

其中，i 和 t 分别表示公司和年份，ε 表示回归模型的残差，Div 表示多元化经营的代理变量，Mixed 表示国企混改，各指标的具体构建方法见下文。

被解释变量：多元化经营（Div），本章根据中国证监会行业分类标准前三位行业代码对企业主营业务收入构成的行业属性进行划分，并参考姜付秀（2006）度量多元化经营：①是否多元化经营虚拟变量 D，当公司主营业务收入涉及的行业数大于 1 时，D 取值为 1，其他取值为 0。②多元化经营行业数目 N，等于公司主营业务收入所涉及的行业个数。③收入赫芬达尔指数 $HHI=\sum p_i^2$，其中 p_i 为行业收入占总收入的比重，该指数越大，多元化程度越低，为便于理解本章将其取负值以作逆指标化处理。④收入熵 $EI=\sum p_i \times \ln(1/p_i)$，$p_i$ 为行业收入占总收入的比重，EI 数值越大，公司多元化程度越高。本章选取赫芬达尔指数 HHI 和经营行业数 N 作为主检验中多元化的代理变量，并以是否多元化虚拟变量 D、收入熵指数 EI 作为本章的稳健性检验。

解释变量：国企混改（Mixed），本章主要从股权结构和高层治理两个维度进行测量。①股权结构维度，本章借鉴马连福等（2015）的研究设计，构建如下系列指标来衡量国企混改的股权结构：混合多样性（Mixnum），前十大股东中涉及的不同种类股权性质的数量，当前十大股东中仅存在一种性质的股东时，Mixnum 取值为 1，当存在两种性质的股东时取值为 2，以此类推，当具有六种不同性质的股东时 Mixnum 取值为 6；混合深入度（Mixratio），根据企业前十大股东性质及持股比例加总得到的非国有股东持股比例总和；混合制衡度（Mixbalance），衡量国有股东与非国有股东之间形成的股权制衡关系，以前十大股东中非国有股东持股总量减去国有股东持股总量的差衡量；控制权转移（Mixcontrol），判断企业的控制权是否发生了变更，将终极控制人或第一大股东为非国有性质的企业定义为发生了国有控制权转移，转移取值为 1，否则为 0。②高层治理维度，参考蔡贵龙等

（2018）的研究，以非国有股东委派的董事人数占公司董事总人数的比例（Mixbroad）和委派董监高人数占董监高总人数的比例（Mixdjg）进行衡量。

根据相关文献对以下变量进行了控制：成长性［Grow，（本期营业收入-上期营业收入）/上期营业收入］，资产结构（Am，固定资产/总资产），杠杆率（Lev，负债总额/总资产），资产收益率（Roa，净利润/总资产），公司总资产（Size，期末总资产的自然对数），经营现金流（Cfo，经营活动产生的现金净流量/总资产），创新投入（Intangible，无形资产净额/总资产），企业年龄（Age，企业成立年数的自然对数），国有控股类型（Domi，持股比例大于50%为1，否则为0），两职合一（Dual，董事长与总经理两职合一时取1，否则为0），行业特征（Indcharacter，企业处于垄断类[①]行业为1，否则为0），行业多元化（Inddiv，多元化经营HHI的年度行业中位数）。

7.3.2　样本选择与数据来源

本章以观测初始年当年（2007年及之前上市的为2007年，2007年之后上市的为上市当年）实际控制人为国有的A股上市公司为样本，忽略了不具牵制作用的"用脚投票"的小股东，仅以前十大流通股东作为衡量标准，对2007~2017年上市公司年报中"股东数量和持股情况"的前十大股东"持股性质"进行手工收集（如果股东本身也是上市公司，则依据其实际控制人的性质进行判断），并参考马连福等（2015）、郝阳和龚六堂（2017）的研究将前十大股东划分为国有股东、民营股东、自然人股东、外资类股东、机构投资者和其他共六大类。非国有股东委派的判断主要参考蔡贵龙等（2018）的研究设计，自然人股东以其自身是否在上市公司担任董监高为依据；法人股东以上市公司的董监高是否在该法人股东单位任职为依据。本章还对以下数据样本进行了剔除：①PT、ST、*ST的公司。②金融行业的公司。③数据缺失的样本。此外，在国企混改中，垄断行业优先得到非国有股东的青睐，吸引非国有资本投资；但由于垄断性国企居于重要战略地位，关系国民经济命脉，政府控制垄断性国企的动机依旧较强，非国有股东委派高管进入垄断性国企的难度大（蔡贵龙等，2018），因此本章在高层治理维度删除了垄断行业的样本。同时，考虑到股权结构维度分析中包含部分国有股权退出的情况，这类样本中的高层治理数据存在异常，因此本章在高层治理维度的分析中对此进行了剔除。最终在股权结构维度获得12700个企业—年度观测

① 参照岳希明等（2010）的做法，本章将石油和天然气开采业，烟草制品业，石油加工、炼焦及核燃料加工业，电力、燃气及水的生产和供应业，铁路、水上及航空运输业，邮政业和电信以及其他信息传输服务业分为垄断行业，其余为竞争行业。

值，高层治理维度获得 8173 个企业—年度观测值。

本章上市公司主营业务收入数据来源于 Wind 数据库，前十大股东持股情况、股东单位任职情况及相关财务数据均来自 CSMAR 数据库，为排除异常值对结果的影响，本章还对所有的连续变量进行了上下 1%的缩尾处理。

7.4 实证检验结果与分析

7.4.1 描述性统计

表 7-1 为变量的描述性统计结果，从衡量多元化程度指标来看，D 的均值为 0.614，表明我国国企中实施多元化经营战略的比例较高，达 61.4%；HHI 的最大值为-0.235，N 的最大值为 8.000，表明我国部分国企中的多元化经营程度较高。从衡量国企混改的股权结构来看，Mixnum 的均值为 3.214，最大值为 6.000，说明我国国企持股股东的种类存在多样性；Mixratio 的均值为 0.318，最大值为 0.831，最小值为 0.010，表明我国国企混改力度较大，且非国有资本在我国部分国企中占比较高，但不同国企中非国有资本的进入情况存在较大差异；Mixbalance 的均值为 0.059，该数值小于 10%，说明整体而言，在参与混改的国企中非国有资本与国有资本持股比例基本持平，处于相互制衡的局面；Mixcontrol 的均值为 0.444，表明我国大约有 44.4%的国企在混改过程中发生了控制权的转移。从衡量国企混改的高层治理维度来看，非国有股东委派董事的比例（Mixbroad）和委派董监高的比例（Mixdjg）的均值仅为 3.0%和 1.5%，表明目前非国有资本在参与国企混改的过程中存在同股不同权的现象，非国有股东委派高管的情况虽已具有一定规模，但与股权结构相比，仍存在较大的提升空间。

表 7-1 主要变量的描述性统计

变量	样本数	均值	中位数	最小值	标准差	最大值
D	12700	0.614	1.000	0.000	0.487	1.000
HHI	12700	-0.782	-0.912	-1.000	0.247	-0.235
N	12700	2.506	2.000	1.000	1.696	8.000
Mixnum	12700	3.214	3.000	1.000	0.855	6.000
Mixratio	12700	0.318	0.231	0.010	0.268	0.831
Mixbalance	12700	0.059	-0.051	-0.763	0.494	0.827

续表

变量	样本数	均值	中位数	最小值	标准差	最大值
Mixcontrol	12700	0.444	0.000	0.000	0.497	1.000
Mixbroad	8173	0.030	0.000	0.000	0.101	0.600
Mixdjg	8173	0.015	0.000	0.000	0.048	0.278
Grow	12700	0.166	0.120	-0.248	0.274	0.861
Am	12700	0.239	0.202	0.003	0.175	0.753
Lev	12700	0.441	0.438	0.0577	0.205	0.883
Roa	12700	0.039	0.035	-0.138	0.048	0.185
Size	12700	22.16	21.95	20.01	1.275	26.19
Cfo	12700	0.046	0.045	-0.161	0.069	0.240
Intangible	12700	0.048	0.034	0.000	0.053	0.327
Age	12700	2.731	2.773	1.609	0.358	3.401
Domi	12700	0.211	0.000	0.000	0.408	1.000
Dual	12700	0.223	0.000	0.000	0.416	1.000
Indcharacter	12700	0.081	0.000	0.000	0.273	1.000
Inddiv	12700	0.911	0.983	0.515	0.114	1.000

7.4.2 国企混改与多元化经营程度的检验结果

表7-2报告了国企混改对企业多元化经营程度的影响，在股权结构维度，列（1）和列（2）中Mixnum的系数为负，但均未通过显著性检验，说明国企混改的股权多样性对企业多元化经营程度未产生显著影响；列（3）和列（4）中Mixratio的系数在1%的水平下显著为负，说明多元化经营程度随着非国有资本持股比例升高而降低；列（5）和列（6）中Mixbalance的系数在1%的水平下显著为负，说明非国有资本的制衡降低了多元化经营程度；列（7）和列（8）中Mixcontrol的系数在1%的水平下显著为负，说明国有控制权的转移也显著降低了企业多元化经营程度。混改深入度、制衡度和控制权转移均体现了我国混改过程中国有股与非国有股的股权博弈均势动态变化，着重强调非国有股入股标的企业的力量对比，更能体现异质股权制衡的力量差异所带来的优化效果，实现降低多元化经营程度的作用；而股权多样性仅仅体现非国有资本进入种类的多寡，没有体现出国有股与非国有股股权的力量对比关系，因而降低多元化经营程度的效果不明显。就这个角度而言，国企混改不应仅流于形式而追求股权种类的多样性，更应关注股权结构的实质性改变，真正发挥非国有资本所产生的优化作用。

表 7-2 国企混改与多元化经营程度

因变量	混合多样性		混合深入度		混合制衡度		控制权转移		委派董事		委派董监高	
	HHI（1）	N（2）	HHI（3）	N（4）	HHI（5）	N（6）	HHI（7）	N（8）	HHI（9）	N（10）	HHI（11）	N（12）
Mixnum	-0.001 (0.682)	-0.000 (0.997)	—	—	—	—	—	—	—	—	—	—
Mixratio	—	—	-0.1239*** (0.0000)	-0.6996*** (0.0000)	—	—	—	—	—	—	—	—
Mixbalance	—	—	—	—	-0.0610*** (0.0000)	-0.3145*** (0.0000)	—	—	—	—	—	—
Mixcontrol	—	—	—	—	—	—	-0.0553*** (0.0000)	-0.3208*** (0.0000)	—	—	—	—
Mixbroad	—	—	—	—	—	—	—	—	-0.0561** (0.0261)	-0.4362*** (0.0074)	—	—
Mixdjg	—	—	—	—	—	—	—	—	—	—	-0.1035* (0.0508)	-0.7234** (0.0362)
Grow	0.0363*** (0.0000)	0.0253 (0.6493)	0.0486*** (0.0000)	0.0943* (0.0910)	0.0469*** (0.0000)	0.0794 (0.1551)	0.0459*** (0.0000)	0.0808 (0.1478)	0.0141 (0.1897)	0.0073 (0.9194)	0.0141 (0.1892)	0.0078 (0.9137)
Am	-0.114*** (0.0000)	-0.723*** (0.0000)	-0.126*** (0.0000)	-0.791*** (0.0000)	-0.126*** (0.0000)	-0.784*** (0.0000)	-0.123*** (0.0000)	-0.779*** (0.0000)	-0.090*** (0.0000)	-0.684*** (0.0000)	-0.090*** (0.0000)	-0.686*** (0.0000)
Lev	-0.0226 (0.1198)	0.1367 (0.1526)	-0.041*** (0.0052)	0.0361 (0.7041)	-0.0358** (0.0136)	0.0691 (0.4683)	-0.0349** (0.0161)	0.0654 (0.4918)	-0.0029 (0.8746)	0.0715 (0.5403)	-0.0030 (0.8691)	0.0700 (0.5490)
Roa	-0.334*** (0.0000)	-1.296*** (0.0004)	-0.269*** (0.0000)	-0.9380** (0.0101)	-0.295*** (0.0000)	-1.099*** (0.0025)	-0.318*** (0.0000)	-1.211*** (0.0008)	-0.201*** (0.0030)	-1.0586** (0.0196)	-0.201*** (0.0029)	-1.0599** (0.0194)
Size	0.0210*** (0.0000)	0.2437*** (0.0000)	0.0173*** (0.0000)	0.2231*** (0.0000)	0.0163*** (0.0000)	0.2195*** (0.0000)	0.0168*** (0.0000)	0.2199*** (0.0000)	0.0137*** (0.0000)	0.2220*** (0.0000)	0.0137*** (0.0000)	0.2215*** (0.0000)

续表

因变量	混合多样性		混合深入度		混合制衡度		控制权转移		委派董事		委派董监高	
	HHI (1)	N (2)	HHI (3)	N (4)	HHI (5)	N (6)	HHI (7)	N (8)	HHI (9)	N (10)	HHI (11)	N (12)
Cfo	-0.146*** (0.0000)	-0.661*** (0.0047)	-0.148*** (0.0000)	-0.668*** (0.0040)	-0.150*** (0.0000)	-0.682*** (0.0034)	-0.152*** (0.0000)	-0.693*** (0.0029)	-0.151*** (0.0003)	-0.5148* (0.0730)	-0.151*** (0.0003)	-0.5175* (0.0716)
Intangible	0.2788*** (0.0000)	1.5321*** (0.0000)	0.2785*** (0.0000)	1.5310*** (0.0000)	0.2782*** (0.0000)	1.5292*** (0.0000)	0.2792*** (0.0000)	1.5347*** (0.0000)	0.1470*** (0.0049)	0.5916* (0.0920)	0.1453*** (0.0054)	0.5760 (0.1008)
Age	0.0647*** (0.0000)	0.4898*** (0.0000)	0.0406*** (0.0000)	0.3548*** (0.0000)	0.0463*** (0.0000)	0.3960*** (0.0000)	0.0455*** (0.0000)	0.3796*** (0.0000)	0.0624*** (0.0000)	0.5916*** (0.0000)	0.0623*** (0.0000)	0.5887*** (0.0000)
Domi	-0.021*** (0.0001)	-0.129*** (0.0004)	-0.024*** (0.0000)	-0.148*** (0.0000)	-0.033*** (0.0000)	-0.192*** (0.0000)	-0.026*** (0.0000)	-0.158*** (0.0000)	-0.021*** (0.0021)	-0.132*** (0.0038)	-0.020*** (0.0022)	-0.130*** (0.0043)
Dual	-0.0056 (0.2826)	0.0175 (0.6124)	0.0077 (0.1464)	0.0919*** (0.0093)	0.0063 (0.2318)	0.0785** (0.0265)	0.0055 (0.2971)	0.0815** (0.0215)	-0.0082 (0.2569)	0.0346 (0.4827)	-0.0082 (0.2558)	0.0344 (0.4849)
Indcharacter	0.0319** (0.0229)	0.1073 (0.2969)	0.0302** (0.0309)	0.0964 (0.3457)	0.0290** (0.0385)	0.0912 (0.3738)	0.0281** (0.0447)	0.0840 (0.4110)	—	—	—	—
Inddiv	-0.299*** (0.0000)	-1.170*** (0.0001)	-0.293*** (0.0000)	-1.132*** (0.0001)	-0.293*** (0.0000)	-1.137*** (0.0001)	-0.293*** (0.0000)	-1.133*** (0.0001)	-0.341*** (0.0000)	-1.213*** (0.0007)	-0.341*** (0.0000)	-1.214*** (0.0007)
Year/Ind	Yes	Yes	Yes	Yes	Yes	Yes	Yes	Yes	Yes	Yes	Yes	Yes
Constant	-1.007*** (0.0000)	-2.302*** (0.0000)	-0.856*** (0.0000)	-1.436*** (0.0005)	-0.878*** (0.0000)	-1.625*** (0.0001)	-0.869*** (0.0000)	-1.492*** (0.0004)	-0.787*** (0.0000)	-1.975*** (0.0001)	-0.786*** (0.0000)	-1.960*** (0.0001)
Obs	12700	12700	12700	12700	12700	12700	12700	12700	8173	8173	8173	8173
Adj-R^2	0.0885	0.1364	0.0987	0.1433	0.0962	0.1407	0.0953	0.1412	0.0869	0.1425	0.0868	0.1423

注：***、**和*分别表示在1%、5%和10%的水平下显著，括号内为P值。本章下同。

在高层治理维度，列（9）列和（10）中 Mixbroad 的系数均为负且分别通过5%和1%水平的显著性检验，说明非国有股东通过委派董事进入董事会显著降低了企业多元化经营程度；列（11）和列（12）中 Mixdjg 的系数均显著为负且分别通过10%和5%的显著性水平，表明非国有股东通过委派高管参与公司治理也显著降低了企业多元化经营程度。在国企混改的过程中，非国有股东向标的国企董事会委派代表自身利益的董事以保障自身“话语权”，或委派监事和高管参与公司日常经营管理，监督约束国企高管为牟取私利而产生的不合理多元化经营扩张行为，达到降低多元化经营的目的。

7.4.3 稳健性检验

7.4.3.1 内生性检验

前文结论为国企混改降低企业多元化经营程度提供了经验证据，但这有可能是那些本身多元化经营程度较低的国企更多地进行了混改的结果，因此，采取工具变量法解决内生性问题。本章借鉴李文贵和余明桂（2015）、蔡贵龙等（2018）的研究，选用各个省份的沿海港口数量（Sea_port）和所在城市的年平均气温（Temperature）作为国企混改的工具变量。一方面，年均气温始终被视作重要的经济地理变量，气温与产权保护制度之间存在联系，而产权保护是推进国企混改进程的重要因素；另一方面，地区内港口数量与其制度发展密切相关，港口数量越多的地区对外开放程度及市场化水平较高，政府治理质量高，政府放权意愿也较强，进而促进非国有资本积极参与国企混改，因而工具变量符合相关性原则。同时，多元化经营作为企业自身战略决策，不太可能受到 Sea_port 和 Temperature 的直接影响，因而工具变量符合外生性原则。在构建上述工具变量的基础上，分别建立以国企混改多样性（Mixnum）、国企混改深入度（Mixratio）和国企混改制衡度（Mixbalance）、非国有股东委派董事的比例（Mixbroad）和委派董监高的比例（Mixdjg）为自变量的两阶段 GMM 回归模型，建立以国企混改控制权转移（Mixcontrol）为自变量的处理效应模型，回归结果如表 7-3a 和表 7-3b 所示。

表 7-3a 国企混改与多元化经营程度的稳健性回归

因变量	Ols					Probit
	(1) Mixnum	(2) Mixratio	(3) Mixbalance	(4) Mixbroad	(5) Mixdjg	(6) Mixcontrol
Sea_port	0.0012 (0.6567)	0.0100*** (0.0000)	0.0172*** (0.0000)	0.0015*** (0.0003)	0.0006*** (0.0007)	0.0714*** (0.0000)

续表

因变量	Ols					Probit
	(1) Mixnum	(2) Mixratio	(3) Mixbalance	(4) Mixbroad	(5) Mixdjg	(6) Mixcontrol
Temperature	0.0022 (0.3280)	0.0016*** (0.0019)	0.0026*** (0.0062)	-0.0007* (0.0599)	-0.0003 (0.1043)	0.0117*** (0.0098)
Controls/Year/Ind	Yes	Yes	Yes	Yes	Yes	Yes
Constant	1.5871*** (0.0000)	1.1642*** (0.0000)	2.0304*** (0.0000)	—	—	8.3841*** (0.0000)
Obs	12700	12700	12700	8173	8173	12700
Adj-R^2	0.0370	0.4536	0.5015	0.0522	0.0589	—

在表 7-3a 中，两阶段回归模型第一步、处理效应模型第一步的结果显示，除列（1）中 Sea_port 的系数不显著外，列（2）至列（6）中 Sea_port 的系数均显著为正，说明港口数量较多的地区，非国有股东持股情况较好，委派高管的比例也较高；在表 7-3b 中，两阶段回归模型第二步、处理效应模型第二步的结果显示，列（1）至列（5）中 Hansen 统计量表明本章选取的工具变量不存在过度识别的问题，列（6）中 Lambda 显著表明工具变量的有效性，且结果显示，在控制了内生性问题后，国企混改的股权结构和高层治理仍然显著降低了企业的多元化经营程度。

表 7-3b　国企混改与多元化经营程度的稳健性回归

因变量 HHI	2SLS					Treatment-effects
	(1) 混合多样性	(2) 混合深入度	(3) 混合制衡度	(4) 委派董事	(5) 委派董监高	(6) 控制权转移
Mixnum	-0.3144 (0.2513)	—	—	—	—	—
Mixratio	—	-0.1423*** (0.0086)	—	—	—	—
Mixbalance	—	—	-0.0838*** (0.0085)	—	—	—
Mixbroad	—	—	—	-2.3479*** (0.0089)	—	—

续表

因变量 HHI	2SLS					Treatment-effects
	(1) 混合多样性	(2) 混合深入度	(3) 混合制衡度	(4) 委派董事	(5) 委派董监高	(6) 控制权转移
Mixdjg	—	—	—	—	-5.4122** (0.0116)	—
Mixcontrol	—	—	—	—	—	-0.1246*** (0.0000)
Sea_port	—	—	—	—	—	0.0661*** (0.0000)
Temperature	—	—	—	—	—	0.0163*** (0.0000)
Lambda	—	—	—	—	—	0.0406*** (0.0008)
Controls/Year/Ind	Yes	Yes	Yes	Yes	Yes	Yes
Constant	-0.4957 (0.2772)	-0.8323*** (0.0000)	-0.8281*** (0.0000)	-0.9768*** (0.0000)	-0.9398*** (0.0000)	-0.6380*** (0.0000)
Obs	12700	12700	12700	8173	8173	12700
Hansen 检验	0.1561	0.3562	0.3693	0.8272	0.7205	—

7.4.3.2 其他稳健性检验

①模型变换：为了排除个体效应对因变量的影响，本章采用固定效应模型对基础回归模型进行替换，回归检验结果依然保持不变。②变量替代检验：为了排除指标的选取对本章结论的影响，本章对衡量多元化经营的指标进行了替换，用是否多元化经营虚拟变量 D（Probit 模型）、收入熵指数 EI（Tobit 模型）替代基础回归模型中的多元化经营变量 HHI 和 N，检验结果依然与前文一致。

7.5 机制检验与拓展性分析

7.5.1 国企混改优化多元化经营的机制检验

为了检验国企混改是否通过减负效应降低企业的多元化经营程度，本节借鉴黎文靖和李耀淘（2014）的机制检验分析方法，建立模型组（7-2）来检验政策性负担的作用机制：

$$Div_{it} = \beta_0 + \beta_1 Burden_{it} + Controls_{it} + \sum Year + \sum Industry + \varepsilon_{it}$$

$$Div_{it} = \beta_0 + \beta_1 Mixed_{it} + \beta_2 Burden_{it} + \beta_3 Mixed_{it} \times Burden_{it} + Controls_{it} + \sum Year + \sum Industry + \varepsilon_{it} \quad (7-2)$$

模型组（7-2）中的 Burden 为政策性负担，参考廖冠民和沈红波（2014）、陈林和唐杨柳（2014）的研究，以（Num-Indnum×Sale/Indsale）/Num 计算衡量，其中 Num 表示企业的员工总人数，Sale 表示企业的销售收入，Indsale 和 Indnum 表示企业所处行业的平均销售收入和平均员工人数，模型中其余控制变量的定义与前文一致。

为了检验国企混改是否通过治理效应降低企业的多元化经营程度，我们构建模型组（7-3）来检验代理成本的作用机制：

$$Div_{it} = \beta_0 + \beta_1 Oets_{it} + Controls_{it} + \sum Year + \sum Industry + \varepsilon_{it}$$

$$Div_{it} = \beta_0 + \beta_1 Mixed_{it} + \beta_2 Oets_{it} + \beta_3 Mixed_{it} \times Oets_{it} + Controls_{it} + \sum Year + \sum Industry + \varepsilon\_it \quad (7-3)$$

模型组（7-3）中变量 Oets 为经营费用率，等于企业的管理费用/营业收入，其反映了企业管理层控制支出的效率，度量了经理人过度职务消费所造成的资源浪费，该指标越大说明代理成本越高，模型中其余控制变量的定义与前文一致。表 7-4 报告了国企混改影响多元化经营程度的减负效应检验结果。列（1）中政策性负担 Burden 的系数在 1%的水平下显著为正，说明承受过多的政策性负担会造成企业多元化经营程度的增加。列（2）中 Burden×Mixnum 的系数为负但不显著，而列（3）至列（5）中 Burden×Mixratio、Burden×Mixbalance 和 Burden×Mixcontrol 的系数均在 1%的水平下显著为负，说明国企混改股权结构的深入度、制衡度和控制权转移均有效缓解了政策性负担引起的多元化经营程度增加，而混合股权多样性对政策性负担引起的多元化经营程度增加无明显缓解作用。列（6）和列（7）中 Burden×Mixbroad 和 Burden×Mixdjg 的系数符号为负但均未通过显著性检验，表明在非国有股东委派高管降低多元化经营程度的路径中并未发挥显著的减负效应。其可能的原因在于：一方面，委派比例较低，目前委派比例初具规模，委派董事和委派董监高的比例仍不到 5%，非国有股东也应理解处于占优地位的国有股东具有强烈多元化目标诉求，“为山九仞，岂一日之功”，唯有携手共进缓缓剥离政策性负担，才能实现共赢，进而使减负效应较微弱而难以明显观测；另一方面，从本章政策负担的测度变量可以看出，就业问题攸关国计民生，这也是地方政府最为关心的核心考核指标，因此非国有股东可能会基于政府保民生之大义，缓缓推进使得减负效应难以明显观测。

表 7-4　国企混改与多元化经营程度减负效应

因变量 HHI	(1)	混合多样性 (2)	混合深入度 (3)	混合制衡度 (4)	控制权转移 (5)	委派董事 (6)	委派董监高 (7)
Burden	0.0071*** (0.0000)	0.0121*** (0.0034)	0.0122*** (0.0000)	0.0042** (0.0292)	0.0088*** (0.0000)	0.0075*** (0.0005)	0.0075*** (0.0005)
Mixnum	—	-0.0009 (0.7040)	—	—	—	—	—
Burden×Mixnum		-0.0015 (0.2356)	—	—	—	—	—
Mixratio	—	—	-0.1154*** (0.0000)	—	—	—	—
Burden×Mixratio	—	—	-0.0289*** (0.0000)	—	—	—	—
Mixbalance	—	—	—	-0.0589*** (0.0000)	—	—	—
Burden×Mixbalance	—	—	—	-0.0092*** (0.0021)	—	—	—
Mixcontrol	—	—	—	—	-0.0510*** (0.0000)	—	—
Burden×Mixcontrol	—	—	—	—	-0.0120*** (0.0012)	—	—
Mixbroad	—	—	—	—	—	-0.0586** (0.0203)	—
Burden×Mixbroad	—	—	—	—	—	-0.0032 (0.8632)	—
Mixdjg	—	—	—	—	—	—	-0.1096** (0.0384)
Burden×Mixdjg	—	—	—	—	—	—	-0.0049 (0.9057)
Controls/Year/Ind	Yes	Yes	Yes	Yes	Yes	Yes	Yes
Constant	-1.1690*** (0.0000)	-1.1696*** (0.0000)	-0.9820*** (0.0000)	-1.0115*** (0.0000)	-1.0102*** (0.0000)	-0.8193*** (0.0000)	-0.8176*** (0.0000)

续表

因变量 HHI	(1)	混合多样性 (2)	混合深入度 (3)	混合制衡度 (4)	控制权转移 (5)	委派董事 (6)	委派董监高 (7)
Obs	12700	12700	12700	12700	12700	8173	8173
Adj-R^2	0.0901	0.0902	0.1023	0.0986	0.0979	0.0883	0.0882

表 7-5 报告了国企混改影响多元化经营的治理效应检验结果。列（1）中经营费用率 Oets 的系数显著为正，表明企业的经营费用率越高，多元化经营程度越高，经理人代理问题确实是引起国企多元化经营程度加深的重要因素。列（2）中 Oets×Mixnum 的系数为负但不显著，表明混合股权多样性不能显著缓解由经营费用率引起的多元化经营程度加深。列（3）至列（5）中 Oets×Mixratio、Oets×Mixbalance 和 Oets×Mixcontrol 的系数均显著为负，说明国企混改的深入度、制衡度和控制权转移均有效缓解了经营费用率引起的多元化经营增加。列（6）和列（7）中 Oets×Mixbroad 和 Oets×Mixdjg 的系数均在 1%的水平下显著为负，表明非国有股东通过委派高管参与公司治理可以缓解由经理人代理问题引起的多元化经营程度加深，发挥了治理效应。

表 7-5　国企混改与多元化经营程度治理效应

因变量 HHI	(1)	混合多样性 (2)	混合深入度 (3)	混合制衡度 (4)	控制权转移 (5)	委派董事 (6)	委派董监高 (7)
Oets	0.1378*** (0.0004)	0.2205* (0.0848)	0.1588*** (0.0001)	0.1494*** (0.0002)	0.1625*** (0.0001)	0.1061** (0.0248)	0.1041** (0.0276)
Mixnum	—	0.0017 (0.6917)	—	—	—	—	—
Oets×Mixnum	—	-0.0261 (0.4904)	—	—	—	—	—
Mixratio	—	—	-0.1184*** (0.0000)	—	—	—	—
Oets×Mixratio	—	—	-0.0473** (0.0120)	—	—	—	—
Mixbalance	—	—	—	-0.0563*** (0.0000)	—	—	—
Oets×Mixbalance	—	—	—	-0.0465** (0.0121)	—	—	—

续表

因变量 HHI	(1)	混合多样性 (2)	混合深入度 (3)	混合制衡度 (4)	控制权转移 (5)	委派董事 (6)	委派董监高 (7)
Mixcontrol	—	—	—	—	-0.0524*** (0.0000)	—	—
Oets×Mixcontrol	—	—	—	—	-0.0269*** (0.0016)	—	—
Mixbroad	—	—	—	—	—	-0.0372 (0.1524)	—
Oets×Mixbroad	—	—	—	—	—	-0.1795*** (0.0001)	—
Mixdjg	—	—	—	—	—	—	-0.0718 (0.1886)
Oets×Mixdjg	—	—	—	—	—	—	-0.2943*** (0.0032)
Controls/Year/Ind	Yes	Yes	Yes	Yes	Yes	Yes	Yes
Constant	-1.0630*** (0.0000)	-1.0696*** (0.0000)	-0.9126*** (0.0000)	-0.9355*** (0.0000)	-0.9279*** (0.0000)	-0.8246*** (0.0000)	-0.8226*** (0.0000)
Obs	12700	12700	12700	12700	12700	8173	8173
Adj-R^2	0.0894	0.0894	0.0998	0.0973	0.0964	0.0878	0.0876

7.5.2 拓展性分析：控制人层级和治理环境的调节作用

不同层级政府控制下的国有上市公司，其内部治理机制存在较大差异，因而政府干预对企业行为决策的影响也有所不同。本章根据上市公司最终控制人的行政层级将样本划分为中央国有企业与地方国有企业两组，观察控制人层级对国企混改与多元化经营程度相关关系的影响。表 7-6 报告了分组检验结果。在中央国有企业的样本组［列（1）至列（6）］中，国企混改的股权结构和高层治理相关变量均不显著；而在地方国有企业的样本组［列（7）至列（12）］中，除列（7）中 Mixnum 的系数为负但未通过显著性检验外，列（8）至列（12）中国企混改的股权结构和高层治理相关变量的系数均显著为负，表明国企混改对多元化经营程度的降低作用在由地方政府控制的国企中更加明显。

表 7-6　国企混改与多元化经营：控制人层级的调节作用

因变量 HHI	中央国有企业						地方国有企业					
	混合多样性 (1)	混合深入度 (2)	混合制衡度 (3)	控制权转移 (4)	委派董事 (5)	委派董监高 (6)	混合多样性 (7)	混合深入度 (8)	混合制衡度 (9)	控制权转移 (10)	委派董事 (11)	委派董监高 (12)
Mixnum	-0.0093 (0.1545)	—	—	—	—	—	-0.0012 (0.6626)	—	—	—	—	—
Mixratio	—	0.0007 (0.9875)	—	—	—	—	—	-0.127*** (0.0000)	—	—	—	—
Mixbalance	—	—	0.0139 (0.5759)	—	—	—	—	—	-0.063*** (0.0000)	—	—	—
Mixcontrol	—	—	—	0.0017 (0.9467)	—	—	—	—	—	-0.057*** (0.0000)	—	—
Mixbroad	—	—	—	—	-0.0631 (0.3528)	—	—	—	—	—	-0.053* (0.0646)	—
Mixdjg	—	—	—	—	—	-0.0099 (0.9429)	—	—	—	—	—	-0.1118* (0.0658)
Controls/Year/Ind	Yes	Yes	Yes	Yes	Yes	Yes	Yes	Yes	Yes	Yes	Yes	Yes
Constant	-0.838*** (0.0000)	-0.873*** (0.0000)	-0.862*** (0.0000)	-0.873*** (0.0000)	-0.767*** (0.0000)	-0.761*** (0.0000)	-1.064*** (0.0000)	-0.880*** (0.0000)	-0.906*** (0.0000)	-0.909*** (0.0000)	-0.779*** (0.0000)	-0.778*** (0.0000)
Obs	2166	2166	2166	2166	1713	1713	10534	10534	10534	10534	6460	6460
Adj-R^2	0.1330	0.1321	0.1323	0.1321	0.1266	0.1261	0.1028	0.1134	0.1107	0.1098	0.0964	0.0964

国企混改对多元化经营的影响内生于所处的治理环境，治理环境通过增强政府的放权意愿和提高非国有资本参与国企混改积极性的双重效应推进国企混改，进而影响企业多元化行为。本章建立模型（7-4）进一步探讨外部治理环境对国企混改影响多元化经营程度的调节作用：

$$Div_{it} = \beta_0 + \beta_1 Mixed_{it} + \beta_2 Gov_{it} + \beta_3 Mixed_{it} \times Gov_{it} + Controls_{it} + \sum Year + \sum Industry + \varepsilon\_it \quad (7-4)$$

其中，Gov 表示治理环境，分别用市场化进程（Market）和政府质量（Gov_efficiency）表示，其余控制变量与前文一致。

本章对市场化进程（Market）的衡量参考选取了王小鲁和樊纲（2016）的市场化进程总指数。由于该项数据只更新到 2014 年，考虑到外部治理环境的总体情况相对稳定，本章以现有最新年份的数据替代 2015~2017 年的数据。在表 7-7 所报告的结果中，列（1）中 Market×Mixnum 的系数符号为负但未通过显著性检验，列（2）至列（4）中 Market×Mixratio、Market×Mixbalance 和 Market×Mixcontrol 的系数均为负且通过了 1%水平的显著性检验，说明当企业所在区域市场化进程较快时，国企混改股权结构对企业多元化经营的作用效果更明显；列（5）和列（6）中 Market×Mixbroad 和 Market×Mixdjg 的系数均未通过显著性检验，表明市场化进程对国企混改的高层治理降低企业多元化经营程度的影响并不明显。其可能的原因在于，前文研究发现高层治理主要通过治理效应约束经理人代理问题进而降低企业多元化经营程度，而在高市场化进程地区可能商机较多，在委派高管发挥治理效应过程中可能存在削减非盈利业务的同时又新增部分盈利业务的现象，这可能削弱抑制多元化程度的治理效应使得调节效应不明显。与此同时，企业多元化程度和多元化价值并非一一对应，在未报告的结果里，本章发现高层治理提升多元化价值的优化效应在高市场化进程地区更显著，这亦可证实市场化进程强化了高层治理的优化效应。

表 7-7 国企混改与多元化经营：市场化进程的调节作用

因变量 HHI	混合多样性 (1)	混合深入度 (2)	混合制衡度 (3)	控制权转移 (4)	委派董事 (5)	委派董监高 (6)
Market	0.0075* (0.0846)	0.0119*** (0.0000)	0.0069*** (0.0000)	0.0103*** (0.0000)	0.0070*** (0.0000)	0.0070*** (0.0000)
Mixnum	0.0064 (0.5571)	—	—	—	—	—

续表

因变量 HHI	混合多样性 （1）	混合深入度 （2）	混合制衡度 （3）	控制权转移 （4）	委派董事 （5）	委派董监高 （6）
Market×Mixnum	-0.0009 （0.4914）	—	—	—	—	—
Mixratio	—	0.0036 （0.9166）	—	—	—	—
Market×Mixratio	—	-0.0163*** （0.0000）	—	—	—	—
Mixbalance	—	—	0.0327* （0.0920）	—	—	—
Market×Mixbalance	—	—	-0.0118*** （0.0000）	—	—	—
Mixcontrol	—	—	—	0.0178 （0.3663）	—	—
Market×Mixcontrol	—	—	—	-0.0094*** （0.0001）	—	—
Mixbroad	—	—	—	—	-0.0471 （0.6630）	—
Market×Mixbroad	—	—	—	—	-0.0007 （0.9589）	—
Mixdjg	—	—	—	—	—	-0.1046 （0.6271）
Market×Mixdjg	—	—	—	—	—	0.0011 （0.9660）
Controls/Year/Ind	Yes	Yes	Yes	Yes	Yes	Yes
Constant	-1.0629*** （0.0000）	-0.9218*** （0.0000）	-0.8971*** （0.0000）	-0.9179*** （0.0000）	-0.8296*** （0.0000）	-0.8276*** （0.0000）
Obs	12700	12700	12700	12700	8173	8173
Adj-R^2	0.0895	0.1020	0.0999	0.0983	0.0893	0.0892

政府质量（Gov_efficiency）的度量参考了陈志斌和范圣然（2015）的研究，包含了政府干预程度（市场化指数中的政府与市场的关系分项指标）、对法院的信心（《中国检察年鉴》中分省的万人公职人员腐败案件数量）、政府规模（雇员人数/政府财政收入）、产权保护指数（世界经济论坛 WEF 发布的《全球竞争力报告》一级指标“制度”下所设 1.02 项二级指标“产权保护数值”）四个方面，对各子指标按照（X-mean）/std 进行标准化处理，然后取四个变量的平均

数作为政府质量综合指标，综合指数越高意味着地方政府质量越高。表 7-8 的检验结果表明，列（1）中 Gov_efficiency×Mixnum 的系数不显著；列（2）至列（4）中 Gov_efficiency×Mixratio、Gov_efficiency×Mixbalance 和 Gov_efficiency×Mixcontrol 的系数均在 1%的显著性水平下为负，表明政府质量越高，国企混改的深入度、制衡度和控制权转移对企业多元化经营的优化作用更为显著；列（5）和列（6）中 Gov_efficiency×Mixbroad 和 Gov_efficiency×Mixdjg 的系数均为负但未通过显著性检验，表明较高的政府质量对国企混改的高层治理降低多元化经营程度的作用无明显促进效果。其原因可能在于，地方政府质量越高，营商环境越好，更多优质的产业投资和发展机会就越多。当企业位于高政府质量地区时，高层治理在降低企业多元化经营程度的同时，企业可能会发现其他盈利性强的投资机会，逐利动机更强的非国有股东也有意愿促使企业新增投资业务以实现自身利润最大化，因此这可能会削弱抑制企业多元化经营的治理效应进而使得调节效应不明显。与此同时，企业多元化程度和多元化价值并非一一对应，在未报告的结果里，本章发现高层治理提升多元化价值的优化效应在高政府质量地区更显著，这亦可证实政府质量强化了高层治理的优化效应。

表 7-8　国企混改与多元化经营：政府质量的调节作用

因变量 HHI	混合多样性 (1)	混合深入度 (2)	混合制衡度 (3)	控制权转移 (4)	委派董事 (5)	委派董监高 (6)
Gov_efficiency	0.0214 (0.2628)	0.0516*** (0.0000)	0.0304*** (0.0000)	0.0416*** (0.0000)	0.0452*** (0.0000)	0.0451*** (0.0000)
Mixnum	-0.0015 (0.6785)	—	—	—	—	—
Gov_efficiency×Mixnum	0.0013 (0.8186)	—	—	—	—	—
Mixratio	—	-0.0940*** (0.0000)	—	—	—	—
Gov_efficiency×Mixratio	—	-0.0682*** (0.0002)	—	—	—	—
Mixbalance	—	—	-0.0436*** (0.0000)	—	—	—
Gov_efficiency×Mixbalance	—	—	-0.0397*** (0.0001)	—	—	—
Mixcontrol	—	—	—	-0.0437*** (0.0000)	—	—

续表

因变量 HHI	混合多样性 (1)	混合深入度 (2)	混合制衡度 (3)	控制权转移 (4)	委派董事 (5)	委派董监高 (6)
Gov_ efficiency×Mixcontrol	—	—	—	-0.0288*** (0.0051)	—	—
Mixbroad	—	—	—	—	-0.0262 (0.4055)	—
Gov_ efficiency×Mixbroad	—	—	—	—	-0.0674 (0.2480)	—
Mixdjg	—	—	—	—	—	-0.0484 (0.4729)
Gov_ efficiency×Mixdjg	—	—	—	—	—	-0.1160 (0.3615)
Controls/Year/Ind	Yes	Yes	Yes	Yes	Yes	Yes
Constant	-0.9942*** (0.0000)	-0.8341*** (0.0000)	-0.8433*** (0.0000)	-0.8449*** (0.0000)	-0.7752*** (0.0000)	-0.7728*** (0.0000)
Obs	12699	12699	12699	12699	8172	8172
Adj-R^2	0.0898	0.1016	0.0990	0.0976	0.0910	0.0908

7.5.3 拓展性分析：国企混改提升多元化经营价值了吗？

根据前文理论分析，由于政府与管理层双重代理问题的存在，国企多元化经营投资往往是企业违背自身经济效益的体现，损害了企业的价值（陈信元和黄俊，2007；柳建华，2009）。国企混改通过减负效应与治理效应降低企业的多元化经营程度，那么，这一效应如何影响多元化经营的价值，是否有助于多元化经营价值的提升？本章通过建立模型（7-5）验证：

$$Q_{it} = \beta_0 + \beta_1 Div_{it} + \beta_2 Mixed_{it} + \beta_3 Div_{it} \times Mixed_{it} + Controls_{it} + \sum Year + \sum Industry + \varepsilon_{it} \quad (7\text{-}5)$$

本章选取托宾 Q 值作为度量企业绩效的指标，托宾 Q 值的数据来自 CSMAR 数据库中的企业相对价值指标。模型中的控制变量与前文一致。由于企业价值具有较强的个体效应，该价值模型采用面板固定效应分析模型，以排除个体效应对实验结果的影响。一方面，考察国企中多元化经营对企业价值的影响；另一方面，在模型中加入国企混改与多元化经营的交乘项以检验国企混改对多元化经营产生的价值效应。

表 7-9 报告了多元化经营与企业价值的回归结果。在列（1）的基本检验结

果中，HHI 的系数显著为负，说明整体而言我国国企采取的多元化经营战略表现为价值折损效应，降低了企业价值。进一步地，考虑到多元化经营与企业价值的关系可能受到内生性的干扰，本章采用 Probit 模型（7-1）回归得到多元化战略实施的条件概率值作为多元化的工具变量进行两阶段回归。多元化经营与企业价值的两阶段回归结果报告于列（2）和列（3）中，相关结果显示，第一阶段中工具变量 PSDiv 与多元化经营高度相关，工具变量满足相关性原则；第二阶段中工具变量通过弱识别检验，且 HHI 的系数在 1%的显著性水平下为负，说明在排除内生性问题后，我国国企的多元化经营仍然降低了企业价值。

表 7-9　多元化经营与企业价值

因变量	多元化经营与企业价值回归结果	多元化经营与企业价值稳健性结果（2SLS）	
	Q（1）	First-step HHI（2）	Second-step Q（3）
HHI	-0.189*** (0.0000)	—	-2.701*** (0.000)
PSDiv	—	0.3990*** (0.0000)	—
Controls/Year/Ind	Yes	Yes	Yes
Constant	16.214*** (0.000)	0.829*** (0.000)	12.496*** (0.000)
Obs	12303	10938	10938
Adj-R^2	0.513	0.094	—
弱识别	—	—	127.022

表 7-10 报告了国企混改对多元化经营价值的影响，列（1）中 HHI×Mixnum 的系数不显著，说明股权种类的简单混合无助于提高多元化经营的价值；列（2）至列（4）中 HHI×Mixratio、HHI×Mixbalance 和 HHI×Mixcontrol 的系数在 1%的水平下显著为正，说明国企混改的深入度、制衡度和控制权转移均有效缓解了多元化经营的负向价值效应，提高了多元化经营的价值。列（5）和列（6）中 HHI×Mixbroad 和 HHI×Mixdjg 的系数均显著为正，说明非国有股东通过委派董事和董监高参与公司治理同样有利于企业多元化经营价值的提高。

表 7-10 国企混改与多元化经营的价值效应

因变量 HHI	混合多样性 (1)	混合深入度 (2)	混合制衡度 (3)	控制权转移 (4)	委派董事 (5)	委派董监高 (6)
HHI	0.1437 (0.4415)	-0.2389** (0.0201)	0.0619 (0.4053)	-0.1014 (0.2631)	-0.1074 (0.3216)	-0.0936 (0.3892)
Mixnum	-0.0218 (0.6179)	—	—	—	—	—
HHI×Mixnum	-0.0350 (0.5107)	—	—	—	—	—
Mixratio	—	2.0551*** (0.0000)	—	—	—	—
HHI×Mixratio	—	1.1319*** (0.0000)	—	—	—	—
Mixbalance	—	—	0.8318*** (0.0000)	—	—	—
HHI×Mixbalance	—	—	0.4934*** (0.0006)	—	—	—
Mixcontrol	—	—	—	0.4257*** (0.0003)	—	—
HHI×Mixcontrol	—	—	—	0.3631*** (0.0071)	—	—
Mixbroad	—	—	—	—	1.5815*** (0.0031)	—
HHI×Mixbroad	—	—	—	—	1.4886** (0.0256)	—
Mixdjg	—	—	—	—	—	2.5569** (0.0213)
HHI×Mixdjg	—	—	—	—	—	2.3682* (0.0866)
Controls/Year/Ind	Yes	Yes	Yes	Yes	Yes	Yes
Constant	26.1104*** (0.0000)	25.0711*** (0.0000)	25.7307*** (0.0000)	25.9218*** (0.0000)	28.3284*** (0.0000)	28.2692*** (0.0000)
Obs	12303	12303	12303	12303	7951	7951
Adj-R^2	0.4258	0.4321	0.4285	0.4265	0.3430	0.3426

7.6 本章小结

国企混改是国企改革的重点任务之一，通过发展混合所有制经济，改善国企经营机制，提高国有资本配置效率。本章从减负效应与治理效应的双重视角检验国企混改是否优化了企业多元化经营行为，研究发现：①国企混改股权结构的深入度、制衡度、控制权转移以及非国有股东委派董监高能有效降低企业多元化经营程度，而混合股权种类的多样性对多元化经营程度无显著作用。②国企混改的股权结构通过减负效应和治理效应降低了企业多元经营程度，非国有股东的高层治理主要通过治理效应而非减负效应优化多元化经营。③市场化进程与政府质量强化了国企混改对企业多元化经营程度的影响；而非国有股的委派高管发挥的治理效应受外部治理环境影响较弱；与央企相比，地方国企混改优化企业多元化经营的程度更明显。④国企混改有效提升了多元化经营的价值。

本章的政策启示在于：①本章发现国企混改可有效发挥治理效应缓解国企双重代理问题，通过减负效应和治理效应优化了企业的多元化经营。因此，应根据“完善治理、强化激励、突出主业、提高效率”的原则，积极推进国企混合所有制改革，规范企业多元化经营行为，不断提高国有资本配置效率。此外，从具体混改指标治理效应发挥结果来看，除股权多样性外，股权结构深入度、制衡度、控制权转移和非国有股高层治理均有效发挥治理效应而优化多元化经营，因此这意味着简单的国企混改的股权多样性无助于国企内部治理机制的完善，国企混改过程中引入的非国有资本更应该遵循“重质非量”的原则，不能盲目追求非国有资本参股种类的多样化，更应注重非国有资本比例的有效配置，发挥非国有资本的制衡效应，在无关乎国计民生的竞争性行业，鼓励国有控制权的适当转移，充分发挥非国有资本的治理作用，优化企业的多元化经营。②本章机制检验发现，国企混改的股权结构和非国有股高层治理均可有效发挥治理效应，股权结构还可以发挥减负效应，而这一效应并未在非国有股东委派董监高等高层治理中得到体现。考虑到非国有股参与混改时“同股不同权”和委派董监高仍与其注资股权不匹配的客观现实，国企混改实践中应进一步鼓励和引导非国有资本积极委派董监高来更好地发挥制衡政府控股股东的治理效应，以便减少政策性负担对非国有股东的利益侵占，切实维护好自身合法利益和提升公司价值。③良好的运行环境是政策效果得以有效发挥的重要保障，市场化进程与政府质量强化了国企混改股权结构对企业多元化经营的积极影响，而非国有股东高层治理较少受外部环境影响。因此，应不断加快市场化进程与提高政府质量，为国企混改的有序推进提供有效的治理环境，只有国企混改股权结构和非国有股东高层治理与加强治理环境改善同步推进才能取得更好的效果。与此同时，本章还发现，地方国企混改降低多元化经营的优化效应强于央企，因此未来混改实践要针对不同政府层级控股的企业异质特征而有所侧重，大力深入推进地方国企混改进程，这也与时下地方国企如火如荼的混改实践和“聚焦主业”政策导向相一致。④目前关于国企改革成效论点各异，既有研究发现国企改革可通过优化内外部治理机制提升企业价值，亦有研究发现国企改革未能实现政策预期效果，同时也有研究认为只有彻底民营化改革才能提升企业绩效。本章以国企混改为切入点发现，依靠引入非国有资本的国企混改，可以在优化内部治理降低多元化经营程度的同时，亦优化提升企业价值。这一重要发现有助于回应国企改革成效之争，同时亦为进一步深入推进国企改革以实现国企及国有资本高质量发展提供理论支撑和经验证据。

第8章 国企混改与公司并购绩效

8.1 引言

交易成本理论认为，企业可以通过将市场交易内部化的形式来拓宽企业边界以节约交易成本。借助并购重组实现快速扩张已成为上市公司整合行业及产业链资源、促进产业升级的重要途径。产权经济学强调制度对契约结构的决定性作用，公司所处的制度环境主导着公司系列契约的签订，影响着企业的交易成本及信息不对称程度，通过作用于公司的经营环境进而影响公司的战略选择及财务决策。我国正处于转轨经济且经济转型升级的重要窗口期，并购交易日趋活跃，因此对企业并购行为提供制度性安排予以规范有利于促进资本市场健康发展。例如，2010年国务院公布《关于促进企业兼并重组的意见》，就促进企业兼并重组的市场化运作、制度障碍消除以及优惠政策制定等做出指导性意见。2014年，证监会发布《上市公司重大资产重组管理办法》和《上市公司收购管理办法》，进一步简政放权且引导上市公司基于行业整合和产业升级的并购行为，以此提高市场效率。尽管立法执法体系日趋成熟，但转轨经济国家法律制度仍需完善，政府有强烈的动机或能力对经济进行干预或控制。从世界范围来看，政府控制往往带来了国企经营业绩不佳（Megginson 和 Netter，2001）。对于这一现象的讨论，学术界主要存在政治观和代理观两种理论（Sapienza，2004）。政治观强调政府干预国企会扭曲其经营目标，国企因肩负多元化的政治诉求以及承担相应的社会义务而偏离利润最大化（Vickers 和 Yarrow，1988），即存在着掠夺之手（Shleifer 和 Vishny，1998）。代理观认为国企由于国民所有产权而存在归属不清以致产生国企所有者缺位问题，不利于对国企高管进行监督激励（Laffont 和 Tirole，1993）。由此可知，与民营企业相比，国企的高管受到国有股东的监管和激励均较弱，从而极易诱发国企高管代理问题（Shleifer 和 Vishny，1998），使他们缺乏监督激励以提升企业业绩。与此同时，鉴于并购是短期内企业快速实现规模成长的重要渠道，因此热衷于政治晋升的国企高管对并购行为极为重视。无论是出于政治利益或社会目标的行政划拨和“拉郎配”等行政干预方式下的“强强联合”，还是个人晋升动机的并购都无助于国企的良性发展，并弱化国企并购的效率。

由于国企产权归属难以清晰地赋予某一特定个体，其本质是国家全民所有权与国企之间的委托代理关系，由国家代表全体人民行使国有资产产权，而国家和全体人民的概念相对抽象且缺乏一个强有力的实体去监督和约束代理人（张维迎等，1995），使国企一直受困于内部人控制问题的困扰。如何有效推进国企产权改革和优化公司治理进而提高企业经营和治理效率成为全面深化和推进国企改革的重要目标。党的十八届三中全会《中共中央关于全面深化改革若干重大问题的决定》（以下简称《决定》）提出，积极发展混合所有制经济。国有资本、集体资本、非公有资本等交叉持股、相互融合的混合所有制经济，是基本经济制度的重要实现形式，有利于国有资本放大功能、保值增值、提高竞争力，有利于各种所有制资本取长补短、相互促进、共同发展。允许更多国有经济和其他所有制经济发展成为混合所有制经济。国有资本投资项目允许非国有资本参股。2015 年 9 月，国务院印发《关于国企发展混合所有制经济的意见》将国企产权改革推向高潮。党的十九大报告又提出深化国企改革，发展混合所有制经济，培育具有全球竞争力的世界一流企业，延续了党的十八届三中全会《决定》关于国企改革的主要思路，吹响了新一轮国企改革的号角，也对新时代中国特色社会主义与高质量发展阶段下的国企深化改革提出了新的要求。2018 年 10 月，全国国有企业改革座谈会又强调从战略高度认识新时代深化国企改革的中心地位，要求“完善治理、强化激励、突出主业、提高效率”，以“伤其十指不如断其一指”的思路，扎实推进国企改革，并将突出抓好混合所有制改革作为国企改革的重点任务之一。

对于国企而言，在拥有资源优势的同时又有“所有者缺位”的天然缺陷，混合所有制改革只要实施得当，让国企与混改体制相契合且能够实现所预期的机制顺利转变，必能促使国企蜕变重获新生。国内外学者围绕国企混改的经济后果做了大量的研究，包括风险承担、政策性负担（陈林和唐杨柳，2014；张辉等，2016）、创新（李文贵和余明桂，2015）、内部控制及会计信息质量（刘运国等，2016；曾诗韵等，2017）、高管薪酬契约及创新（李文贵和余明桂，2015；蔡贵龙等，2018）、企业绩效（马连福等，2015；郝阳和龚六堂，2017）等多个角度。公司并购作为政府控制下国企偏爱的战略决策，随着国企混改的深入推进也可能逐步优化。一方面，随着非国有资本的不断进入，国有股比例的不断下降，国企受政府干预的程度亦有所缓解、经营目标得到一定纯化，承担的政策性负担也将明显减少（陈林和唐杨柳，2014；张辉等，2016），从而减少因肩负政府多元目标的过度投资行为，提高投资效率进而优化并购行为；另一方面，随着国企中多种所有制资本的逐步引入，非国有资本的所有者具有强烈的资本逐利动机去监督管理层，抑制国企因所有者缺位、高管薪酬管制及多元扩张下追求政治晋升等引致的代理冲突，形成合理制衡的多元股权结构，进而提高企业并购效率。鉴于此，本章致力于探讨我国正如火如荼进行的国企混改对公司并购绩效产生怎样的影响？是否优化了公司并购效率？国企混改通过何种机制影响公司并购效率？由于政府干预程度、政府政绩诉求以及公司代理问题程度的异质性，不同层级政府所控制的国企的并购行为可能随所在层级政府推进混合所有制改革的程度不同而异，其并购行为与混改进程的效果也可能存在差异。那么国企混合对公司并购绩效的影响在不同层级政府控制的国企中是否存在差异或存在何种差异？

因此，本章基于2007~2017年中国A股国有上市公司数据发现：①国企混改股权结构的多样性、深入度和制衡度能够有效提高公司并购绩效，优化并购效率。②机制分析发现，国企混改股权结构的多样性、深入度和制衡度主要是通过优化发挥股权治理效应，显著抑制高管借由过度投资来实现规模扩张带来的权力私欲、在职消费和政治晋升等诸多私利，提升公司治理质量，进而优化投资决策，提升并购绩效。③异质性分析发现，与央企相比，地方国企混改优化并购绩效的治理效应更强。

本章的研究内容有着重要的理论及现实意义。具体表现为：第一，以往的学者在分析我国国企的并购行为时，更多地从市场因素加以考虑，而忽略了我国特殊制度环境对公司并购的影响。本章从我国国企所处的制度环境入手，基于我国国企混改这一制度变迁中微观企业的产权性质和股权结构的动态变化视角，探究其对我国国有上市公司并购效率的可能影响，是对不同环境下公司并购决策的一个全面客观的评价，也在一定程度上丰富和完善了所处宏观治理环境对微观企业行为影响的相关理论文献，同时亦为全面系统地评价国企混改的有效性提供部分经验证据。第二，本章在探讨国企混改对公司并购的基础上，进一步考虑政府控制层级异质特征对国企混改与公司并购相关关系的交互作用，并在此基础上探讨国企混改对并购行为产生影响的内在机理，有助于更清晰全面地展示国企混改影响并购的具体路径，是对现有国企混改相关研究更为全面的完善和补充。第三，国企作为关系我国命运的中坚力量，对我国经济的高速发展贡献巨大。本章以国企为研究对象，探讨了公司并购在国企混改过程中的变化情况，为规范国企并购行为、提高国有资产运行效率、提升国企价值以及促进我国经济持续健康发展提供了有利的参考。

8.2 文献回顾

基于不同视角出发，现有国内外有关公司并购的研究主要内容可归纳为四方面：

第一，资本市场驱动理论。公司并购决策深受资本市场影响，其主要源于股票市场对公司价值的错估。当股票市场高估公司股票时，公司融资成本相对较低，与之相对，当公司股票被高估时，必然存在一些其他公司被低估的情况，因此有利于高估值公司的管理层及时利用低成本融资来对低估值公司进行相应的并购行为（Shleifer 和 Vishny，1998）。这一结论得到了经验证据的支持，已有研究发现，参与公司并购的主并方市场价值往往被市场高估，其并购标的则是被市场低估的低估值公司，随着主并方公司的股票程度的上升，其并购低估值公司的概率也随之增大（Savor 和 Lu，2009）。

第二，协同效应理论。追求协同效应，是企业进行并购最常见的动机。并购协同效应主要源自规模经济，因为在并购之前，企业的经营活动可能满足不了规模经济成立的必备条件（横向降低成本费用的生产规模经济、纵向降低交易费用的规模经济和特定管理职能方面的规模经济），而通过并购可快速扩充调整企业规模以达到最佳规模经济和范围经济。根据协同效应理论，并购具有促使资源互补、提高管理效率和降低交易成本等优势，并购后的企业价值高于并购前两个独立企业价值之和（李善民和陈玉罡，2002；唐建新和陈东，2010；唐兵等，2012）。

第三，委托代理理论。企业中代理问题主要表现为管理层与股东间的代理冲突、控股大股东与中小股东间的代理冲突，而这两种代理问题在企业并购重组活动中都有体现。并购重组是企业规模快速扩张的一种便捷途径，管理层为获得由规模增加带来的薪酬和晋升机会等私利，有动机实施高溢价的并购行为（陈仕华等，2015；潘爱玲等，2018）。控股股东可以利用并购转移上市公司财富，损害企业和中小股东的利益（李增泉等，2005；Cheung 等，2009；唐清泉和韩宏稳，2018）。

第四，管理层过度自信理论。Malmendier 和 Tate（2005）认为管理层的过度自信可以解释公司投资扭曲。管理层过度自信假说普遍得到国外学者实证研究的支持，管理者越过度自信，越容易实施并购，特别是多元并购；同时，过度自信管理者所发起的并购带来的回报要低于非过度自信管理者（Brown 和 Sarma，2007；Malmendier 和 Tate，2008）。傅强和方文俊（2008）研究发现，管理者过度自信程度与并购呈正相关关系，过度自信是并购的主要原因之一。姜付秀等（2009）研究结果表明，管理者过度自信和企业的总投资水平、内部扩张之间存在显著的正相关关系，但管理者过度自信与企业外部扩张（并购）之间的关系并不显著。奚宾（2010）研究显示，国有股比重对管理者过度自信有负的显著影响，管理者过度自信进行的并购活动，不仅没有为股东创造财富，反而降低公司价值。潘爱玲等（2018）得出一致结论，发现管理者过度自信的企业，其企业并购溢价水平更高。

公司并购是否创造价值并未得到一致性的结论。Jensen 和 Ruback（1983）发现，在成功的要约收购中竞价企业的超常收益率为正，而 Bradley 等（1988）发现，收购方的股东只能获得微弱正收益。Loderer 和 Martin（1992）研究发现，在并购后三年内存在负的非正常收益，但五年内不存在这种情况。Moeller 等（2005）研究了 1998~2001 年的并购活动，发现并购方股东在并购宣告时，股东财富价值明显减少。Betton 等（2008）进行了文献综述并总结道：买方和标的方共同的宣告效应是正的；另外，并购之后企业运营的效率也得到提高（Healy 等，1992；Andrade 等，2001；Hoberg 和 Phillipls，2010）。Maksimovic 等（2013）的研究表明，企业在并购浪潮中卖出资产以及购买资产对其全要素生产率的提高具有显著的促进作用。Li（2013）利用美国企业级的数据研究发现，收购方通过更有效地使用目标企业的资本和劳动并提高了目标企业的生产率。Davis 等（2014）对美国 1986~2005 年杠杆收购数据集的研究显示，杠杆收购使目标企业的全要素生产率得到了提高，并且给社会创造了更多新的就业岗位。Braguinsky 等（2015）还发现，企业被收购之后其投入资本回报率相对于其收购方有显著的提升。

国内早期研究大多认为公司并购未创造价值（冯根福和吴林江，2001；张新，2003；李善民和朱滔，2006；韩立岩和陈庆勇，2007）。近年来，政府干预对企业并购的影响成为我国学者关注的热点话题，已有研究发现，政府干预对公司并购绩效呈现两面性，盈利型公司的并购绩效受损而亏损型公司的并购绩效提升（潘红波等，2008）；当公司考虑是否异地并购时，研究发现地方国企更偏好于本地并购，而央企易于实现跨区域并购（方军雄，2008）。王砚羽等（2014）基于路径依赖理论和企业基因理论提出了政治基因对并购控制倾向的影响。企业政治基因越强，并购过程中的控制倾向越明显，而这种非理性的控制倾向对企业并购绩效具有消极作用。也有学者关注正式制度与非正式制度改进对公司并购绩效的影响。唐建新和陈冬（2010）以上市公司作为收购方的异地关联并购为对象研究发现，目标公司所在地的投资者保护程度越高，收购方公司获得的并购收益越大，地区投资者保护带来的并购协同效应更多来自交易成本的节约与市场摩擦的下降，但地区投资保护带来的并购协同效应仅存在于民营上市公司作为收购方的并购中。陈胜蓝和马慧（2017）以中国股票市场的卖空管制放松政策作为准自然实验来考察卖空压力对公司并购绩效的治理效应，发现卖空管制放松能够改善公司并购活动所产生的短期并购绩效和长期并购绩效。王艳和李善民（2017）基于交易成本的视角，检验公司所在地区的社会信任对并购交易的影响。实证研究发现，主并公司所在地区社会信任程度越高，越有助于并购交易主体之间通过信任与互惠降低公司管理层的机会主义，督促并购交易双方坦诚相待的信任合作行为从而减少交易不确定性以促进并购合作，优化并购绩效。

综上所述，有关公司并购的国内外研究日趋完善，从公司并购的动机到并购绩效已涌现了大量的经典文献，但已有研究基本上视企业产权属性或股权制衡结构为静止状态，即使存在探究两者关系的相关研究也仅仅关注是否为国企、实控人性质、公司高管及机构持股等相对静态的特征，而忽略公司产权属性、股权配比及制衡结构处于不断动态演进和调整的情境之中。股权结构内生于公司自身演进过程中，它是产权在微观企业层面的展现方式。企业将因股权性质不同而伴生异质性的资源禀赋和治理结构，进而对财务行为和经营绩效产生重要影响（Aghion 等，2013）。当前，混合所有制改革正在深化加快。国企混改是我国当前政治经济改革的重大课题与公司治理领域的中心议题之一，国企混改的持续深化与其改革绩效的评估备受理论界与实务界的广泛关注。当前国企混改的相关经济后果研究瑕瑜互见，各有利弊，呈现正向影响与负向作用皆存之谜。然而毋庸置疑的是，在国企混改实践中，企业股权结构呈现动态变化性必然会影响由股权属性所依附的资源禀赋及治理结构，进而作用于微观企业财务行为，为新时代微观企业的财务决策问题研究提供了机遇，指明了方向。探究国企混改绩效的相关研究大都直接观测国企混改影响公司业绩的平均效应，而忽略了国企混改之于企业绩效可能的影响机理或具体的作用渠道，国企混改如何影响公司并购绩效，现有文献尚未系统关注。

8.3　理论分析及假设提出

8.3.1　我国国企无效并购诱因

国企自其成立之时，就一直伴随以下两个诟病特征：第一，政治观。该观点认为，多元目标诉求与股东利润最大化分歧导致国企发展目标模糊，便利于政府干预或扭曲国企高管的激励机制和目标诉求（Shleifer 和 Vishny，1994）。政府通过国有股权对国有控股公司采取行政干预，将自身利益内化于国有控股公司的经营活动中，向其摊派各种政策性负担。政府通过促使国企积极参与地方经济建设，进行能源、交通等基础项目投资；或通过干预国有控股公司并购等经济行为，利用当地盈利企业收购兼并破产企业，帮助本地企业“脱贫解困”，缓解财政赤字（潘红波等，2008），最终造成企业并购程度的加剧。这种并购的规模扩张，既可提高地方 GDP 水平，稳定就业率，又可助力官员完成政治晋升目标，与政府官员的政治经济需求不谋而合。第二，代理观。由于天然的“所有者缺位”“半官半商”及产权不明等诸多属性，国企面临内部无单一控股或多个大股东履行监督国企高管之责，亦无法通过外部市场交易及价格机制研判经理人尽职敬业程度。基于此，相较于民营企业，监管机制及市场激励的薄弱诱发高管激励乏力、面临高昂的代理成本且强化“内部人控制现象”（Laffont 和 Tirole，1993；张维迎等，1995）。加上国有股权引致的预算软约束，使政府无法区分国企的经营亏损是来自政策性负担还是经理人的道德风险，这种对企业所有亏损“照单全收”的管理模式进一步加重了管理者的道德风险问题（林毅夫和李志赟，2004），国企经营者很可能在预算软约束预期下盲目通过并购扩大规模，以追求规模扩张带来的报酬、能力和特权。无论是政治观还是代理观，均认为国企普遍存在无效并购的过度投资行为，既无助于国企的良性发展，又降低国企并购的绩效。

8.3.2 国企混改与公司并购绩效

党的十八届三中全会提出以协同推进混合所有制改革确立国有经济的主要实现形式，实现市场在资源配置中起决定性作用条件下的国有经济与成熟市场经济体制的全面融合。产权制度是公司治理的基石，公司的产权结构决定了公司经营目标的导向、预算软约束的水平以及代理成本的高低（辛清泉和谭伟强，2009）。随着国企混改的深入，企业的政策性负担得到减轻和剥离，政府对企业的干预和管制下降，驱使企业的经营目标开始更多地偏向股东价值最大化；随着国有股比例的下降，企业受到的隐性担保程度也会下降，国企一旦改制为私营企业，则丧失了国有产权隐性契约的担保，企业融资的预算约束硬化。随着国企中多种所有制资本的逐步引入，非国有资本的所有者基于资本逐利，具有强烈的动机去监督管理层，抑制国企因所有者缺位导致的代理问题。

国企混改为国有控股公司引入了大量非国有资本，不同性质的股权进行博弈最终形成权力配置，弱化了国企的政治属性，政府为了实现自身政治目标而向其施加政治压力的意愿降低（Shleifer 和 Vishny，1994），政府对国企人事安排、投资运营的干预和管制的程度降低，公司的经营目标开始更多地偏向价值最大化（白重恩等，2006），使国企摆脱政策性负担过重的困境（陈林和唐杨柳，2014；张辉等，2016），企业能够根据自身经济效益合理地选择并购项目，从而减少因承担政策性负担而实施的非效率并购。与此同时，非国有资本的进入，为国有控股公司引入更有效的监督治理机制，强化了企业内部治理机制，有效缓解管理层存在的委托代理问题。一方面，国企混改通过建立经理人薪酬激励、选聘与退出、公司绩效评价等合理的激励约束机制，增强了管理层的薪酬和离职对业绩的敏感度（郝阳和龚六堂，2017），有效遏制管理层为获取隐性福利而产生的构建个人帝国等公司并购扩张行为。另一方面，非国有资本大多来自具有明确盈利动机的个人或团体，更关注企业绩效与投资回报，其“逐利天性”使其具有很强的动机对企业管理层进行监督，形成相互制衡与激励相容的监督约束机制，国企“内部人控制”和监管失效等问题得到有效改善，在一定程度上减少因监管失效引起的国企经理人并购扩张行为。由此，本章提出以下假设：

假设 H1：国企混改优化了公司并购绩效。

8.3.3　政府控制层级的调节作用

考虑到我国特殊的“政治集权—财政分权”与“政治锦标赛”等现实背景，政府控制还存在中央与地方行政级别的差异，政府控制层级差异因影响国企并购动机与国企混改方式而作用于国企混改与公司并购意愿及绩效的关系。相对于中央政府控制企业而言，出于自身的政策性负担或政治晋升目标，地方政府对国企的干预和价值损害更为严重（夏立军和方轶强，2005）。作为地方国企的所有者，地方政府的很大一部分财政收入和财政支出都与地方国企相关，且地区经济发展、社会稳定以及地区间竞争等与地方领导个人晋升相关的政绩目标都可能通过地方企业来实现（谭劲松等，2009）。因此，出于增加财政收入、提高增长和保证就业的政绩要求，地方政府有动机和能力要求其控制的上市公司缓解当地的失业率问题或者实现其政治晋升目标，而并购活动既可以缓解当地的就业问题，又可以做大产业或者集团公司规模以实现地方政府官员的政治晋升目标，地方政府倾向于主导其直接控制的国企更多进行兼并、收购（陈信元和黄俊，2007）。因此，由于经济领域的分权化改革带来的政绩诉求，各级地方政府都很可能强化对国企的控制与干预，政绩诉求是影响政府干预行为最为重要的约束条件，政绩诉求越高，地方政府对国企的并购活动干预越严重。此外，国企混改采用针对不同国企进行功能界定的行业分类改革，中央政府控制的企业所处行业大都是关乎国家安全及国民经济命脉的重要行业和关键领域，与地方国企所处行业面临的竞争程度也有差异，因此，两者混改的方式与程度存在一定的差异，进而对公司的财务政策产生不同的影响。由此，本章提出以下假设：

假设 H2：相比于由中央政府控制的国企，国企混改对公司并购的影响在地方政府控制的国企中更显著。

8.4 研究设计

8.4.1 样本选择和数据来源

本章选取 2007~2017 年 A 股国企上市公司作为初始样本，并且借鉴已有文献（李善民等，2020；逯东等，2019）对数据进行筛选，具体过程如下：①剔除并购交易失败的样本。②仅保留国企为主并方（也即买方）地位的数据。③并购当年有多次并购行为的，仅视为一次并购。④剔除异常样本和缺失值观测数据。最终得到 512 条观测值。国企混改数据源自网络爬虫和 CSMAR 数据库整合处理。其他相关财务数据均来自 CSMAR 数据库，且所有连续变量均在 1% 和 99%分位数进行了缩尾处理。

8.4.2 模型设计和变量定义

本章构建模型（8-1）考察国企混改公司并购效率的影响：

$$M\&A\ Perforance_{i,t} = \alpha_0 + \alpha_1 Mix_{i,t} + \sum_{i=2}^{9} \alpha_i CV_{i,t} + \varepsilon \tag{8-1}$$

其中，M&A Performance 表示本章被解释变量并购绩效，借鉴已有文献（逯东等，2019；陈胜蓝和马慧，2017；陈仕华等，2015），以并购首次公告日前后两年的 roa 变化量来测度，也即 droa，其值越大，并购绩效越好。

Mix 表示国企混改变量，本章借鉴已有文献（杨兴全等，2020；杨兴全和尹兴强，2018）主要从股权结构层面来测度，其中 Mixnum 测度混合多样性，也即前十大股东中不同种类股权性质的数量；Mixratio 测度混改深入度，根据企业前十大股东性质及持股比例加总得到的非国有股东持股比例总和；Mixbanlance 衡量混改进程中非国有股东与国有股东间的制衡度，以前十大股东非国有股持股总比例与国有股持股比例的差值来度量。

CV 表示本章控制变量，具体控制了企业规模（size）、企业杠杆（lev）、资产收益率（roa）、成长性（growth）、自由现金流（cfo）、大股东持股比例

（first）、董事会规模（bsize）、两职合一（dual）、上市年龄（age），还控制了公司固定效应和年度固定效应，且实证分析皆进行公司层面的 cluster 聚类调整以增强结果稳健性。具体变量定义如表 8-1 所示。

表 8-1　变量定义及度量方法

变量类型	变量符号	变量描述
被解释变量	droa	并购绩效，首次并购公告后两年 roa 均值与前两年 roa 均值之差
解释变量	Mixnum	前十大股东中不同种类股权性质的数量
	Mixratio	企业前十大非国有股东持股比例加总得到的持股比例总和
	Mixbanlance	前十大股东非国有股持股总比例与国有股持股比例的差值
控制变量	size	企业规模，总资产的自然对数
	lev	负债率，总负债除以总资产
	roa	净资产收益率，净利润除以总资产
	growth	营业收入增长率，（本期与上期营业收入差值）/本期营业收入
	cfo	现金流，经营活动现金流净额/总资产
	first	股权集中度，第一大股东持股比例
	bsize	董事会规模，董事会人数
	dual	两职合一，若董事长和总经理同为一人时为 1，反之为 0
	age	上市年限，企业上市年限的自然对数

8.5　实证检验结果与分析

8.5.1　描述性统计

表 8-2 是变量的描述性统计结果，从衡量并购绩效指标看，droa 均值为 -0.005，意味着国企并购绩效普遍较差，与折价观相吻合。droa 的标准差为 0.055，且最小值与最大值差距较大，可见国企并购绩效差异巨大。从混改股权结构层面看，Mixnum 均值为 3.384，意味着我国国企持股股东种类存在多样性；Mixratio 的均值为 0.124，最小值为 0.010，最大值为 0.720，标准差为 0.114，意味着混改力度较大，非国有资本有一定的比重，且不同国企混改力度差异较大；Mixbalance 的均值为-0.316，且标准差为 0.265，意味着整体而言，国有股仍居

主导地位，但国企间混改力度存在显著差异。

表 8-2 变量描述性统计

变量	样本数	均值	标准差	最小值	25 分位	中位数	75 分位	最大值
droa	512	-0.005	0.055	-0.589	-0.026	-0.004	0.016	0.277
Mixnum	512	3.384	0.802	1.000	3.000	3.000	4.000	5.000
Mixratio	512	0.124	0.114	0.010	0.041	0.091	0.172	0.720
Mixbalance	512	-0.316	0.265	-0.763	-0.486	-0.343	-0.153	0.602
size	512	22.830	1.313	19.850	21.900	22.690	23.730	26.000
lev	512	0.494	0.189	0.050	0.346	0.511	0.640	0.844
roa	512	0.039	0.040	-0.164	0.017	0.034	0.058	0.194
growth	512	0.218	0.436	-0.488	-0.002	0.127	0.301	2.204
cfo	512	0.048	0.066	-0.154	0.010	0.047	0.083	0.247
first	512	0.387	0.153	0.091	0.259	0.375	0.499	0.755
bsize	512	9.270	1.699	5.000	9.000	9.000	9.000	15.000
dual	512	0.119	0.324	0.000	0.000	0.000	0.000	1.000
age	512	2.593	0.528	0.693	2.303	2.773	2.996	3.258

8.5.2 国企混改与并购绩效的检验结果

表 8-3 报告了国企混改对公司并购绩效的基本结果。Mixnum 的回归系数在 1%水平下显著为正；Mixratio 和 Mixbalance 的回归系数均在 10%水平下显著为正。该结果证实，随着国企混改的推进，多个非国有大股东参与且其持股比例逐步增加能显著提升国有上市公司的并购绩效，支持了基准假设 H1。上述结果基本上揭示了在国企混改的过程中，非国有参股股东的多样性和持股比例逐步增强，确实可以有效发挥股权优化所带来的公司治理效应，从而优化公司财务决策，提升并购效率。

表 8-3 国企混改与公司并购绩效

变量	(1) droa	(2) droa	(3) droa
Mixnum	0.011*** (2.93)	—	—

续表

变量	(1) droa	(2) droa	(3) droa
Mixratio	—	0.071* (1.81)	—
Mixbalance	—	—	0.036* (1.69)
size	-0.027*** (-3.95)	-0.032*** (-4.43)	-0.029*** (-4.47)
lev	-0.086** (-2.21)	-0.080** (-2.14)	-0.086** (-2.31)
roa	-0.233** (-2.53)	-0.269*** (-2.82)	-0.273*** (-2.89)
growth	0.025*** (3.28)	0.027*** (3.60)	0.027*** (3.57)
cfo	0.122** (2.00)	0.120* (1.88)	0.122* (1.91)
first	-0.015 (-0.42)	0.004 (0.13)	0.022 (0.63)
bsize	0.003 (0.82)	0.003 (0.74)	0.003 (0.73)
dual	-0.017 (-1.27)	-0.015 (-1.09)	-0.017 (-1.20)
age	0.107** (2.44)	0.114*** (2.70)	0.110** (2.58)
constant	0.305* (1.75)	0.421** (2.30)	0.381** (2.18)
个体/年度	Yes	Yes	Yes
N	512	512	512
R^2_a	0.396	0.385	0.381

注：***、**和*分别表示在1%、5%和10%的水平下显著，且经公司层面聚类调整。本章下同。

8.5.3 稳健性检验

为了避免模型选择带来的分析偏误，本章借鉴杨兴全和尹兴强（2018）的做法，同时采用面板混合回归模型（ols）和面板随机效应模型（re）进行重新回归，结果如表 8-4 的列（1）至列（6）所示，ols 模型中国企混改的 Mixnum、Mixratio 和 Mixbalance 的回归系数分别在 1%、10%和 10%水平下显著为正；在随机效应模型中，国企混改的 Mixratio 和 Mixbalance 的回归系数均在 10%水平下显著为正。与此同时，为避免同期变量互相影响的内生性困境对模型分析带来的噪声干扰，本项目将控制变量滞后一期，列（7）至列（9）中，国企混改的 Mixnum、Mixratio 和 Mixbalance 的回归系数分别在 5%、10%和 10%水平下显著为正。上述结果意味着，无论是模型替换还是内生性问题的缓解，与基准回归结果稳健一致，国企混改依然显著提升了国有上市公司的并购效率。

表 8-4　稳健性检验结果汇总

droa	混合面板回归 ols			随机效应 re			滞后一期		
	(1)	(2)	(3)	(4)	(5)	(6)	(7)	(8)	(9)
Mixnum	0.012*** (3.15)	—	—	-0.000 (-0.05)	—	—	0.008** (2.37)	—	—
Mixratio	—	0.068* (1.74)	—	—	0.039* (1.70)	—	—	0.050* (1.69)	—
Mixbalance	—	—	0.035* (1.66)	—	—	0.018* (1.67)	—	—	0.012* (1.67)
size	-0.025*** (-3.95)	-0.030*** (-4.39)	-0.027*** (-4.47)	-0.010*** (-4.25)	-0.011*** (-4.45)	-0.010*** (-4.24)	-0.017*** (-2.71)	-0.018*** (-2.85)	-0.017*** (-2.74)
lev	-0.073** (-2.10)	-0.067** (-2.01)	-0.073** (-2.20)	0.036** (2.21)	0.035** (2.19)	0.033** (2.06)	0.007 (0.26)	-0.001 (-0.02)	0.003 (0.10)
roa	-0.271*** (-3.41)	-0.307*** (-3.77)	-0.311*** (-3.83)	0.004 (0.06)	-0.008 (-0.12)	-0.007 (-0.10)	-0.633*** (-4.63)	-0.697*** (-5.01)	-0.682*** (-4.92)
growth	0.024*** (3.17)	0.026*** (3.50)	0.026*** (3.47)	0.013** (2.40)	0.012** (2.34)	0.013** (2.39)	0.005 (0.62)	0.006 (0.62)	0.006 (0.62)
cfo	0.119** (2.06)	0.118* (1.93)	0.120* (1.96)	0.142*** (3.77)	0.143*** (3.82)	0.145*** (3.87)	0.006 (0.07)	0.015 (0.20)	0.012 (0.16)
first	-0.009 (-0.26)	0.009 (0.30)	0.027 (0.80)	0.004 (0.20)	0.013 (0.70)	0.023 (1.00)	-0.063 (-1.23)	-0.045 (-0.94)	-0.045 (-0.92)
bsize	0.003 (0.73)	0.003 (0.65)	0.003 (0.64)	0.003* (1.76)	0.003* (1.73)	0.003* (1.77)	-0.001 (-0.32)	-0.001 (-0.34)	-0.001 (-0.35)
dual	-0.013 (-1.13)	-0.011 (-0.91)	-0.012 (-1.04)	-0.006 (-0.84)	-0.007 (-0.89)	-0.007 (-0.89)	-0.013 (-1.44)	-0.013 (-1.49)	-0.013 (-1.43)
age	0.082*** (2.80)	0.089*** (3.19)	0.085*** (3.01)	0.014*** (2.73)	0.016*** (3.06)	0.015*** (2.92)	-0.019 (-0.84)	-0.019 (-0.86)	-0.021 (-0.93)

续表

droa	混合面板回归 ols			随机效应 re			滞后一期		
	(1)	(2)	(3)	(4)	(5)	(6)	(7)	(8)	(9)
constant	0.332** (2.05)	0.448*** (2.61)	0.409** (2.52)	0.053 (0.95)	0.054 (0.99)	0.050 (0.91)	0.408*** (3.04)	0.445*** (3.40)	0.445*** (3.38)
个体/行业	Yes	Yes	Yes	Yes	Yes	Yes	Yes	Yes	Yes
年度	Yes	Yes	Yes	Yes	Yes	Yes	Yes	Yes	Yes
N	512	512	512	512	512	512	501	501	501
R^2_a	0.380	0.363	0.360	0.365	0.358	0.355	0.432	0.423	0.416

8.6 机制分析与拓展性检验

8.6.1 中介效应分析

根据基准回归和稳健性分析结果可知，国企混改显著提升国有上市公司并购绩效，但并未识别具体机制为何。国企高管会通过过度投资方式迎合自身权力之欲、在职消费及政治晋升之私利，那么国企混改是否通过抑制过度投资而优化公司投资决策进而提升并购绩效呢？为了回应这个重要问题，本章采用中介效应模型来检验国企混改提升并购绩效的具体作用机制，以期对国企混改所发挥的治理效应有更深入的认识。本章采用中介效应模型来检验国企混改提升并购绩效的中介机制。中介效应模型及检验流程如下：

$$droa_{i,t} = \alpha_0 + \alpha_1 Mix_{i,t} + \sum_{j=2}^{n} \alpha_j CV_{i,t-1} + Firm + Year + \varepsilon \tag{8-2}$$

$$channel_{i,t} = \beta_0 + \beta_1 Mix_{i,t} + \sum_{j=2}^{n} \beta_j CV_{i,t-1} + Firm + Year + \varepsilon \tag{8-3}$$

$$droa_{i,t} = \gamma_0 + \gamma_1 Mix_{i,t} + \gamma_2 channel_{i,t} + \sum_{j=3}^{n} \gamma_j CV_{i,t-1} + Firm + Year + \varepsilon \tag{8-4}$$

其中，模型（8-3）和模型（8-4）中的 channel 表示国企混改优化并购绩效的中介变量，也即过度投资 dinvest，具体测度方式参考杨兴全和尹兴强（2018）的研究，其他变量同模型（8-1）。参照相关文献的中介效应检验方法（温忠麟等，2004），本章按如下四个步骤进行检验：第一，对模型（8-2）进行回归，若 α_1 显著则进行下一步；若不显著，则停止中介效应检验。第二，α_1 显著的前提下，分别对模型（8-3）和模型（8-4）进行回归检验，若 β_1 和 γ_2 均显著，这说明国企混改确实是通过中介路径 channel 提升并购绩效的。第三，此时再看 γ_1 的系数，若 γ_1 显著（不显著），则意味着中介变量 channel 起到部分（完全）中介的作用。第四，若 α_1 显著，且 β_1 和 γ_2 至少有一个不显著的情况下，需要采用 Sobel 检验。

表 8-5 报告了国企混改优化并购绩效的中介效应检验结果，列（1）至列（3）中国企混改对过度投资的回归结果显示，国企混改的 Mixnum、Mixratio 和 Mixbalance 的回归系数在 5%、10%和 5%水平下显著为负，意味着国企混改可以显著抑制高管私利动机下的过度投资进而优化公司治理；进一步地，将国企混改变量和过度投资同时纳入模型分析时，列（4）至列（6）的结果显示，dinvest 的回归系数均在 5%水平下显著为负。这意味着国企混改确实通过抑制高管过度投资的私利进而优化公司并购绩效。

表 8-5　国企混改优化公司并购绩效的中介检验

变量	(1) dinvest	(2) dinvest	(3) dinvest	(4) droa	(5) Droa	(6) droa
Mixnum	-0.005** (-2.19)	—	—	-0.001 (-0.23)	—	—
Mixratio	—	-0.030* (-1.71)	—	—	0.032 (1.38)	—
Mixbalance	—	—	-0.024** (-2.51)	—	—	0.014 (1.08)
dinvest	—	—	—	-0.145** (-2.26)	-0.136** (-2.13)	-0.135** (-2.10)
size	-0.001 (-0.76)	-0.001 (-0.54)	-0.002 (-0.88)	-0.010*** (-3.89)	-0.010*** (-4.00)	-0.010*** (-3.79)
lev	0.022* (1.74)	0.022* (1.72)	0.025* (1.94)	0.048*** (2.78)	0.048*** (2.78)	0.046*** (2.67)
roa	-0.070 (-1.29)	-0.056 (-1.03)	-0.052 (-0.96)	-0.006 (-0.08)	-0.013 (-0.18)	-0.011 (-0.15)
growth	0.001 (0.25)	0.001 (0.23)	0.001 (0.17)	0.012** (2.09)	0.011** (2.04)	0.012** (2.07)

续表

变量	(1) dinvest	(2) dinvest	(3) dinvest	(4) droa	(5) Droa	(6) droa
cfo	0.108*** (3.51)	0.107*** (3.44)	0.101*** (3.26)	0.110*** (2.70)	0.111*** (2.74)	0.112*** (2.76)
first	-0.013 (-0.98)	-0.020 (-1.39)	-0.039** (-2.25)	0.010 (0.54)	0.019 (0.96)	0.026 (1.10)
bsize	0.001 (0.69)	0.001 (0.82)	0.001 (0.75)	0.002 (0.99)	0.002 (0.94)	0.002 (0.99)
dual	0.008 (1.28)	0.008 (1.35)	0.008 (1.32)	0.002 (0.23)	0.002 (0.19)	0.002 (0.22)
age	-0.013*** (-3.34)	-0.015*** (-3.68)	-0.015*** (-3.77)	0.008 (1.43)	0.010* (1.70)	0.009 (1.61)
constant	0.068* (1.81)	0.052 (1.40)	0.062* (1.67)	0.171*** (3.29)	0.167*** (3.28)	0.161*** (3.13)
个体/年度	Yes	Yes	Yes	Yes	Yes	Yes
N	512	512	512	512	512	512
R^2_a	0.100	0.102	0.107	0.104	0.101	0.102

综上所述且结合中介效应检验结果，本章发现国企混改通过股权结构优化发挥股权治理效应，显著抑制高管借由过度投资来实现规模扩张带来的权力私欲、在职消费和政治晋升等诸多私利，提升公司治理质量，进而优化投资决策，提升并购绩效。

8.6.2　扩展性分析

前文研究发现，国企混改通过优化股权结构进而提升公司治理水平，优化并购绩效。而现实中，不同政府控制层级的国企的混改力度和着力点范围有所差异，因此国企混改提升公司并购绩效的效果可能因不同政府控制层级而异。那么不同政府控制层级对国企混改优化公司并购绩效的治理效应呈现何种作用？为了验证这一问题，本章将央企与否的虚拟变量 central（若是，为 1；反之为 0）及其与混改变量的交互项纳入模型（8-1）来考察不同政府控制层级的调节效应。结果如表 8-6 的列（2）和列（3）所示，交互项（Mixratio_central、Mixbalance_central）系数均在 5%水平下显著为负，意味着与央企上市公司相比，国企混改优化并购绩效的治理效应在地方政府控制的上市公司中更显著，支持了假设 H2。

表 8-6 政府控制层级的调节效应

droa	(1)	(2)	(3)
Mixnum	-0.002 (-0.66)	—	—
central	-0.028 (-1.42)	0.013* (1.84)	-0.012 (-1.48)
Mixnum_central	0.009 (1.55)	—	—
Mixratio	—	0.079*** (2.77)	—
Mixratio_central	—	-0.098** (-2.31)	—
Mixbalance	—	—	0.039** (2.54)
Mixbalance_central	—	—	-0.040** (-2.11)
size	-0.012*** (-4.96)	-0.012*** (-5.15)	-0.012*** (-4.97)
lev	0.045*** (2.83)	0.041*** (2.62)	0.039** (2.47)
roa	0.013 (0.20)	-0.018 (-0.28)	-0.015 (-0.22)
growth	0.012** (2.32)	0.012** (2.29)	0.013** (2.39)
cfo	0.132*** (3.65)	0.131*** (3.63)	0.132*** (3.63)
first	0.009 (0.50)	0.023 (1.26)	0.040* (1.77)
bsize	0.003* (1.72)	0.002 (1.62)	0.002 (1.51)
dual	-0.004 (-0.48)	-0.004 (-0.52)	-0.004 (-0.57)
age	0.017*** (3.38)	0.019*** (3.74)	0.018*** (3.55)
constant	0.146*** (3.04)	0.133*** (2.89)	0.144*** (3.09)
个体/年度	Yes	Yes	Yes

续表

droa	(1)	(2)	(3)
N	512	512	512
R^2_a	0. 109	0. 120	0. 117

8.7　本章小结

国企混改是国企改革的重点任务之一，通过发展混合所有制经济，积极引入民营经济、外国资本等非国有成分的战略投资者，优化股权结构、提升内部治理水平、改善国企经营机制，从而优化国企财务决策和资本配置效率。然而，作为公司运营和扩张的主要路径之一，国有上市公司并购既受管理层私利影响，亦受政府多元目标驱动，使国企更倾向于通过过度投资方式进行有损公司价值的无效并购。那么随着国企混合所有制改革的深入进行，国企混改能否优化国有上市公司的内部治理水平进而提高财务决策质量、纯化企业逐利目标以提升公司并购绩效？本章基于 2007~2017 年中国 A 股国有上市公司数据发现：①国企混改股权结构的多样性、深入度和制衡度能够有效提高公司并购绩效，优化并购效率。②机制分析发现，国企混改股权结构的多样性、深入度和制衡度主要是通过优化发挥股权治理效应，显著抑制高管借由过度投资来实现规模扩张带来的权力私欲、在职消费和政治晋升等诸多私利，提升公司治理质量，进而优化投资决策，提升并购绩效。③异质性分析发现，与央企相比，地方国企混改优化并购绩效的治理效应更强。

本章的政策启示：①研究发现，国企混改可有效发挥治理效应、缓解国企双重代理问题，通过抑制高管过度投资进而优化并购决策及并购绩效。因此应根据“完善治理、强化激励、突出主业、提高效率”的原则，积极推进国企混合所有制改革，优化企业财务决策且规范企业并购行为，不断提高国有资本配置效率。②机制检验发现，国企混改通过优化股权结构所发挥的股权治理效应，提升公司治理水平进而抑制过度投资行为，从而优化并购决策和绩效。因此，要积极引入多种类型的战略投资者、加大非国有资本持股比例、提升非国有资本战略投资者话语权和监督力度，以便鼓励和引导非国有资本更好地发挥监督治理政府控股股东和国企高管之效，切实维护好非国有股东合法利益和提升公司价值。③地方国企混改提升并购绩效的优化效应强于央企，因此未来混改实践要针对不同政府层级控股的企业异质特征而有所侧重，大力深入推进地方国企混改进程，这也与时下地方国企如火如荼的混改实践政策导向相一致。④目前关于国企改革成效论点各异，既有研究发现国企改革可通过优化内外部治理机制提升企业价值，亦有研究发现国企改革未能实现政策预期效果，同时也有研究认为只有彻底民营化改革，才能提升企业绩效。本章以国企混改为切入点发现，依靠引入非国有资本的国企混改，可以优化内部治理、提升并购绩效。这一重要发现有助于回应国企改革成效之争，同时亦为进一步深入推进国企改革以实现国企及国有资本高质量发展提供理论支撑和经验证据。

第9章　国企混改与现金股利政策

9.1　引言

作为产权的一种微观表现形式，股权结构是现代公司治理的核心内容，对企业的财务决策乃至经营效率有着至关重要的影响。国企产权改革作为转型经济改革的重要环节，先后经历了放权让利、承包经营责任制、建立现代企业制度与“国资发展”等阶段（黄群慧和余菁，2013）。党的十八届三中全会提出以协同推进混合所有制改革确立国有经济的主要实现形式，实现市场在资源配置中起决定性作用条件下的国有经济与成熟市场经济体制的全面融合。党的十九大报告再次提出深化国企改革，发展混合所有制经济，培育具有全球竞争力的世界一流企业，吹响了新一轮国企改革的号角，对新时代中国特色社会主义与高质量发展阶段国企深化改革提出了新的要求。随着国企改革实践的深入推进，国企混改通过积极引入盈利动机更为明确的民营资本、机构投资者、外国资本等战略投资者，逐步形成“交叉持股”“股权制衡”的多元化股权结构。

作为一项关乎股东利益的策略选择，现金股利政策被认为是企业回报股东、培养投资信念的重要方式（吕长江和周县华，2005）。特别是在我国投资者法律保护薄弱且公司治理机制低效的经济制度背景下，如何科学合理地制定现金股利政策成为学术界与实务界热议的焦点话题。股东身为企业的所有者，不仅对公司生产经营和重大决策具有知情权和参与权，更为重要的是享有投资收益权。而不同性质企业的股东所侧重的目标和方面存在不同，非国有股东较为关注企业的经济目标，旨在通过追求企业价值最大化来实现自身的投资效益；而国有股东注重企业的政策性目标以及可持续发展，导致国企缺乏支付现金股利的动机（卢建词和姜广省，2018）。源于此，国企“为谁分红”和“怎么分红”迅速被推至风口浪尖，一度成为困扰我国国企改革的关键难题（黎文飞等，2020）。而国企混改通过形成多元化的股权结构增强国企的股权制衡，并引入战略投资者监督约束国企高管且积极参与制定公司经营决策，从而达到“博采众长”充分发挥各种所有制优势进而形成有效监管、激励相容和“股权共治”的公司治理机制，这对国企的股利分配政策起着关键性的决定作用（逯东等，2019）。基于此，探究国企混改能否对国企现金股利分配决策产生影响便成为极具重要现实意义的话题。

本章以我国沪深 A 股国有上市公司为研究样本，通过整理上市公司前十大股东股权性质对国企混改进行识别和测度，基于 2007～2017 年国有上市公司的经验证据表明：国企混改股权结构层面的深入度、制衡度、控制权转移及高层治理层面的非国有股东委派高管均能够显著提高现金股利支付水平，但股权种类的多样性却未产生显著作用；国企混改主要通过优化内部治理来提高现金股利分配；国企混改对现金股利政策的促进效应在地方国企以及竞争性行业中更为显著，并且优化法律环境可以强化这一效应。进一步发现，国企混改可以提升现金股利的价值效应。

本章可能的贡献如下：第一，现有研究有关国企改革的经济后果存在诸多争议，一方面国企混改可以提高公司治理质量（李文贵等，2017；蔡贵龙等，2018）、优化企业决策行为（张斌等，2019；向东和余玉苗，2020），进而改善国企效率（白重恩等，2006；沈红波等，2019）；另一方面国企混改也能增加国企预算软约束和政策性负担（刘春和孙亮，2013），加剧代理冲突（常风林等，2017；何威风等，2019），从而难以实现政策预期效果（马连福等，2015）。本章发现国企混改能够提高国企的现金股利支付水平，意味着国企混改可强化内部监管、完善公司治理机制进而优化国企决策及绩效，有助于明晰和回应国企改革成效的争议。第二，国企是我国不可或缺的一种组织形式，其特殊的产权属性造就了自身现金股利政策的独特性，但对于国企现金股利政策影响因素的研究却较为匮乏。本章从党的十八大后新一轮国企混改的改革实践出发，发现国企混改通过逐步引入非国有资本形成“交叉持股”“股权制衡”的治理作用是影响国企现金股利决策的重要因素，丰富了国企现金股利决策相关内容的研究。第三，本章的研究结论支持了监管层推动国企混改的相关政策，为进一步深化国企混改实践提供理论支撑和经验证据。同时也表明，国企混改不能流于简单的“量变”（异质股东多样性），而要实现国有资本与非国有资本从“物理反应”到“化学反应”的质变，才能做到真正改善国企的治理效率。

9.2 文献回顾

9.2.1 现金股利政策影响因素研究

在完美资本市场中，公司的投资决策仅由其所拥有的投资机会所决定，而与其是否发放股利以及融资成本等无关（Miller 和 Modigliani，1961）。现实世界里并不存在完美的资本市场，因而学者逐渐放松完美资本市场的假设条件，从多个层面对现金股利进行理论解释，先后形成了现金股利政策的税差理论、信号传递理论、“啄食”融资理论、代理理论、迎合理论以及生命周期理论等。税差理论认为，如果股利的税率高于资本利得的税率时，为降低企业资金成本以最大化其价值，公司应采取低股利政策（Miller，1977；Buchanan 等，2017）。信号传递理论强调现金股利具有向投资者传递有关公司发展前景的信息作用（Bhattacharya，1979；Kale 等，2012）。初始的现金股利发放及后期发放增加均会降低公司的违约风险及信息不对称程度，进而带来超额股票回报（Charitou 和 Lambertides，2011），尤其是那些信息不对称程度越高的公司（Aggarwal 等，2012）、有内部人控制的交叉上市公司（Esqueda，2016）、股票流动性越强的企业（Jiang 等，2017）及金融危机发生期间具有较高流动性的企业（Floyd 等，2015）将更倾向于通过发放现金股利来向市场传递提升公司未来业绩的信号。“啄食”融资理论则认为，因信息不对称的广泛存在，公司因筹集外部资金的成本要远大于内部资金成本而普遍存在融资约束（Fazzari 等，1988）。因此，公司面临的信息不对称越高，其分配的现金股利应越低（Myers 和 Majluf，1984），外部融资约束的存在使得公司无法获得充足的资金支持其未来的投资支出，同时增大了对其内部资金的依赖（Almeida 等，2004），进而抑制了公司的股利支付水平，那些固定成本高昂、现金流波动较大的企业（Kulchania，2016）尤甚。Chae 等（2009）、Chay 和 Suh（2009）的研究结果表明，融资约束使现金股利支付并不会随着自由现金流的增加而增加。Bliss 等（2015）的研究发现，2008 年全球金融危机带来的信贷供给冲击引致公司通过内部现金留存作为替代性融资方式的同时也降低了其现金股利的支付。

代理理论则主要基于股权结构的微观层面与投资者法律保护的宏观层面来对现金股利政策进行解释。在股权分散情况下，支付现金股利能够抑制管理层滥用自由现金流，降低股东与管理层之间的代理冲突（Easterbrook，1984；Jensen，

1986）。Smith 和 Watts（1992）、Gaver 和 Gaver（1993）的研究发现，与低成长公司相比，高成长公司因其自由现金流较少而支付较低的现金股利。Officer（2011）、Hoberg 等（2014）也为现金股利降低代理成本的作用提供了经验证据。在股权集中情况下，有关大股东对公司现金股利政策影响的研究尚未取得一致意见。大股东既可能通过持有超额现金流以获取更多私人收益而偏好低现金股利政策（Gugler 和 Yurtoglu，2003），又可能通过现金股利侵占中小股东利益而偏好高现金股利发放（Short 等，2002）。亦有文献指出，控股股东的持股比例与现金股利存在倒“U”型关系（Truong 和 Heaney，2007）。公司治理或投资者法律保护与现金股利政策的关系存在结果和替代两个竞争性假说（La Porta 等，2000），结果假说强调现金股利的发放是公司治理或投资者法律保护提高的结果（Farinha，2003；Adjaoud 和 Ben-Amar，2010），而替代假说则认为现金股利的发放是公司治理或投资者保护的替代（Jiraporn 和 Ning，2006）。诸多学者基于跨国样本（Faccio 等，2001）、新兴市场国家的特殊对象（Mitton，2004）以及交叉上市的特定主体（Abdallah 和 Goergen，2008）等研究发现，投资者法律保护较好以及公司治理相对完善的国家或企业发放的现金股利更高，验证了结果假说。Renneboog 和 Trojanowski（2011）、Cesari 和 Ozkan（2015）研究发现，管理层持股或以股权为基础的薪酬业绩敏感性与现金股利正相关，工会组织（Chino，2016）与机构投资者持股（Crane 等，2016）也利于缓解代理冲突进而增加股利发放水平。亦有基于现金股利与公司价值的相关性（Pinkowitz 等，2006）、公司治理与融资约束对现金股利的交互作用（Chae 等，2009）、债权人权利保护水平（Brockman 和 Unlu，2009）以及地域因素等视角（John 等，2011）的研究结论支持了替代假说。Burns 等（2015）以欧洲国家公司为样本的最新研究发现，为建立保护中小股东利益的声誉，投资者保护较弱的国家倾向于支付较高的现金股利，股权激励与发放现金股利在降低代理成本方面存在替代作用。

迎合理论源于市场投资者对支付股利公司的投机性需求，导致支付股利公司与不支付股利公司存在明显的溢价差异（Baker 和 Wurgler，2004a，2004b）。为追求公司短期价值最大化，经理人将制定相应的股利政策去迎合市场投资者的上述需求，以提升公司的股价（Li 和 Lie，2006）。Ferris 等（2009）的跨国比较研究发现，迎合理论存在于普通法法系国家，而非民法法系国家。而 Denis 和 Osobov（2008）的研究并未发现股利支付程度与股利溢价存在相关性，迎合理论也不是影响欧洲企业现金股利政策的主要因素（Von Eije 和 Megginson，2008）；Grullon 和 Michaely（2002）、DeAngelo 等（2004）和 DeAngelo 等（2006）提出了与自由现金流密切相关的生命周期理论，随着公司逐步走向成熟，投资机会将逐步萎缩，公司将会支付多余的现金给投资者，且因学习效应的存在，企业间的股利政策随企业生命周期的变化基本一致（Demarzo 和 Sannikov，2016）。诸多学者基于不同国家上市公司的经验研究也证明了生命周期理论的现实存在（Denis 和 Osobov，2008；Kale 等，2012；Fairchild 等，2014）。

国内学者在借鉴国外研究的基础上，从不同视角对我国上市公司现金股利政策进行了富有成效的研究。吕长江和王克敏（1999）、杨淑娥等（2000）研究了财务特征与公司异质性对现金股利政策的影响。现金股利的信号传递效应在我国上市公司中广泛存在（陈晓等，1998；魏刚，1998；俞乔和程滢，2001；王国俊和王跃堂，2014）。现金股利的发放在一定程度上体现了大股东的治理效应而非“掏空”（谢军，2006），抑制了有多余内部现金流公司的过度投资行为（肖珉，2010；徐寿福等，2016），通过降低两类代理成本，发挥其治理效应继而提高了上市公司绩效（徐寿福和徐龙炳，2015）。但原红旗（2001）、陈信元等（2003）、唐清泉和罗党论（2006）及王化成等（2007）的研究表明，我国上市公司的股利支付主要受大股东利益侵占动机的驱使。我国上市公司的现金股利水平与大股东非流通股的比例正相关（Huang 等，2011；Lin 等，2010），公司宣告发放股利却得到市场的负面反应（Cheng 等，2009）。Chen 等（2009）也发现现金股利并未有效降低代理成本以及起到信号传递的作用，而是被异化为利益侵占的工具。Su 等（2014）将关联交易作为利益侵占指标的研究发现，现金股利与关联交易负相关。Zhao 等（2015）研究发现，上市公司私募股票后将支付更多的现金股利，当大股东参与私募时发放的现金股利越多，且利益转移倾向亦越高。张路等（2015）、顾小龙等（2015）分别从超募资金的投向与股价崩溃风险的视角也为大股东通过现金股利攫取上市公司的财富、侵害中小股东权益提供了经验证据。现金股利的生命周期理论在我国也能见其踪迹，李常青和彭锋（2009）研究发现，我国上市公司的股利政策因企业的生命周期而异，其还会受到证监会增发配股的显著影响。宋福铁和屈文洲（2010）研究发现，我国上市公司是否支付现金股利呈现典型的生命周期特征，而现金股利发放率则不具有此特征。董理和茅宁（2013）从财务柔性角度拓展了现金股利政策的生命周期理论，李茂良等（2014）发现处于成熟阶段的公司倾向于执行稳定的现金股利政策，亦支持了股利的生命周期理论。丁志国等（2014）研究发现我国上市公司股利政策存在显著的时间效应且具有内生性特征，上述现象是信息冲击反映周期的具体表象，而权小锋等（2010）研究发现，行业所处的生命周期并不影响企业当期的现金股利政策。随着研究的不断深化，制度环境与相关政策对公司现金股利的影响也逐渐引起了学者的广泛关注，股利税差别在缓解第一类代理问题的同时亦强化了第二类代理问题（贾凡胜等，2016）。紧缩货币政策抑制了企业（尤其是融资约束企业）的股利支付（全怡等，2016）。部分学者基于中国股权分置改革的研究发现，控股股东偏好现金股利源于他们股份固有的非流动性而非交易性（Liu等，2014）、股改后上市公司现金股利政策更加注重中小投资者的偏好，验证了迎合理论（支晓强等，2014）。在其他条件相同的情况下，市场化程度越高（雷光勇和刘慧龙，2007）、区域制度环境越好的非家族控制（Wei等，2011）、地处非偏远地区（张玮婷和王志强，2015）的公司因融资约束缓解及代理冲突弱化越倾向于发放更多的现金股利。祝继高和王春飞（2013）、雷光勇等（2015）、程子健和张俊瑞（2015）分别检验了金融危机、政治不确定性与交叉上市的捆绑效应对现金股利的影响。证监会发布系列与公司再融资挂钩的半强制分红政策可能存在“监管悖论”，对有再融资需求或潜在的再融资需求的成长性以及竞争性行业的上市公司带来了一定的负面影响（李常青等，2010；王志强和张玮婷，2012；魏志华等，2014；Deng等，2015；刘星等，2016）。

9.2.2 混合所有制改革的经济后果

关于国企混改经济后果的研究颇为丰硕，主要集中在如何影响公司治理、财务行为以及经济效率等方面。第一，在公司治理方面，诸多研究证明，国企混改有利于纯化国企逐利目标并弱化行政干预力量，激励国企改善公司治理质量并约束国企高管私利主义行为（李文贵和余明桂，2015），降低国企自身的代理成本（李文贵等，2017），进而帮助国企优化高管薪酬激励契约（蔡贵龙等，2018）、提高内部控制质量（曹越等，2020）和会计信息质量（曾诗韵等，2017）、降低企业违规（梁上坤等，2020）和股价崩盘风险（马新啸等，2021）。此外，吴秋生和独正元（2019）发现，国企混改程度与国企过度负债呈反向变动关系，意味着所有制混合能够改善负债治理情况。但需要注意的是，混合所有制改革不能仅仅流于股权层面的混合，高层治理维度的混合更具有治理作用，能够有效缓解代理问题和改善信息透明度。但是，也有一些研究发现国企混改难以改善公司治理甚至加剧代理问题（涂国前和刘峰，2010），例如未能有效限制高管薪酬且增加在职消费（常风林等，2017；Barber和Odean，2018）、提高盈余管理（何威风等，2019）等。第二，在财务行为方面，主要针对国企的创新行为展开了激烈讨论。既有文献认为，混合所有制改革能够激发企业研发活动（李文贵和余明桂，2015；解维敏，2019；李增福等，2021），提高企业创新绩效（张斌等，2019）。亦有文献认为，国企混改并不能全面推动国企的创新行为（余明桂等，2019），仅在自然垄断以及小规模混合所有制企业中具有显著促进作用（王婧和蓝梦，2019；陈林等，2019）。并且，马连福和张晓庆（2021）研究发现，非国有股东委派董事对开发式创新存在促进作用，对探索式创新存在抑制作用，而投资者关系管理能够缓解这一抑制作用。此外，向东和余玉苗（2020）、胡艳等（2020）

和李井林（2021）从国企投资角度出发，研究表明混合所有制改革能够抑制国企非理性投资行为，有效改善国企的投资效率。叶永卫和李增福（2021）、曹丰和谷孝颖（2021）从国企金融化角度出发，前者认为非国有股东参股能够促进国企的金融资产投资，但后者认为非国有股东仅持股并不能影响国企金融化，只有通过委派董监高才能起到显著的抑制作用。胡建雄等（2021）从国企并购角度出发，发现仅引入民营股东持股会恶化国企的并购效率，只有当民营股东具有董事话语权时，才能在降低并购发起可能性的同时提升并购绩效。第三，在经济效率方面，白重恩等（2006）和易阳等（2021）认为国企混改能够有效改善国企效率，提升其经济效益。沈红波等（2019）通过案例研究也发现，混改后的云南白药公司经营效率显著提升。而马连福等（2015）则认为，国企混改所引入的非国有股东持股比例与企业绩效呈倒“U”型关系。此外，亦有研究表明国有资本之间的股权混合对国企绩效没有正向影响（郝阳和龚六堂，2017）。无独有偶，马新啸等（2021）研究得出，非国有股东参与高层治理可以促进国企的产能利用率，降低国企的僵尸化倾向，而单纯的股权制衡无法起到以上效果。

9.2.3　文献述评

综合上述文献，有关股利行为的影响研究基本从股利政策的税差理论、信号传递理论、“啄食”融资理论、代理理论、迎合理论以及生命周期理论等展开，且相关文献较为丰富，深化了我们对公司股利政策的理解。但是，其中基于股权视角的研究多以所有公司为研究对象，主要关注产权性质的国民差异、是否存在大股东等企业股权的静态属性，忽略了公司的产权性质及股权结构是一直处于动态变化的现实背景。并且，目前关于国企混改的经济后果备受争议，既存在正向影响之说，亦存在负向作用之谜。因此，本章聚焦混合所有制改革，探究其能否优化国企的现金股利行为，进而增强对股东合法权益的保障、改善企业的经营效率以保证各种所有制资本的共同发展。

9.3　理论分析与研究假设

国企混改通过引入非国有资本并争取董事会席位及运用法律制度等手段形成合理制衡的多元化股权结构和高层治理机制，有效缓解国企的委托代理冲突，进而优化现金股利决策。在国企中，作为所有者和委托人的人民（或国家）持有大部分股权，但与生俱来的非人格虚拟化属性注定其不能真正行使应有的各项权力，导致国企股东并不能像非国企股东那样有效监督企业高管，从而形成事实上的“所有者缺位”（马草原等，2017）。为此，国企股东为优化企业的经营管理方式，实行逐步放权制度，致使绝大部分控制权都掌握在管理层手中，造成严重的“内部人控制”问题。基于国企存在“一股独大”及其所有者缺位引致的“内部人控制”等监督治理漏洞，加上缺乏行之有效的管理层激励及市场化机制，股东无法制约和控制管理层的管理和决策行为。此时，兼具经济人和理性人的管理层出于自身利益最大化的目标，有能力也有动力利用手中带有政治属性的“强权”谋取私利甚至掏空企业。而现金股利分配作为股东获取投资收益的主要载体，能够降低企业现金流被侵占和滥用的可能性，有效地抑制管理层过度投资（魏明海和柳建华，2007）和在职消费（罗宏和黄文华，2008）等机会主义行为。因此，对于具有自利动机的国企高管来说，其更可能降低企业的现金股利分配强度。随着混合所有制改革的稳步推进，非国有资本的逐步进入为国企引入更有效的监督治理机制（郝云宏等，2015）。一方面，非国有资本能够委派董监高直接参与到国企的决策过程中，通过建立经理人薪酬激励、选聘与退出、公司绩效评价等合理的激励约束机制来增强管理层薪酬与离职绩效敏感性（郝阳和龚六堂，2017），充分发挥国有产权的资本优势与非国有资本的灵活市场机制，有效削弱国企高管的现金侵占行为，促使其将多余的自由现金流以现金股利形式回报给股东。另一方面，非国有股东大多是具有明确逐利动机的个人、机构或团体，更加关注企业的经营风险、发展潜力及投资回报，能够对国企进行积极监督管理，驱动管理层通过发放现金股利“吐出”现金。此外，非国有股东获取资本回报的重要途径之一就是现金股利，这将进一步提升国企现金股利分配的可能性。综上所述，国企混改能够形成相互制衡与激励相容的治理机制，有效缓解国企“一股独大”及“内部人控制”等监管失效问题，进而提高国企的现金股利支付水平。

国企混改可以通过减少国企的政策性负担来加剧融资约束，降低国企支付现金股利的可能性。作为我国实现经济增长的主力军，国企在拥有绝对控股地位的政府带领下，往往需要承担弥补市场失灵、投资新产业、稳定就业等非营利性的社会化目标（廖冠民和沈红波，2014），导致企业的决策制定在一定程度上受到行政干预。相比非国企，国企摊派了诸多政策性负担，故在政策扶持上处于优势地位，容易获得财政补贴和信贷扶持，面临的融资约束程度较小（刘津宇等，2014），在弱化留存现金重要性的同时能够增强管理层派发现金股利的动机。而在国企混改过程中，具有逐利天性的非国有资本会抑制国企承担过多的非经济目标，帮助其摆脱政策性负担过重的困境，纯化企业价值最大化的经营目标（白重恩等，2006）。并且，不同性质的股权进行重复博弈最终形成权力优配，削弱政府对国企的干预和管制，降低政府为实现自身政治目标诉求而向其施加政治压力的意愿，促使其减少自身所承担的政策性目标。此外，当国企发生由国有控股转为民营控股的控制权转移时，丧失了国有产权隐性契约的担保，致使显性化的破产风险和违约风险上升。因此，政策性负担的减少在一定程度上可能降低国有股权相伴而生的资源效应，强化企业所面临的融资约束，使企业减少现金股利的发放。特别地，在赶超战略影响下国企投资结构的扭曲与特殊时期的政府干预，在恶化国企资源配置效率的同时阻碍了其技术发展。而国企混改能够显著促进企业的创新活动（李文贵和余明桂，2015），使具有研发平滑作用的公司现金持有显得尤为重要（Brown 和 Petersen，2011；吴淑娥等，2016）。因此，公司需要以较多的资金满足经营发展的需求，从而弱化企业的现金股利分配动机。

由此，本章提出以下假设：

假设 H1：国企混改程度越高，企业现金股利分配力度越强。

假设 H2：国企混改程度越高，企业现金股利分配力度越弱。

9.4 研究设计

9.4.1 样本选取

本章以观测初始年当年（2007 年及之前上市的为 2007 年，2007 年之后上市的为上市当年）实际控制人为国有性质的 A 股上市公司为样本，忽略不具牵制作用的“用脚投票”的小股东，仅以前十大流通股东作为衡量标准，对 2007~2017 年上市公司年报中“股东数量和持股情况”的前十大股东“持股性质”进行手工收集（如果股东本身也是上市公司，则依据其实际控制人的性质进行判断），并参考马连福等（2015）、郝阳和龚六堂（2017）的研究将前十大股东划分为国有股东、民营股东、自然人股东、外资类股东、机构投资者和其他共六大类。本章还对以下数据样本进行了剔除：①PT、ST、*ST 的公司。②金融行业的公司。③数据缺失的样本。此外，在国企混改中，垄断行业优先得到非国有股东的青睐，吸引非国有资本投资。但由于垄断性国企居于重要战略地位，关系国民经济命脉，政府控制垄断性国企的动机依旧较强，非国有股东委派高管进入垄断性国企的难度大（蔡贵龙等，2018），因此本章在高层治理维度删除了垄断行业的样本。同时，考虑到股权结构维度分析中包含部分国有股权退出的情况，这类样本中的高层治理数据存在异常，因此本章在高层治理维度的分析中对此进行了剔除。最终在股权结构维度获得 10542 个企业—年度观测值，高层治理维度获得 8759 个企业—年度观测值。本章所有财务数据均来自 CSMAR 数据库，为排除异常值对结果的影响，本章还对所有的连续变量进行了上下 1%的缩尾处理。

9.4.2 实证模型

借鉴全怡等（2016）、杨兴全等（2020）的研究建立模型（9-1）验证国企混改对企业现金股利的影响：

$$Div_{i,t}=\beta_0+\beta_1 Mixed_{i,t}+\beta_2 CV_{i,t}+\sum Year+\sum Industry+\varepsilon_{i,t} \tag{9-1}$$

其中，i 和 t 分别表示公司和年份，ε 表示回归模型的残差，Div 表示现金股利的代理变量，Mixed 表示国企混改，各指标的具体构建方法见下文。

9.4.3 变量定义

被解释变量：股利支付水平（Div）。借鉴魏志华等（2012）的研究，采用股利支付水平（Div）对公司现金股利政策进行描述，具体为每股现金股利与每股净利润之比，这可以提高不同盈利水平公司间股利支付水平的可比性。

解释变量：国企混改（Mixed），由股权结构和高层治理两个维度进行测量，基本回归从股权结构角度出发，高层治理角度用作稳健性检验。①股权结构维度，本章借鉴马连福等（2015）的研究设计，构建如下系列指标来衡量国企混改的股权结构：混合多样性（Mixnum），前十大股东中涉及的不同种类股权性质的数量，当前十大股东中仅存在一种性质的股东时，Mixnum 取值为 1，当存在两种性质的股东时取值为 2，以此类推，当具有六种不同性质的股东时 Mixnum 取值为 6；混合深入度（Mixratio），根据企业前十大股东性质及持股比例加总得到的非国有股东持股比例总和；混合制衡度（Mixbalance），衡量国有股东与非国有股东之间形成的股权制衡关系，以前十大股东中非国有股东持股总量减去国有股东持股总量的差衡量；控制权转移（Mixcontrol），判断企业的控制权是否发生了变更，将终极控制人或第一大股东为非国有性质的企业定义为发生了国有控制权转移，转移取值为 1，否则为 0。②高层治理维度，参考蔡贵龙等（2018）的研究，以非国有股东委派的董事人数占公司董事总人数的比例（Mixbroad）和委派董监高人数占董监高总人数的比例（Mixdjg）进行衡量。

控制变量：分别控制了公司特征和公司治理两个层面。其中，公司特征包括财务杠杆（Lev）、经营现金流量（Ocf）、成长性（Growth）、资产收益率（Roa）、企业规模（Lnsize）、企业年龄（Age）；公司治理包括两职合一（Dual）、第一大股东持股比例（Top1）、董事会规模（Board）、管理层持股（Msh）、独立董事比例（Indep）。此外，为了缓解异方差和序列相关问题，对模型采用公司聚类的稳健标准误，同时控制了行业和年度效应。具体变量定义如表 9-1 所示。

表 9-1　相关变量定义

变量类型	变量名称	变量符号	变量定义
被解释变量	股利支付水平	Div	每股现金股利除以每股净利润
解释变量	混合多样性	Mixnum	前十大股东中涉及的不同种类股权性质的数量，当前十大股东中仅存在一种性质的股东时取值为 1，当存在两种性质的股东时取值为 2，以此类推，当具有六种不同性质的股东时取值为 6
	混合深入度	Mixratio	根据企业前十大股东性质及持股比例加总得到的非国有股东持股比例总和
	混合制衡度	Mixbalance	衡量国有股东与非国有股东之间形成的股权制衡关系，以前十大股东中非国有股东持股总量减去国有股东持股总量的差衡量
	控制权转移	Mixcontrol	判断企业的控制权是否发生了变更，将实际控制人或第一大股东为非国有性质的企业定义为发生了国有控制权转移，转移取值为 1，否则为 0
	非国有股委派董事	Mixbroad	非国有股东委派的董事人数占公司董事总人数的比例
	非国有股委派董监高	Mixdjg	委派董监高人数占董监高总人数的比例
控制变量	财务杠杆	Lev	负债总额/总资产
	经营现金流量	Ocf	经营活动现金流量净额/总资产
	成长性	Growth	（主营业务收入-上期主营业务收入）/上期主营业务收入
	资产收益率	Roa	净利润/总资产
	公司规模	Lnsize	总资产的自然对数
	企业年龄	Age	企业上市年限的自然对数
	两职合一	Dual	董事长与总经理两职合一时取 1，否则为 0
	第一大股东持股比例	Top1	上市公司第一大股东持股比例
	董事会规模	Board	董事会总人数
	管理层持股	Msh	管理层总持股占总股数比重
	独立董事比例	Indep	独立董事人数/董事会总人数

9.5 实证结果分析

9.5.1 描述性统计

表9-2报告了本章主要研究变量的描述性统计结果。从衡量现金股利的指标来看，股利支付率Div的均值为0.230，表明虽然上市公司支付现金股利，但其支付比例相对较低。从衡量国企混改的股权结构看，Mixnum的均值为3.200，说明我国国企持股股东的种类存在多样性；Mixratio的均值为0.330，最大值为0.830，最小值为0.010，表明我国国企混改力度较大，且非国有资本在我国部分国企中占比较高，但不同国企中非国有资本的进入情况存在较大差异；Mixbalance的均值为0.080，该数值小于10%，说明整体而言，在参与混改的国企中非国有资本与国有资本持股比例基本持平，处于相互制衡的局面；Mixcontrol的均值为0.470，表明我国大约有47%的国企在混改过程中发生了控制权的转移。从衡量国企混改的高层治理维度来看，非国有股东委派董事比例Mixbroad和委派董监高比例Mixdjg的均值仅为2.0%和1.0%，表明目前非国有资本参与国企混改的过程中存在同股不同权的现象，非国有股东委派高管的情况虽已具有一定规模，但与股权结构相比，仍存在较大的提升空间。

表9-2 相关变量定义

变量	样本数	均值	中位数	标准差	最小值	最大值
Div	10542	0.230	0.200	0.210	0.000	0.880
Mixnum	10542	3.200	3.000	0.860	1.000	5.000
Mixratio	10542	0.330	0.270	0.270	0.010	0.830
Mixbalance	10542	0.080	0.010	0.490	-0.760	0.820
Mixcontrol	10542	0.470	0.000	0.500	0.000	1.000
Mixbroad	8759	0.020	0.000	0.070	0.000	0.400
Mixdjg	8759	0.010	0.000	0.030	0.000	0.200
Lev	10542	0.430	0.420	0.200	0.050	0.960

续表

变量	样本数	均值	中位数	标准差	最小值	最大值
Ocf	10542	0.050	0.050	0.070	-0.190	0.250
Growth	10542	0.220	0.130	0.480	-0.570	3.940
Roa	10542	0.040	0.040	0.050	-0.170	0.200
Lnsize	10542	22.120	21.930	1.240	19.340	25.780
Age	10542	2.640	2.710	0.400	1.100	3.330
Dual	10542	0.230	0.000	0.420	0.000	1.000
Top1	10542	0.360	0.350	0.150	0.090	0.750
Board	10542	8.810	9.000	1.750	5.000	15.000
Msh	10542	0.120	0.000	0.200	0.000	0.680
Indep	10542	0.370	0.330	0.0500	0.330	0.570

9.5.2　基本结果

表 9-3 报告了国企混改对企业现金股利政策的影响，列（1）和列（2）中 Mixnum 均未通过显著性检验，说明国企混改的股权多样性对企业现金股利政策未产生显著影响；列（3）和列（4）中 Mixratio 的系数在 1%的水平下显著为正，说明现金股利支付水平随着非国有资本持股比例升高而增加；列（5）和列（6）中 Mixbalance 的系数在 1%的水平下显著为正，说明非国有资本的制衡提高了现金股利支付水平；列（7）和列（8）中 Mixcontrol 的系数在 1%和 5%的水平下显著为正，说明国有控制权的转移也显著增加了企业现金股利支付水平。因此，混改深入度、制衡度和控制权转移均体现了我国混改过程中国有股与非国有股的股权博弈均势动态变化，着重强调非国有股入股标的企业的力量对比，更能体现异质股权制衡的力量差异所带来的优化效果，实现增加现金股利支付水平的作用；而股权多样性仅仅体现非国有资本进入种类的多寡，没有体现出国有股与非国有股股权的力量对比关系，因而提高现金股利支付水平的效果不明显。从这个角度而言，国企混改不应仅流于形式而追求股权种类的多样性，更应关注股权结构的实质性改变，真正发挥非国有资本所产生的优化作用。基本回归整体上支持了假说 H1，即国企混改程度越高，企业现金股利分配力度越强。

表 9-3 国企混改与现金股利政策

因变量	混合多样性		混合深入度		混合制衡度		控制权转移	
	Div (1)	Div (2)	Div (3)	Div (4)	Div (5)	Div (6)	Div (7)	Div (8)
Mixnum	-0.004 (-1.08)	0.003 (0.94)	—	—	—	—	—	—
Mixratio	—	—	0.118*** (8.21)	0.064*** (4.03)	—	—	—	—
Mixbalance	—	—	—	—	0.042*** (5.33)	0.029*** (3.32)	—	—
Mixcontrol	—	—	—	—	—	—	0.039*** (5.10)	0.020** (2.42)
Lev	—	-0.248*** (-13.33)	—	-0.242*** (-13.01)	—	-0.244*** (-13.15)	—	-0.245*** (-13.19)
Ocf	—	0.162*** (4.66)	—	0.162*** (4.68)	—	0.164*** (4.71)	—	0.163*** (4.69)
Growth	—	-0.029*** (-7.57)	—	-0.031*** (-8.03)	—	-0.030*** (-7.87)	—	-0.030*** (-7.80)
Roa	—	0.679*** (11.22)	—	0.656*** (10.86)	—	0.663*** (10.97)	—	0.675*** (11.16)
Lnsize	—	0.022*** (6.75)	—	0.022*** (6.82)	—	0.023*** (6.97)	—	0.022*** (6.89)
Age	—	-0.014* (-1.82)	—	-0.007 (-0.90)	—	-0.009 (-1.16)	—	-0.010 (-1.27)
Dual	—	0.011* (1.65)	—	0.007 (1.03)	—	0.007 (1.10)	—	0.009 (1.28)
Top1	—	0.119*** (5.54)	—	0.119*** (5.57)	—	0.136*** (6.26)	—	0.125*** (5.83)
Board	—	0.006*** (3.13)	—	0.007*** (3.46)	—	0.007*** (3.46)	—	0.007*** (3.33)
Msh	—	0.058*** (3.16)	—	0.017 (0.87)	—	0.026 (1.32)	—	0.034* (1.74)
Indep	—	-0.067 (-1.22)	—	-0.057 (-1.03)	—	-0.058 (-1.05)	—	-0.058 (-1.05)
Constant	0.157*** (3.97)	-0.268*** (-3.70)	0.131*** (3.32)	-0.297*** (-4.07)	0.159*** (4.13)	-0.294*** (-4.02)	0.144*** (3.74)	-0.289*** (-3.95)
Year/Ind	Yes	Yes	Yes	Yes	Yes	Yes	Yes	Yes

续表

因变量	混合多样性		混合深入度		混合制衡度		控制权转移	
	Div (1)	Div (2)	Div (3)	Div (4)	Div (5)	Div (6)	Div (7)	Div (8)
N	10542	10542	10542	10542	10542	10542	10542	10542
Adj-R^2	0.022	0.146	0.040	0.149	0.030	0.148	0.029	0.147

注：***、**和*分别表示在1%、5%和10%的水平下显著（双尾）；括号内为t值；标准差均经公司层面聚类处理。本章下同。

9.5.3 稳健性检验

9.5.3.1 内生性问题

企业派发现金股利也可能吸引潜在的股东进入，因此本章可能存在反向因果关系①。为此，本章采取两阶段最小二乘法缓解可能存在的内生性问题，参考已有文献的做法（Kusnadi等，2015；杨兴全和尹兴强，2018），采用国企混改变量的年度行业均值（Z_Mixed）以及滞后一期（LMixed）作为工具变量，建立以国企混改为自变量的处理效应模型，回归结果如表9-4所示。列（1）至列（4）是第一阶段回归结果，国企混改指标滞后一期及其行业年度中位数的系数均在5%水平下显著为正，表明公司上一期的国企混改程度和同行业年份公司的国企混改程度中位数对该公司下一期的国企混改程度具有预测能力。列（6）至列（8）是第二阶段回归的结果，国企混改拟合值的系数均在10%的水平下为正。回归结果与表9-3的结果一致，意味着“互为因果”的内生性问题没有严重影响到本研究相关结论的成立。

表9-4 国企混改与现金股利政策：两阶段回归法

因变量	混合多样性 Mixnum (1)	混合深入度 Mixratio (2)	混合制衡度 Mixbalance (3)	控制权转移 Mixcontrol (4)	混合多样性 Div (5)	混合深入度 Div (6)	混合制衡度 Div (7)	控制权转移 Div (8)
	第一阶段				第二阶段			
L. Mixnum	0.038** (2.52)	—	—	—	—	—	—	—

① 对模型（9-1）进行了豪斯曼检验（Hausman），P值小于0.1，拒绝原假设“原模型不存在显著的内生性问题导致的估计误差”。

续表

因变量	混合多样性 Mixnum (1)	混合深入度 Mixratio (2)	混合制衡度 Mixbalance (3)	控制权转移 Mixcontrol (4)	混合多样性 Div (5)	混合深入度 Div (6)	混合制衡度 Div (7)	控制权转移 Div (8)
	第一阶段				第二阶段			
Z_ Mixnum	0.676*** (8.66)	—	—	—	—	—	—	—
L. Mixratio	—	0.417*** (12.71)	—	—	—	—	—	—
Z_ Mixratio	—	0.081*** (2.73)	—	—	—	—	—	—
L. Mixbalance	—	—	0.419*** (10.43)	—	—	—	—	—
Z_ Mixbalance	—	—	0.071** (2.49)	—	—	—	—	—
L. Mixcontrol	—	—	—	0.406*** (8.42)	—	—	—	—
Z_ Mixcontrol	—	—	—	0.090*** (2.67)	—	—	—	—
Mixnum	—	—	—	—	0.007 (1.31)	—	—	—
Mixratio	—	—	—	—	—	0.033** (2.43)	—	—
Mixbalance	—	—	—	—	—	—	0.014* (1.84)	—
Mixcontrol	—	—	—	—	—	—	—	0.012* (1.68)
Lev	-0.032 (-0.25)	-0.068*** (-4.07)	-0.048* (-1.75)	-0.056* (-1.74)	-0.242*** (-15.84)	-0.240*** (-15.65)	-0.241*** (-15.76)	-0.241*** (-15.77)
Ocf	0.098 (0.60)	0.004 (0.29)	-0.006 (-0.23)	-0.002 (-0.07)	0.181*** (5.03)	0.180*** (5.01)	0.181*** (5.05)	0.181*** (5.04)
Growth	-0.015 (-0.79)	0.015*** (6.37)	0.011*** (2.69)	0.007* (1.92)	-0.030*** (-6.38)	-0.031*** (-6.66)	-0.031*** (-6.56)	-0.031*** (-6.55)
Roa	-0.634** (-2.15)	0.041 (1.22)	0.092 (1.56)	0.125* (1.76)	0.678*** (11.91)	0.670*** (11.76)	0.673*** (11.81)	0.677*** (11.90)
Lnsize	0.021 (0.66)	0.012*** (2.94)	-0.006 (-0.83)	0.003 (0.30)	0.026*** (10.23)	0.025*** (10.17)	0.026*** (10.30)	0.026*** (10.29)

续表

因变量	混合多样性 Mixnum (1)	混合深入度 Mixratio (2)	混合制衡度 Mixbalance (3)	控制权转移 Mixcontrol (4)	混合多样性 Div (5)	混合深入度 Div (6)	混合制衡度 Div (7)	控制权转移 Div (8)
	第一阶段				第二阶段			
Age	0.161 (0.85)	-0.104*** (-5.36)	-0.121*** (-4.04)	-0.116*** (-3.11)	-0.013* (-1.93)	-0.009 (-1.33)	-0.010 (-1.50)	-0.010 (-1.47)
Dual	0.036 (0.87)	0.003 (0.59)	0.003 (0.36)	0.005 (0.52)	0.014** (2.57)	0.012** (2.14)	0.012** (2.21)	0.013** (2.24)
Top1	-0.053 (-0.25)	-0.028 (-0.90)	-0.370*** (-6.14)	-0.084 (-1.46)	0.116*** (7.24)	0.117*** (7.32)	0.125*** (7.49)	0.121*** (7.44)
Board	0.028** (1.99)	-0.002 (-1.45)	-0.006** (-2.20)	-0.005 (-1.46)	0.005*** (3.44)	0.006*** (3.69)	0.006*** (3.66)	0.006*** (3.63)
Msh	-0.457** (-2.52)	0.122*** (5.24)	0.183*** (5.19)	0.100*** (3.05)	0.057*** (3.37)	0.027 (1.62)	0.032** (1.97)	0.033** (2.03)
Indep	0.300 (0.88)	-0.059* (-1.77)	-0.087 (-1.59)	-0.069 (-0.97)	-0.086* (-1.80)	-0.079* (-1.65)	-0.081* (-1.68)	-0.080* (-1.66)
Constant	-0.188 (-0.20)	0.255** (2.40)	0.718*** (4.02)	0.618*** (2.68)	-0.321*** (-5.18)	-0.318*** (-5.37)	-0.315*** (-5.29)	-0.319*** (-5.29)
Year/Ind	Yes	Yes	Yes	Yes	Yes	Yes	Yes	Yes
N	7248	7248	7248	7248	7248	7248	7248	7248
R^2_a	0.038	0.256	0.240	0.176	0.150	0.151	0.151	0.151

9.5.3.2　其他敏感性测试

第一，变换样本。在我国特殊制度背景下，相关部门分别于2011年和2013年提出强制分红政策和分红监管新政，这两次政策均对企业的现金股利决策产生了重要影响。基于以上考虑，定义半强制分红变量为Ban，当年度区间大于2011年（或2013年）取1，反之取0，并将其作为控制变量进行控制，结果如表9-5所示，国企混改与现金股利政策的关系依然与前文结论保持一致。

表9-5　国企混改与现金股利政策：变换样本

因变量	混合多样性 Div (1)	混合深入度 Div (2)	混合制衡度 Div (3)	控制权转移 Div (4)	混合多样性 Div (5)	混合深入度 Div (6)	混合制衡度 Div (7)	控制权转移 Div (8)
	2011年半强制分红政策				2011年半强制分红政策			
Mixnum	0.003 (0.94)	—	—	—	0.003 (0.94)	—	—	—

续表

因变量	混合多样性 Div (1)	混合深入度 Div (2)	混合制衡度 Div (3)	控制权转移 Div (4)	混合多样性 Div (5)	混合深入度 Div (6)	混合制衡度 Div (7)	控制权转移 Div (8)
	2011 年半强制分红政策				2011 年半强制分红政策			
Mixratio	—	0.064*** (4.03)	—	—	—	0.064*** (4.03)	—	—
Mixbalance	—	—	0.029*** (3.32)	—	—	—	0.029*** (3.32)	—
Mixcontrol	—	—	—	0.020** (2.42)	—	—	—	0.020** (2.42)
Lev	-0.248*** (-13.33)	-0.242*** (-13.01)	-0.244*** (-13.15)	-0.245*** (-13.19)	-0.248*** (-13.33)	-0.242*** (-13.01)	-0.244*** (-13.15)	-0.245*** (-13.19)
Ocf	0.162*** (4.66)	0.162*** (4.68)	0.164*** (4.71)	0.163*** (4.69)	0.162*** (4.66)	0.162*** (4.68)	0.164*** (4.71)	0.163*** (4.69)
Growth	-0.029*** (-7.57)	-0.031*** (-8.03)	-0.030*** (-7.87)	-0.030*** (-7.80)	-0.029*** (-7.57)	-0.031*** (-8.03)	-0.030*** (-7.87)	-0.030*** (-7.80)
Roa	0.679*** (11.22)	0.656*** (10.86)	0.663*** (10.97)	0.675*** (11.16)	0.679*** (11.22)	0.656*** (10.86)	0.663*** (10.97)	0.675*** (11.16)
Lnsize	0.022*** (6.75)	0.022*** (6.82)	0.023*** (6.97)	0.022*** (6.89)	0.022*** (6.75)	0.022*** (6.82)	0.023*** (6.97)	0.022*** (6.89)
Age	-0.014* (-1.82)	-0.007 (-0.90)	-0.009 (-1.16)	-0.010 (-1.27)	-0.014* (-1.82)	-0.007 (-0.90)	-0.009 (-1.16)	-0.010 (-1.27)
Dual	0.011* (1.65)	0.007 (1.03)	0.007 (1.10)	0.009 (1.28)	0.011* (1.65)	0.007 (1.03)	0.007 (1.10)	0.009 (1.28)
Top1	0.119*** (5.54)	0.119*** (5.57)	0.136*** (6.26)	0.125*** (5.83)	0.119*** (5.54)	0.119*** (5.57)	0.136*** (6.26)	0.125*** (5.83)
Board	0.006*** (3.13)	0.007*** (3.46)	0.007*** (3.46)	0.007*** (3.33)	0.006*** (3.13)	0.007*** (3.46)	0.007*** (3.46)	0.007*** (3.33)
Msh	0.058*** (3.16)	0.017 (0.87)	0.026 (1.32)	0.034* (1.74)	0.058*** (3.16)	0.017 (0.87)	0.026 (1.32)	0.034* (1.74)
Indep	-0.067 (-1.22)	-0.057 (-1.03)	-0.058 (-1.05)	-0.058 (-1.05)	-0.067 (-1.22)	-0.057 (-1.03)	-0.058 (-1.05)	-0.058 (-1.05)
Ban	0.014 (1.18)	0.008 (0.70)	0.009 (0.78)	0.010 (0.88)	-0.001 (-0.06)	-0.010 (-0.83)	-0.008 (-0.68)	-0.007 (-0.54)
Constant	-0.268*** (-3.70)	-0.297*** (-4.07)	-0.294*** (-4.02)	-0.289*** (-3.95)	-0.605*** (-11.54)	-0.294*** (-4.02)	-0.593*** (-11.41)	-0.289*** (-3.95)

续表

因变量	混合多样性 Div (1)	混合深入度 Div (2)	混合制衡度 Div (3)	控制权转移 Div (4)	混合多样性 Div (5)	混合深入度 Div (6)	混合制衡度 Div (7)	控制权转移 Div (8)
	2011年半强制分红政策				2011年半强制分红政策			
Year/Ind	Yes	Yes	Yes	Yes	Yes	Yes	Yes	Yes
N	10542	10542	10542	10542	10542	10542	10542	10542
Adj-R^2	0.146	0.149	0.148	0.147	0.146	0.149	0.148	0.147

第二，改变回归方法。考虑到Div为下限为0的拖尾变量，可能引起估计系数偏误的影响，本章采用Tobit模型再次检验国企混改与现金股利支付水平的关系。如表9-6中的列（1）至列（4）所示，Tobit回归与基本回归结果保持一致。此外，为了排除个体效应对因变量的影响，本章采用固定效应对模型（9-1）重新进行回归，如表9-6中的列（5）至列（8）所示，检验结果依然保持不变。

表9-6 国企混改与现金股利政策：改变回归方法

因变量	混合多样性 Div (1)	混合深入度 Div (2)	混合制衡度 Div (3)	控制权转移 Div (4)	混合多样性 Div (5)	混合深入度 Div (6)	混合制衡度 Div (7)	控制权转移 Div (8)
	Tobit模型				固定效应			
Mixnum	0.003 (0.70)	—	—	—	0.001 (0.45)	—	—	—
Mixratio	—	0.074*** (3.70)	—	—	—	0.069*** (4.70)	—	—
Mixbalance	—	—	0.034*** (3.04)	—	—	—	0.031*** (3.76)	—
Mixcontrol	—	—	—	0.025** (2.27)	—	—	—	0.015** (2.00)
Lev	-0.318*** (-11.94)	-0.311*** (-11.68)	-0.313*** (-11.79)	-0.315*** (-11.80)	-0.248*** (-15.70)	-0.241*** (-15.29)	-0.244*** (-15.51)	-0.246*** (-15.60)
Ocf	0.121** (2.55)	0.122** (2.57)	0.124*** (2.61)	0.123*** (2.60)	0.108*** (3.60)	0.111*** (3.71)	0.112*** (3.73)	0.110*** (3.66)
Growth	-0.031*** (-5.45)	-0.033*** (-5.85)	-0.032*** (-5.71)	-0.032*** (-5.65)	-0.019*** (-5.41)	-0.020*** (-5.82)	-0.020*** (-5.66)	-0.019*** (-5.54)
Roa	1.421*** (14.75)	1.390*** (14.51)	1.400*** (14.58)	1.415*** (14.73)	0.486*** (9.52)	0.465*** (9.14)	0.472*** (9.27)	0.483*** (9.47)

续表

因变量	混合多样性 Div（1）	混合深入度 Div（2）	混合制衡度 Div（3）	控制权转移 Div（4）	混合多样性 Div（5）	混合深入度 Div（6）	混合制衡度 Div（7）	控制权转移 Div（8）
	Tobit 模型				固定效应			
Lnsize	0.036*** （8.12）	0.037*** （8.20）	0.037*** （8.30）	0.037*** （8.24）	0.020*** （6.79）	0.021*** （7.28）	0.021*** （7.41）	0.020*** （7.03）
Age	-0.024** （-2.44）	-0.016 （-1.60）	-0.018* （-1.84）	-0.019* （-1.89）	-0.009 （-1.17）	-0.000 （-0.05）	-0.003 （-0.38）	-0.005 （-0.69）
Dual	0.014* （1.70）	0.009 （1.12）	0.010 （1.18）	0.011 （1.33）	0.007 （1.16）	0.004 （0.60）	0.004 （0.68）	0.005 （0.92）
Top1	0.142*** （5.06）	0.142*** （5.08）	0.161*** （5.74）	0.150*** （5.34）	0.135*** （6.58）	0.132*** （6.44）	0.149*** （7.15）	0.140*** （6.78）
Board	0.007*** （2.64）	0.008*** （2.93）	0.008*** （2.93）	0.008*** （2.82）	0.004** （2.55）	0.005*** （2.93）	0.005*** （2.94）	0.005*** （2.73）
Msh	0.085*** （3.85）	0.040* （1.69）	0.050** （2.14）	0.058** （2.46）	0.063*** （3.60）	0.024 （1.24）	0.034* （1.75）	0.048*** （2.58）
Indep	-0.122* （-1.66）	-0.109 （-1.48）	-0.111 （-1.50）	-0.111 （-1.50）	-0.097** （-1.98）	-0.088* （-1.81）	-0.089* （-1.83）	-0.092* （-1.88）
Constant	-0.652*** （-6.45）	-0.688*** （-6.74）	-0.685*** （-6.70）	-0.681*** （-6.65）	-0.156** （-2.49）	-0.227*** （-3.56）	-0.219*** （-3.42）	-0.188*** （-2.92）
Year/Ind	Yes	Yes	Yes	Yes	Yes	Yes	Yes	Yes
N	10542	10542	10542	10542	10542	10542	10542	10542
Adj-R^2	0.352	0.356	0.355	0.353	0.312	0.309	0.309	0.310

第三，更换核心指标测度。首先是因变量的替换，参考祝继高和王春飞（2013）、陈运森等（2019）的研究，采用现金股利支付意愿 D（若上市公司当年发放现金股利为 1，否则为 0）和现金股利支付水平 Div_a（每股现金股利/每股收益）对公司现金股利政策重新进行衡量。回归结果如表 9-7 中的列（1）至列（8）所示，其结果与基本结果保持一致。其次是自变量的替换，从高层治理维度重新衡量国企混改程度，以非国有股东委派的董事人数占公司董事总人数的比例 Mixbroad 和委派董监高人数占董监高总人数的比例 Mixdjg 进行衡量，回归结果如表 9-7 中的列（9）至列（10）所示，仍然与前文保持一致。

表 9-7　国企混改与现金股利政策：更换核心指标

因变量	混合多样性 D（1）	混合深入度 D（2）	混合制衡度 D（3）	控制权转移 D（4）	混合多样性 Div_a（5）	混合深入度 Div_a（6）	混合制衡度 Div_a（7）	控制权转移 Div_a（8）	委派董事 Div（9）	委派董监高 Div（10）
	替换因变量									
Mixnum	-0.005 (-0.84)	—	—	—	0.001 (0.45)	—	—	—	—	—
Mixratio	—	0.065** (2.11)	—	—	—	0.049*** (3.05)	—	—	—	—
Mixbalance	—	—	0.034** (2.04)	—	—	—	0.022** (2.44)	—	—	—
Mixcontrol	—	—	—	0.032* (1.91)	—	—	—	0.016** (1.96)	—	—
Mixbroad	—	—	—	—	—	—	—	—	0.086*** (2.96)	—
Mixdjg	—	—	—	—	—	—	—	—	—	0.122** (2.10)
Lev	-0.386*** (-8.83)	-0.379*** (-8.64)	-0.380*** (-8.70)	-0.381*** (-8.69)	-0.267*** (-13.92)	-0.262*** (-13.65)	-0.264*** (-13.77)	-0.265*** (-13.78)	-0.246*** (-17.43)	-0.246*** (-17.41)
Ocf	0.142* (1.87)	0.143* (1.88)	0.145* (1.91)	0.146* (1.92)	0.250*** (6.84)	0.250*** (6.84)	0.252*** (6.86)	0.252*** (6.85)	0.166*** (4.90)	0.166*** (4.90)
Growth	-0.042*** (-3.71)	-0.044*** (-3.86)	-0.044*** (-3.83)	-0.044*** (-3.86)	-0.035*** (-7.69)	-0.036*** (-7.96)	-0.035*** (-7.87)	-0.035*** (-7.87)	-0.030*** (-7.96)	-0.030*** (-7.97)
Roa	2.157*** (18.24)	2.139*** (18.08)	2.143*** (18.12)	2.151*** (18.18)	0.349*** (7.08)	0.335*** (6.80)	0.340*** (6.90)	0.346*** (7.01)	0.662*** (13.54)	0.663*** (13.56)

续表

因变量	混合多样性 D（1）	混合深入度 D（2）	混合制衡度 D（3）	控制权转移 D（4）	混合多样性 Div_a（5）	混合深入度 Div_a（6）	混合制衡度 Div_a（7）	控制权转移 Div_a（8）	委派董事 Div（9）	委派董监高 Div（10）
	替换因变量									
Lnsize	0.075*** (10.08)	0.075*** (10.12)	0.076*** (10.16)	0.076*** (10.20)	0.028*** (8.29)	0.028*** (8.37)	0.028*** (8.44)	0.028*** (8.42)	0.023*** (9.62)	0.023*** (9.68)
Age	-0.059*** (-3.90)	-0.051*** (-3.36)	-0.052*** (-3.44)	-0.051*** (-3.33)	-0.010 (-1.31)	-0.004 (-0.52)	-0.006 (-0.74)	-0.006 (-0.79)	-0.017*** (-2.85)	-0.016*** (-2.77)
Dual	0.017 (1.38)	0.012 (0.98)	0.012 (0.97)	0.012 (0.98)	0.010 (1.37)	0.006 (0.85)	0.006 (0.92)	0.007 (1.03)	0.012** (2.25)	0.012** (2.27)
Top1	0.118*** (2.71)	0.120*** (2.77)	0.140*** (3.19)	0.130*** (2.96)	0.133*** (6.10)	0.136*** (6.26)	0.147*** (6.66)	0.140*** (6.39)	0.111*** (7.25)	0.110*** (7.16)
Board	0.003 (0.80)	0.004 (0.96)	0.004 (0.99)	0.004 (0.97)	0.006*** (2.93)	0.007*** (3.18)	0.007*** (3.16)	0.007*** (3.08)	0.007*** (4.63)	0.007*** (4.61)
Msh	0.049*** (4.58)	0.039*** (3.44)	0.041*** (3.69)	0.042*** (3.91)	0.020*** (3.08)	0.010 (1.44)	0.013* (1.88)	0.015** (2.26)	0.055*** (4.10)	0.054*** (4.05)
Indep	-0.290** (-2.46)	-0.279** (-2.35)	-0.279** (-2.35)	-0.276** (-2.32)	-0.102* (-1.78)	-0.094 (-1.64)	-0.095* (-1.66)	-0.095* (-1.65)	-0.059 (-1.34)	-0.058 (-1.32)
Constant	-0.945*** (-6.03)	-1.007*** (-6.29)	-1.010*** (-6.30)	-1.020*** (-6.35)	-0.373*** (-4.95)	-0.406*** (-5.28)	-0.402*** (-5.23)	-0.400*** (-5.19)	-0.276*** (-5.22)	-0.278*** (-5.27)
Year/Ind	Yes	Yes	Yes	Yes	Yes	Yes	Yes	Yes	Yes	Yes
N	10542	10542	10542	10542	10542	10542	10542	10542	8759	8759
Adj-R^2	0.223	0.224	0.224	0.224	0.131	0.133	0.132	0.132	0.135	0.134

9.6 进一步分析

9.6.1 传导机制分析：基于治理效应和融资约束的双重视角

一方面，随着国企股权中多种所有制资本的逐步引入，非国有资本的所有者基于资本逐利，具有强烈的动机去监督管理层，抑制因所有者缺位、高管薪酬管制及追求政治晋升与规避政治风险等引致的代理冲突，缓解国企的政府干预及激发企业活力进而提升国企整体的治理水平，从而驱动公司内部人通过发放现金股利“吐出”现金；另一方面，随着非国有资本的不断进入，国有股比例的不断下降，国企受政府干预的程度亦有所缓解、经营目标得到一定纯化，承担的政策性负担将明显减少（张辉等，2016），进而降低国有股权的资源效应、强化企业的融资约束，导致公司减少现金股利的发放。从前文基本回归结果可知，国企混改可以显著提高公司的现金股利支付水平。因此，影响现金股利政策的渠道主要是治理效应而非融资约束。为检验国企混改是否通过治理效应提高企业的现金股利支付水平，借鉴黎文靖和李耀淘（2014）的机制检验分析方法，建立模型组（9-2）：

$$\begin{cases} Div_{i,t} = \beta_0 + \beta_1 Gv_{i,t} + \beta_2 Cv_{i,t} + \sum Year + \sum Industry + \varepsilon_{i,t} \\ Div_{i,t} = \beta_0 + \beta_1 Mixed_{i,t} + \beta_2 Gv_{i,t} + \beta_3 Mixed_{i,t} \times Gv_{i,t} + \beta_4 Cv_{i,t} + \\ \qquad \sum Year + \sum Industry + \varepsilon_{i,t} \end{cases} \tag{9-2}$$

$$Pr(FC=1 \text{ 或 } 0 \mid X_{i,t}) = \frac{1}{1+e^{-X_{i,t}}} \quad (X_{i,t} = \beta_0 + \beta_1 Lev_{i,t} + \beta_2 MB_{i,t} + \beta_3 Div_{i,t} + \beta_4 Nwc_{i,t} + \beta_5 Edit_{i,t}) \tag{9-3}$$

模型组（9-2）中 Gv 表示公司治理变量。借鉴刘博研和韩立岩（2010）的方法，利用销售额的赫芬达尔指数、行业内竞争者的数量、首席执行官与董事会主席是否为同一人的虚拟变量、外部董事的比例、高管人员持股比例、第一大股东持股比例、第二至第十股东持股量的集中度、是否在其他市场上市交易的虚拟变量、国有控股类型共 9 个指标构建公司综合治理水平体系，并通过主成分分析法得出第一主元的载荷系数。由于所得第一大主元的载荷系数符号与预测符号方向相反，因此综合治理指数（Gv）越高，意味着公司的综合治理水平越低。表 9-8 中的列（1）至列（5）为国企混改影响公司现金股利政策的治理效应检验结果。列（1）中Gv的系数在10%的水平下显著为负，说明公司的治理水平越差，公司派发的现金股利越少。列（2）中Mixnum×Gv的系数为正但不显著，表明混合股权多样性不能通过优化公司治理水平提高公司的现金股利支付水平；而列（3）至列（5）中Mixratio×Gv、Mixbalance×Gv、Mixcontrol×Gv的系数均在10%、5%、5%的水平下显著为正，说明国企混改股权结构的深入度、制衡度和控制权转移均有效缓解了弱公司治理水平引起的低现金股利支付水平，而混合股权多样性无明显缓解作用。

为排除国企混改影响公司现金股利政策的融资约束路径，我们将模型组（9-2）中的公司治理变量Gv替换成融资约束变量Fc。参考已有文献（张金鑫和王逸，2013；黄蔚和汤湘希，2019），以公司规模（Lnsize）的上下三分位数为界将公司分为高融资约束组（FC=1）和低融资约束组（FC=0），并将其连同资产负债率（Lev）、市值账面比（MB，企业市场价值/账面价值）、现金股利（Div）、营运资本（Nwc，净营运资本/现金资产）和息税前利润（Ebit，息税前利润/总资产）五个财务指标构建模型（9-3），进行Logit回归拟合出每公司当年度的P（FC=1）值作为融资约束的代理变量Fc，Fc的取值范围为0~1，越接近于1表明该公司的融资约束程度越大。表9-8列中的列（6）至列（10）为国企混改影响公司现金股利政策的融资约束效应检验结果。列（6）中Fc的系数在1%的水平下显著为负，说明面临较高的融资约束会造成企业现金股利的减少。列（7）至列（10）中Mixnum×Fc、Mixratio×Fc、Mixbalance×Fc、Mixcontrol×Fc的系数均不显著，说明国企混改并未通过加剧融资约束影响公司现金股利政策。

9.6.2 拓展性分析

9.6.2.1 国企混改与现金股利政策：基于控制人层级的比较分析

不同层级政府控制下的国企，其内部治理机制存在较大差异，因而政府干预对企业行为决策的影响也有所不同。本章根据上市公司最终控制人的行政层级将样本划分为中央国有企业与地方国有企业两组，观察控制人层级对国企混改与现金股利政策相关关系的影响。表9-9报告了分组检验结果。在中央国有企业的样本组［列（1）至列（4）］中，国企混改相关变量均不显著；而在地方国有企业的样本组［列（5）至列（8）］中，除列（5）中混合多样性Mixnum的系数为正未通过显著性检验外，列（6）至列（8）中国企混改相关变量的系数均在5%的水平下显著为正，表明国企混改对现金股利水平的促进作用在由地方政府控制的国企中更加明显。

表 9-8 国企混改与现金股利政策：机制分析

因变量	公司治理 Div（1）	混合多样性 Div（2）	混合深入度 Div（3）	混合制衡度 Div（4）	控制权转移 Div（5）	融资约束 Div（6）	混合多样性 Div（7）	混合深入度 Div（8）	混合制衡度 Div（9）	控制权转移 Div（10）
	治理效应					融资约束效应				
Gv	-0.003* (-1.77)	-0.009 (-1.34)	-0.005 (-1.61)	-0.002 (-0.81)	-0.006* (-1.90)	—	-0.187** (-2.38)	-0.132*** (-4.03)	-0.117*** (-5.24)	-0.132*** (-4.51)
Fc	—	—	—	—	—	-0.116*** (-5.26)	—	—	—	—
Mixnum×Gv	—	0.002 (1.20)	—	—	—	—	—	—	—	—
Mixnum	—	-0.002 (-0.34)	—	—	—	—	—	—	—	—
Mixratio×Gv	—	—	0.013* (1.66)	—	—	—	—	—	—	—
Mixratio	—	—	0.018 (0.66)	—	—	—	—	—	—	—
Mixbalance×Gv	—	—	—	0.009** (1.98)	—	—	—	—	—	—
Mixbalance	—	—	—	-0.001 (-0.06)	—	—	—	—	—	—

续表

因变量	公司治理 Div（1）	混合多样性 Div（2）	混合深入度 Div（3）	混合制衡度 Div（4）	控制权转移 Div（5）	融资约束 Div（6）	混合多样性 Div（7）	混合深入度 Div（8）	混合制衡度 Div（9）	控制权转移 Div（10）
	治理效应					融资约束效应				
Mixcontrol×Gv	—	—	—	—	0.010** （2.24）	—	—	—	—	—
Mixcontrol	—	—	—	—	-0.012 （-0.82）	—	—	—	—	—
Mixnum×Fc	—	—	—	—	—	—	0.022 （0.92）	—	—	—
Mixnum	—	—	—	—	—	—	0.006 （1.47）	—	—	—
Mixratio×Fc	—	—	—	—	—	—	—	0.049 （0.72）	—	—
Mixratio	—	—	—	—	—	—	—	0.073*** （3.81）	—	—
Mixbalance×Fc	—	—	—	—	—	—	—	—	0.033 （0.81）	—
Mixbalance	—	—	—	—	—	—	—	—	0.035*** （3.35）	—

续表

因变量	公司治理 Div（1）	混合多样性 Div（2）	混合深入度 Div（3）	混合制衡度 Div（4）	控制权转移 Div（5）	融资约束 Div（6）	混合多样性 Div（7）	混合深入度 Div（8）	混合制衡度 Div（9）	控制权转移 Div（10）
	治理效应					融资约束效应				
Mixcontrol×Fc	—	—	—	—	—	—	—	—	—	0.044 （1.09）
Mixcontrol	—	—	—	—	—	—	—	—	—	0.027*** （2.81）
Lev	-0.237*** （-11.1）	-0.236*** （-11.1）	-0.231*** （-10.9）	-0.235*** （-11.1）	-0.236*** （-11.06）	-0.279*** （-12.5）	-0.279*** （-12.6）	-0.273*** （-12.4）	-0.275*** （-12.5）	-0.275*** （-12.52）
Ocf	0.251*** （6.33）	0.251*** （6.32）	0.251*** （6.32）	0.252*** （6.34）	0.252*** （6.33）	0.106** （2.52）	0.107** （2.54）	0.108** （2.55）	0.109*** （2.58）	0.111*** （2.61）
Growth	-0.035*** （-7.17）	-0.035*** （-7.16）	-0.037*** （-7.33）	-0.036*** （-7.19）	-0.036*** （-7.13）	-0.030*** （-7.07）	-0.030*** （-7.10）	-0.032*** （-7.41）	-0.032*** （-7.33）	-0.032*** （-7.33）
Roa	0.333*** （5.87）	0.335*** （5.90）	0.313*** （5.54）	0.319*** （5.64）	0.324*** （5.73）	0.765*** （10.64）	0.766*** （10.66）	0.738*** （10.20）	0.744*** （10.30）	0.761*** （10.56）
Lnsize	0.014*** （3.80）	0.014*** （3.80）	0.015*** （3.99）	0.015*** （4.09）	0.015*** （4.01）	0.021*** （5.91）	0.021*** （5.98）	0.021*** （5.99）	0.022*** （6.19）	0.021*** （6.12）
Age	-0.007 （-0.81）	-0.007 （-0.79）	0.000 （0.03）	-0.002 （-0.24）	-0.003 （-0.42）	-0.014 （-1.56）	-0.014 （-1.57）	-0.006 （-0.63）	-0.007 （-0.85）	-0.008 （-0.88）

续表

因变量	公司治理 Div（1）	混合多样性 Div（2）	混合深入度 Div（3）	混合制衡度 Div（4）	控制权转移 Div（5）	融资约束 Div（6）	混合多样性 Div（7）	混合深入度 Div（8）	混合制衡度 Div（9）	控制权转移 Div（10）
	治理效应					融资约束效应				
Dual	0.013* （1.76）	0.013* （1.74）	0.009 （1.29）	0.011 （1.45）	0.012 （1.64）	0.010 （1.33）	0.010 （1.31）	0.005 （0.65）	0.005 （0.68）	0.006 （0.80）
Top1	0.135*** （5.26）	0.136*** （5.33）	0.134*** （5.24）	0.144*** （5.50）	0.134*** （5.16）	0.112*** （4.40）	0.113*** （4.44）	0.112*** （4.40）	0.133*** （5.13）	0.120*** （4.72）
Board	0.007*** （3.23）	0.007*** （3.22）	0.008*** （3.65）	0.008*** （3.63）	0.008*** （3.47）	0.007*** （3.23）	0.007*** （3.24）	0.008*** （3.55）	0.008*** （3.58）	0.008*** （3.44）
Msh	0.029 （1.47）	0.031 （1.51）	0.011 （0.46）	0.025 （1.04）	0.034 （1.44）	0.049** （2.39）	0.060*** （2.77）	0.006 （0.25）	0.014 （0.62）	0.020 （0.88）
Indep	-0.099* （-1.66）	-0.099* （-1.66）	-0.083 （-1.39）	-0.083 （-1.39）	-0.084 （-1.41）	-0.097 （-1.54）	-0.096 （-1.53）	-0.085 （-1.35）	-0.085 （-1.34）	-0.085 （-1.34）
Constant	-0.112 （-1.38）	-0.107 （-1.28）	-0.155* （-1.86）	-0.158* （-1.90）	-0.138* （-1.65）	-0.208*** （-2.62）	-0.229*** （-2.83）	-0.247*** （-3.02）	-0.249*** （-3.04）	-0.248*** （-3.03）
Year/Ind	Yes	Yes	Yes	Yes	Yes	Yes	Yes	Yes	Yes	Yes
N	8876	8876	8876	8876	8876	6483	6483	6483	6483	6483
$Adj-R^2$	0.117	0.117	0.120	0.119	0.118	0.160	0.161	0.164	0.163	0.162

表 9-9 国企混改与现金股利政策：基于控制人层级的比较分析

因变量	混合多样性 Div (1)	混合深入度 Div (2)	混合制衡度 Div (3)	控制权转移 Div (4)	混合多样性 Div (5)	混合深入度 Div (6)	混合制衡度 Div (7)	控制权转移 Div (8)
	中央国有企业				地方国有企业			
Mixnum	0.005 (0.80)	—	—	—	0.002 (0.62)	—	—	—
Mixratio	—	-0.010 (-0.20)	—	—	—	0.072*** (4.16)	—	—
Mixbalance	—	—	-0.015 (-0.51)	—	—	—	0.033*** (3.34)	—
Mixcontrol	—	—	—	0.020 (0.85)	—	—	—	0.019** (2.07)
Lev	-0.242*** (-6.03)	-0.244*** (-6.07)	-0.244*** (-6.12)	-0.243*** (-6.08)	-0.251*** (-12.18)	-0.245*** (-11.89)	-0.247*** (-12.01)	-0.249*** (-12.03)
Ocf	0.026 (0.34)	0.028 (0.36)	0.027 (0.35)	0.028 (0.36)	0.193*** (5.02)	0.195*** (5.08)	0.197*** (5.09)	0.196*** (5.05)
Growth	-0.024*** (-3.04)	-0.024*** (-3.07)	-0.025*** (-3.13)	-0.024*** (-3.02)	-0.029*** (-6.82)	-0.032*** (-7.27)	-0.031*** (-7.11)	-0.031*** (-7.00)
Roa	0.731*** (6.39)	0.727*** (6.31)	0.729*** (6.33)	0.728*** (6.31)	0.641*** (9.17)	0.610*** (8.75)	0.621*** (8.88)	0.635*** (9.07)
Lnsize	0.021*** (3.56)	0.021*** (3.56)	0.021*** (3.59)	0.021*** (3.52)	0.024*** (6.27)	0.025*** (6.47)	0.025*** (6.56)	0.025*** (6.42)
Age	-0.002 (-0.13)	-0.001 (-0.06)	0.000 (0.01)	-0.003 (-0.15)	-0.016* (-1.88)	-0.007 (-0.76)	-0.009 (-1.04)	-0.011 (-1.33)
Dual	0.021 (1.18)	0.021 (1.16)	0.021 (1.16)	0.022 (1.19)	0.010 (1.40)	0.006 (0.85)	0.007 (0.91)	0.008 (1.12)
Top1	0.144*** (2.92)	0.140*** (2.85)	0.128** (2.26)	0.144*** (2.92)	0.113*** (4.79)	0.108*** (4.65)	0.128*** (5.41)	0.118*** (5.04)
Board	0.010*** (2.74)	0.010*** (2.75)	0.010*** (2.70)	0.010*** (2.75)	0.006** (2.40)	0.006*** (2.75)	0.006*** (2.72)	0.006** (2.57)
Msh	0.158 (0.70)	0.192 (0.81)	0.216 (0.95)	0.161 (0.69)	0.055*** (2.87)	0.018 (0.89)	0.026 (1.32)	0.037* (1.87)
Indep	-0.105 (-0.91)	-0.108 (-0.93)	-0.107 (-0.93)	-0.106 (-0.91)	-0.067 (-1.07)	-0.054 (-0.87)	-0.055 (-0.88)	-0.057 (-0.91)
Constant	-0.130 (-0.71)	-0.115 (-0.62)	-0.121 (-0.65)	-0.108 (-0.59)	-0.329*** (-3.94)	-0.379*** (-4.48)	-0.372*** (-4.38)	-0.357*** (-4.18)

续表

因变量	混合多样性 Div (1)	混合深入度 Div (2)	混合制衡度 Div (3)	控制权转移 Div (4)	混合多样性 Div (5)	混合深入度 Div (6)	混合制衡度 Div (7)	控制权转移 Div (8)
	中央国有企业				地方国有企业			
Year/Ind	Yes	Yes	Yes	Yes	Yes	Yes	Yes	Yes
N	1900	1900	1900	1900	8642	8642	8642	8642
Adj-R^2	0.174	0.174	0.174	0.174	0.145	0.149	0.148	0.146

9.6.2.2 国企混改与现金股利政策：基于行业特征的分组检验

国企所处的行业分类不同，企业现金股利分配政策可能存在差异。相对竞争性国企而言，垄断性国企一般都属于涉及国家安全和国计民生的重点战略行业，垄断地位高且垄断利润大，面临较低的市场竞争及更多的政府干预。此时，非国有资本难以参与到垄断性国企的经营管理中，甚至无法进入这些垄断领域，导致我国垄断行业的国企混改见效甚微。参照岳希明等（2010）的做法，按照国企所处行业是否处于垄断性行业将其分为垄断性国企和竞争性国企，进一步考察国企混改的治理效应是否因行业类型的不同而不同。表 9-10 报告了分组回归结果。结果显示在垄断性行业［列（1）至列（4）］中，国企混改的系数均不显著；而在竞争性行业［列（5）至列（8）］中，除列（5）中混合多样性 Mixnum 的系数为正未通过显著性检验外，列（6）至列（8）中国企混改相关变量的系数均在 5%的水平下显著为正，意味着国企混改对国企分红的提升效应在竞争性行业更为明显。

表 9-10 国企混改与现金股利政策：基于行业特征的分组检验

因变量	混合多样性 Div (1)	混合深入度 Div (2)	混合制衡度 Div (3)	控制权转移 Div (4)	混合多样性 Div (5)	混合深入度 Div (6)	混合制衡度 Div (7)	控制权转移 Div (8)
	垄断性国有企业				竞争性国有企业			
Mixnum	0.004 (0.51)	—	—	—	0.002 (0.72)	—	—	—
Mixratio	—	0.005 (0.12)	—	—	—	0.066*** (3.93)	—	—
Mixbalance	—	—	-0.024 (-1.01)	—	—	—	0.033*** (3.46)	—
Mixcontrol	—	—	—	-0.028 (-1.28)	—	—	—	0.022** (2.50)

续表

因变量	混合多样性 Div（1）	混合深入度 Div（2）	混合制衡度 Div（3）	控制权转移 Div（4）	混合多样性 Div（5）	混合深入度 Div（6）	混合制衡度 Div（7）	控制权转移 Div（8）
	垄断性国有企业				竞争性国有企业			
Lev	-0.289*** (-5.51)	-0.289*** (-5.41)	-0.297*** (-5.61)	-0.298*** (-5.68)	-0.239*** (-11.84)	-0.233*** (-11.55)	-0.235*** (-11.66)	-0.237*** (-11.70)
Ocf	0.011 (0.11)	0.011 (0.12)	0.000 (0.00)	-0.002 (-0.02)	0.188*** (5.07)	0.186*** (5.04)	0.188*** (5.08)	0.189*** (5.08)
Growth	-0.027*** (-3.22)	-0.027*** (-3.26)	-0.026*** (-3.16)	-0.026*** (-3.11)	-0.029*** (-6.88)	-0.031*** (-7.33)	-0.030*** (-7.19)	-0.030*** (-7.10)
Roa	0.689*** (4.44)	0.689*** (4.44)	0.690*** (4.47)	0.686*** (4.44)	0.657*** (10.03)	0.633*** (9.70)	0.640*** (9.79)	0.652*** (9.96)
Lnsize	0.034*** (4.40)	0.034*** (4.43)	0.033*** (4.38)	0.033*** (4.34)	0.020*** (5.54)	0.020*** (5.60)	0.021*** (5.73)	0.021*** (5.68)
Age	-0.108*** (-3.63)	-0.108*** (-3.54)	-0.112*** (-3.76)	-0.113*** (-3.74)	-0.007 (-0.87)	0.000 (0.05)	-0.001 (-0.17)	-0.002 (-0.29)
Dual	0.026 (1.08)	0.027 (1.10)	0.029 (1.18)	0.029 (1.20)	0.011 (1.50)	0.006 (0.88)	0.006 (0.91)	0.008 (1.10)
Top1	0.056 (0.97)	0.055 (0.96)	0.030 (0.51)	0.042 (0.71)	0.125*** (5.27)	0.122*** (5.19)	0.141*** (5.95)	0.131*** (5.57)
Board	0.005 (1.26)	0.005 (1.30)	0.005 (1.25)	0.005 (1.23)	0.006*** (2.82)	0.007*** (3.16)	0.007*** (3.16)	0.007*** (3.02)
Msh	0.047 (0.67)	0.036 (0.53)	0.070 (1.01)	0.080 (1.18)	0.057*** (3.03)	0.017 (0.80)	0.023 (1.16)	0.033 (1.63)
Indep	0.030 (0.16)	0.035 (0.19)	0.035 (0.19)	0.031 (0.17)	-0.092 (-1.58)	-0.079 (-1.35)	-0.080 (-1.37)	-0.082 (-1.39)
Constant	-0.419** (-2.54)	-0.407** (-2.50)	-0.391** (-2.37)	-0.384** (-2.32)	-0.254*** (-3.21)	-0.286*** (-3.59)	-0.283*** (-3.55)	-0.281*** (-3.50)
Year/Ind	Yes	Yes	Yes	Yes	Yes	Yes	Yes	Yes
N	1274	1274	1274	1274	9268	9268	9268	9268
Adj-R^2	0.205	0.205	0.206	0.206	0.141	0.144	0.144	0.142

9.6.2.3 国企混改与现金股利政策：基于投资者法律保护的分组检验

制度环境是比公司的内部和外部治理机制更为基础的层面（夏立军和方铁强，2005），因此国企混改对现金股利政策的影响在很大程度上内生于国企所处的法治环境。徐细雄和刘星（2013）认为，良好的投资者法律保护是保障中小股东利益的基石。当投资者法律保护较为完善时，处于相对弱势的非国有股东能够更好地代表中小股东利益并有效地行使自身权力，积极参与国企混改推进国企混改进程，促使国企提高股利分配力度。本章根据王小鲁和樊纲（2016）的市场化指数报告中的“市场中介组织发育和法律制度环境”来度量投资者法律保护，按照其中位数将样本划分为投资者法律保护较好组和投资者法律保护较差组，回归结果如表 9-11 所示。结果显示，除混合多样性 Mixnum 的系数无论是在投资者法律保护好组还是投资者法律保护差组未通过显著性检验外，其他国企混改指标均在投资者法律保护好组显著大于投资者法律保护差组。

表 9-11　国企混改与现金股利政策：基于投资者法律保护的分组检验

因变量	混合多样性 Div（1）	混合深入度 Div（2）	混合制衡度 Div（3）	控制权转移 Div（4）	混合多样性 Div（5）	混合深入度 Div（6）	混合制衡度 Div（7）	控制权转移 Div（8）
	投资者法律保护好				投资者法律保护差			
Mixnum	0.001 (0.20)	—	—	—	0.005 (1.12)	—	—	—
Mixratio	—	0.075*** (3.63)	—	—	—	0.048** (2.02)	—	—
Mixbalance	—	—	0.034*** (2.89)	—	—	—	0.023* (1.69)	—
Mixcontrol	—	—	—	0.023** (2.09)	—	—	—	0.012 (1.03)
Lev	-0.269*** (-11.31)	-0.261*** (-11.03)	-0.264*** (-11.17)	-0.266*** (-11.23)	-0.215*** (-7.87)	-0.212*** (-7.72)	-0.213*** (-7.77)	-0.214*** (-7.78)
Ocf	0.203*** (4.68)	0.208*** (4.79)	0.209*** (4.80)	0.208*** (4.76)	0.127** (2.27)	0.123** (2.22)	0.125** (2.25)	0.125** (2.24)
Growth	-0.034*** (-5.75)	-0.037*** (-6.24)	-0.036*** (-6.08)	-0.035*** (-6.01)	-0.025*** (-5.11)	-0.026*** (-5.31)	-0.026*** (-5.23)	-0.025*** (-5.17)
Roa	0.555*** (6.91)	0.532*** (6.63)	0.539*** (6.71)	0.552*** (6.86)	0.782*** (8.97)	0.764*** (8.83)	0.770*** (8.87)	0.780*** (8.96)
Lnsize	0.017*** (4.08)	0.018*** (4.16)	0.018*** (4.29)	0.018*** (4.24)	0.028*** (6.00)	0.029*** (6.05)	0.029*** (6.11)	0.028*** (6.02)
Age	0.000 (0.00)	0.008 (0.82)	0.006 (0.58)	0.005 (0.46)	-0.037*** (-3.01)	-0.031** (-2.54)	-0.032*** (-2.67)	-0.034*** (-2.75)
Dual	0.016* (1.86)	0.010 (1.19)	0.011 (1.30)	0.012 (1.48)	0.002 (0.22)	-0.000 (-0.00)	-0.000 (-0.00)	0.001 (0.08)

续表

因变量	混合多样性 Div (1)	混合深入度 Div (2)	混合制衡度 Div (3)	控制权转移 Div (4)	混合多样性 Div (5)	混合深入度 Div (6)	混合制衡度 Div (7)	控制权转移 Div (8)
	投资者法律保护好				投资者法律保护差			
Top1	0.102*** (3.69)	0.103*** (3.76)	0.121*** (4.42)	0.110*** (4.01)	0.130*** (4.13)	0.130*** (4.14)	0.143*** (4.40)	0.133*** (4.22)
Board	0.005* (1.72)	0.005** (1.99)	0.005** (1.99)	0.005* (1.90)	0.008*** (2.68)	0.008*** (2.87)	0.008*** (2.87)	0.008*** (2.78)
Msh	0.029 (1.26)	-0.011 (-0.45)	-0.001 (-0.04)	0.009 (0.36)	0.086*** (2.93)	0.049 (1.50)	0.055* (1.71)	0.064* (1.96)
Indep	-0.111 (-1.47)	-0.095 (-1.24)	-0.096 (-1.27)	-0.100 (-1.31)	-0.020 (-0.26)	-0.016 (-0.20)	-0.016 (-0.21)	-0.015 (-0.19)
Constant	-0.419** (-2.54)	-0.407** (-2.50)	-0.391** (-2.37)	-0.384** (-2.32)	-0.254*** (-3.21)	-0.286*** (-3.59)	-0.283*** (-3.55)	-0.281*** (-3.50)
Year/Ind	Yes	Yes	Yes	Yes	Yes	Yes	Yes	Yes
N	1274	1274	1274	1274	9268	9268	9268	9268
$Adj\text{-}R^2$	0.205	0.205	0.206	0.206	0.141	0.144	0.144	0.142

9.6.3 价值提升功能分析

上述结果表明国企混改能够显著提高国企的现金股利支付强度，那么国企混改影响下的现金股利政策又是否有提升企业价值的“功效”呢？明晰该问题不仅能进一步揭示国企混改影响公司现金股利政策的作用机制，也可从价值效应视角反观国企混改所带来的经济后果。基于此，本章借鉴现有研究（Fama 和 French，1998；罗琦和伍敬侗，2017），构建经典价值模型（9-4）探讨国企混改对现金股利价值效应的影响。

$$V_{i,t} = \beta_0 + \beta_1 D_{i,t} + \beta_2 Mixed_{i,t} + \beta_3 Mixed_{i,t} \times D_{i,t} + \beta_4 E_{i,t} + \beta_5 dE_{i,t} + \beta_6 dE_{i,t+1} + \beta_7 dA_{i,t} + \beta_8 dA_{i,t+1} + \beta_9 RD_{i,t} + \beta_{10} dRD_{i,t} + \beta_{11} dRD_{i,t+1} + \beta_{12} I_{i,t} + \beta_{13} dI_{i,t} + \beta_{14} dI_{i,t+1} + \beta_{15} dD_{i,t} + \beta_{16} dD_{i,t+1} + \beta_{17} dV_{i,t+1} + \sum year + \sum Industry + \varepsilon_{i,t} \quad (9-4)$$

模型（9-4）中的被解释变量为市场价值（V，股权市值+负债市值），解释变量为息税前利润（E，公司净利润+财务费用+所得税费用）、总资产（A）、研发支出（RD，无形资产）、利息支出（I，财务费用）、现金股利（D，年度内现金股利累计分配额）。X_t 是变量 X 在第 t 年的水平；dX_t 是变量 X 从第 t-1 年到第 t 年的变化量，X_t-X_{t-1}；dX_{t+1} 是变量 X 从第 t 年到第 t+1 年的变化量，$X_{t+1}-X_t$。为避免回归结果受公司规模和异方差等因素影响，对所有变量均使用总资产（A）进行标准化处理，同时控制了年度（Year）和行业（Industry）的影响。

表 9-12 报告了价值模型的回归结果，列（1）中 Mixnum×D 的系数不显著，说明混合股权多样性不能通过增加现金股利提升公司价值；国企混改的 Mixratio×D、Mixbalance×D、Mixcontrol×D 的系数在 10%、10%、5%的水平下显著为正，表明混合深入度、混合制衡度以及控制权转移对现金股利支付水平的影响提升了公司价值。总体来说，国企混改能够降低公司的代理成本，最终促进公司发放现金股利并增加了其所带来的边际价值。

表 9-12 国企混改与现金股利政策：价值检验

因变量	混合多样性 (1)	混合深入度 (2)	混合制衡度 (3)	控制权转移 (4)
D_t	-8.917 (-1.07)	-10.809** (-2.28)	-4.752 (-1.16)	-8.275* (-1.81)
$Mixnum_t$	-0.113*** (-2.65)	—	—	—
$Mixratio_t$	—	1.342*** (7.14)	—	—
$Mixbalance_t$	—	—	0.774*** (8.00)	—
$Mixcontrol_t$	—	—	—	0.600*** (6.46)
$Mixnum_t \times D_t$	2.161 (1.03)	—	—	—
$Mixratio_t \times D_t$	—	14.248* (1.92)	—	—
$Mixbalance_t \times D_t$	—	—	7.873* (1.83)	—
$Mixcontrol_t \times D_t$	—	—	—	9.654** (2.13)
E_t	7.360*** (5.62)	6.996*** (5.41)	7.100*** (5.54)	7.103*** (5.53)

续表

因变量	混合多样性 (1)	混合深入度 (2)	混合制衡度 (3)	控制权转移 (4)
dE_t	1.516* (1.86)	1.470* (1.83)	1.493* (1.86)	1.570** (1.97)
dE_{t+1}	6.583*** (8.62)	6.312*** (8.51)	6.373*** (8.63)	6.437*** (8.72)
dA_t	-0.337** (-1.97)	-0.512** (-2.26)	-0.503** (-2.33)	-0.451** (-2.25)
dA_{t+1}	0.112 (1.61)	0.118 (1.60)	0.117 (1.59)	0.113 (1.57)
RD_t	1.365** (1.99)	1.216* (1.83)	1.191* (1.83)	1.312** (2.01)
dRD_t	0.202 (0.14)	-0.173 (-0.12)	-0.014 (-0.01)	-0.207 (-0.15)
dRD_{t+1}	2.062** (1.97)	1.483 (1.44)	1.412 (1.38)	1.634 (1.59)
I_t	-45.690*** (-12.94)	-43.111*** (-12.72)	-42.725*** (-12.57)	-43.658*** (-12.74)
dI_t	17.227*** (3.48)	9.408* (1.93)	9.470* (1.95)	10.286** (2.12)
dI_{t+1}	-12.600*** (-3.02)	-16.514*** (-3.92)	-16.945*** (-4.04)	-16.480*** (-3.95)
dD_t	-1.960 (-0.68)	-2.396 (-0.84)	-1.949 (-0.68)	-1.986 (-0.70)
dD_{t+1}	-0.904 (-0.26)	0.890 (0.25)	0.202 (0.06)	-0.027 (-0.01)
dV_{t+1}	-0.170*** (-4.18)	-0.176*** (-4.37)	-0.178*** (-4.42)	-0.175*** (-4.29)
Constant	2.301*** (8.77)	1.884*** (8.68)	2.278*** (10.35)	2.009*** (9.53)
Year/Ind	Yes	Yes	Yes	Yes
N	4304	4304	4304	4304
Adj-R^2	0.420	0.448	0.452	0.444

9.7 本章小结

在政府大力推进混改及国企生存需求的双重驱动下，国企混合所有制改革已然成为理论界与实务界的共识。我国国企改革整体适应了市场的相应需求，但在市场化进程还在完善、法律保护尚需健全的转轨经济背景下，碍于政府干预，国企仍承担着本该由政府主导的部分非市场化任务。时下我国以股权多元化为典型特征的国企混改，在对公司治理结构产生影响的同时，也可能改变国企所面临的融资约束，进而对现金股利政策产生直接影响。本章主要的研究结论有：①国企混改股权结构层面的深入度、制衡度、控制权转移及高层治理层面的非国有股东委派高管提高了现金股利支付水平，但股权多样性对现金股利支付水平的影响不明显。②机制检验发现，国企混改并未通过融资约束渠道，而主要通过治理效应路径影响了现金股利政策。③调节效应分析，相比于央企，地方国企混改提高现金股利支付水平的效应更明显；相比于垄断性国企，竞争性国企混改提高现金股利支付水平的效应更明显；且国企混改提高现金股利支付水平的优化效应在投资者法律保护好的地区更明显。④基于现金股利经济后果的纵深探究发现，国企混改促使国企派发现金股利进而提升企业价值。综合以上发现，本章整体上证实了国企混改能够有效发挥公司治理效应，进而优化企业现金股利行为、提高企业价值，说明发展混合所有制改革，能够改善国企经营机制、提高国有资本配置效率。

本章的启示如下：首先，本章发现国企混改可有效发挥治理效应缓解国企代理问题，通过治理效应优化了企业的现金股利政策。因此，应根据“完善治理、强化激励、提高效率”的原则，积极推进国企混合所有制改革，规范企业现金股利行为，不断提高国有资本配置效率。并且，从具体混改指标治理效应发挥结果来看，除股权多样性外，股权结构层面的深入度、制衡度、控制权转移及高层治理层面的非国有股东委派高管均有效发挥治理效应而优化现金股利政策。因此，这意味着国企混改的股权多样性无助于国企内部治理机制的完善，国企混改过程中引入的非国有资本更应该遵循“重质非量”的原则，不能盲目追求非国有资本参股种类的多样化，更应注重非国有资本比例的有效配置，发挥非国有资本的制衡效应。其次，良好的运行环境是政策效果得以有效发挥的重要保障，法律环境强化了国企混改股权结构对现金股利政策的积极影响。因此，应当加强法律制度建设、提升法律执行效率，为国企混改的有序推进提供有效的法治环境，发挥法律对投资者保护的作用，只有国企混改与加强法制环境同步推进才能取得更好的效果。最后，本章发现地方国企混改提高现金股利政策的优化效应强于央企，因此未来混改实践要针对不同政府层级控股的企业异质特征而有所侧重，大力深入推进地方国企混改进程，这也与时下地方国企如火如荼的混改实践导向相一致。此外，国企混改对现金股利政策的正面影响在竞争性行业中更为凸显，因此应在无关乎国计民生的竞争性行业中，充分加强竞争度，鼓励国有控制权的适当转移，倒逼国企接受市场洗礼，充分发挥非国有资本的治理作用，优化企业的现金股利行为。

第 10 章　国企混改与资产误定价

10.1　引言

国企混合所有制改革是国家经济体制改革与政府全面深化“放管服”改革的重要内容，同时也是现阶段我国国企改革的关键突破口。自党的十八届三中全会明确提出，积极发展混合所有制经济，鼓励非公有制企业参与国企改革、发展非公有资本控股的混合所有制企业，中央及地方密集出台了系列相关文件，混改工作也取得了实质性推进。2018 年，中央经济工作会议也持续强调，要加快国资国企改革，坚持政企分开、政资分开和公平竞争原则，做优做大国有资本，加快实现从管企业向管资本转变，改组成立一批国有资本投资公司，组建一批国有资本运营公司，积极推进混合所有制改革①。数据统计显示，到 2018 年底，发生混改的国企户数占比超过了 70%，比 2012 年提高了 20%②。为进一步深化国资国企改革的新举措，国资国企改革“综改试验”正式于 2019 年开始实施，2019 年被认为是国企改革的关键一年，从工资总额管理到授权放权，从央企兼并重组到央地合作混改，国企改革正在持续向纵深推进③。

随着国企混改的持续深化，相关学术研究也不断丰富完善。诸多研究表明，一方面，在国企混改过程中，随着行政审批权的不断下放，政府干预的日益减少，多种所有制资本的逐步引入，非国有资本的所有者基于资本逐利，具有强烈的动机监督管理层，形成合理制衡的多元股权结构（杨兴全和尹兴强，2018），

---

① 资料来源：http：//politics. people. com. cn/n1/2018/1222/c1024-30481785. html。

② 资料来源：http：//finance. sina. com. cn/roll/2019-10-17/doc-iicezuev2850418. shtml。

③ 资料来源：https：//baijiahao. baidu. com/s？ id=1640441944969092110&wfr=spider&for=pc。

抑制因所有者缺位引致的代理冲突，提升企业绩效（郝阳和龚六堂，2017）、利于企业创新（李文贵和余明桂，2015）与提振经济增速（许召元和张文魁，2015）；另一方面，部分研究也发现，因部分既得利益者的阻碍，落后激励机制的制约与意识形态的固化（綦好东等，2017），导致国企混改的实际效果差强人意。出现了国企混合所有制改革过程中，预算软约束更加严重、政策性负担不减反增、民营控股股东掏空更甚的现象（涂国前和刘峰，2010），当国企非国有股比例超过一定限额后，企业绩效不增反减（马连福等，2015）。由此可知，已有关于国企混改的相关研究大都侧重于探究其产生的实体经济影响，而忽略了国企混改对资本市场的可能作用。

资产误定价作为金融异象长期存在于各国资本市场中，新兴资本市场尤为突出，其严重阻碍了资本市场的资源配置作用，降低了资源配置效率，当资产误定价长期持续存在时，最终还将导致整个资本市场的失灵。已有相关的国内外研究分别从公司层面的代理成本与信息披露、投资者层面的不同类型与异质信念、信息中介层面的情绪渲染与监督治理以及市场层面的机制设计等角度，对资产误定价进行了系列丰富的分析和探索。基于此，在信息不对称的背景下，企业的资产误定价与公司的代理成本及投资者非理性行为息息相关。一方面，国企混改可通过强化企业信息披露水平来降低信息不对称，以及通过形成多元股权结构或优化公司治理水平来降低代理成本，进而降低其资产误定价水平；另一方面，国企混改也可能因产生新的代理问题或因有偏报道强化情绪渲染与投资者的非理性行为进而增加其资产误定价。那么，国企在引入非国有资本发生混改过程中，到底如何影响了其资产误定价水平？

本章以2003~2017年我国A股国有上市公司为样本，分别从股权制衡和高层治理两个层面刻画国企混改程度，探究了国企混改对资产误定价的影响。结果发现：①国企混改显著降低了企业的资产误定价水平，系列稳健性检验的结果均支持了主要研究结论。②进一步区分向上向下资产误定价后的研究发现，国企混改主要降低了企业向上的资产误定价（即高估误定价）。③国企混改对高估误定价的上述降低效应在国企代理冲突越明显、政府干预越严重、散户占比越高、媒体报道越正面及不允许卖空的企业样本中尤为明显。上述系列结果表明，国企混改主要通过降低其代理成本与弱化投资者的非理性行为而降低了企业资产高估的错误定价。④最后基于资本市场资源配置效率的后果检验还发现，资产误定价不利于预测未来的股票回报，而国企混改则有利于弱化资产误定价对未来股票回报的不利影响，进而提升资本市场的资源配置效率，且国企混改上述的资源配置提升效应在企业代理问题越严重、政府干预越强以及投资者非理性行为越突出的企业样本中更为明显。

本章可能的贡献与创新在于：①有关国企混改经济后果的已有研究侧重探究其对投资行为、财务决策及企业价值等实体经济的影响，而资本市场既是企业发展的重要融资平台，也是国企混改借力的重要路径①。但有关国企混改对资本市场影响的相关研究还暂付阙如，本章则基于资产误定价视角丰富和拓宽了有关国企混改对资本市场影响后果的相关研究。②有关资产误定价已有的相关研究，大都着眼于公司外部的信息或金融中介、投资者类型及情绪以及市场机制的完善程度等，而有关企业内部诸如公司治理对其影响的相关研究还相对匮乏，本章基于国企混改优化公司治理水平与弱化投资者情绪视角，同时结合代理成本与投资者非理性行为，丰富和完善了已有关于资产误定价影响因素的国内外文献。③本章基于高估错误定价的拓展性分析与未来股票回报的后果检验，也进一步揭示了国企混改抑制高估误定价的背后根源及其如何优化资本市场资源配置效率的提升，核心在于企业内部治理水平的提高与外部信息环境的优化（如媒体报道等）及配套机制（如卖空机制等）的完善同步匹配。④本章的研究结论在一定程度上也为时下不断推进的国企混改与相关制度体制的完善提供了相应的政策参考与经验借鉴。

10.2 文献回顾

10.2.1 国企混改的经济后果

无论是早期的国企产权改革（或国有改制），还是时下的国企混改，均广泛受到了理论界与实务界的关注与热讨，并且在不断研究与争论过程中逐渐形成了完全民营化的产权变革理论（刘小玄，2004）与剥离政策性负担的市场竞争假说（林毅夫等，1997a），且两个理论所得出的国企改革对经济绩效的影响存在明显的正向影响与负向作用两种结果。

10.2.1.1 正向影响

已有研究表明，随着国企放权意愿的不断增强及国企混改的纵深推进，国企在混改过程中（包括早期的国企民营化与时下的国民交叉持股与相互融合），通过引入战略投资者或其他非国有股东的进入、向混改国企派驻董监高等高层，与国有控股股东形成股权制衡，利于减少政府的行政干预、完善企业的治理结构、

① 资料来源：https：//baijiahao. baidu. com/s？ id = 1582285868326050989&wfr = spider&for = pc。

降低国企的政策性负担、缓解过度负债、利于企业创新，提高并购效率，帮助其改善经济效益、提高盈利能力，进而提振经济增速和提升企业价值。此外，股权结构中的国有股比例实则是一种重要的政治关联纽带，在预算软约束的现实背景下可帮助混改企业获得更多的信贷资金。假定产品存在差异且生产存在递减或不变的情况下，国企的部分民营化利于社会福利的增值。

10.2.1.2　负向作用

因部分既得利益者的阻碍，落后激励机制的制约与意识形态的固化等，国企混改的整个阶段同样面临诸多问题。大量研究表明，我国混合所有制过程中并未出现业绩增加的明显现象，相反业绩还出现了一定的下滑，部分学者通过寻找经验证据将上述结果归因于我国信息透明度较低、政商关系不清、法制程度不高、预算软约束更加严重、政策性负担不减反增、民营化后民营控股股东掏空更甚等。也有学者指出，国企混改后，由于稀释了原有国有大股东的持股比例，同时也可能会强化没有大股东监督管理层的第一类代理冲突。因此，混合所有制改革实施的绩效如何难以一概而论。加之部分研究也表明国企私有化也并非完全无成本，以不完全契约为研究起点的 Grossman-Hart-Moore（GHM）模型指出，基于剩余索取权的最优配置，国有产权的存在，在某种意义上是合理的。在交易成本或契约不完全条件下，国有产权也是一种有效率的治理机制。此外，国企混改还可能引致物价上涨、大量的失业和减薪，进而导致生产收益从企业员工向企业转移，失业和减薪还可能导致社会不稳定，进而影响经济的增长和发展。国企混改也将降低对关系国民经济命脉的行业及关键领域的控制力，混改后的企业逃税动机可能明显，还可能造成国企过度竞争、民营企业过度投资及国有资产流失等问题。部分研究也表明，国企简单的股权多样性（即仅仅引入非国有股东，而未实现股权制衡）并未实现公司治理结构的优化与代理成本的降低，进而也未带来企业价值的提升。当国企非国有股比例超过一定限额后，企业绩效反而有所下降。

10.2.2　资产误定价的影响因素

资产误定价是在市场不完备或投资者有限理性情况下，资本市场中的股票价格与其内在价值所发生的偏离。已有研究分别从卖空约束、信息披露、代理成本、投资者异质信念、媒体报道等多个角度对资产误定价展开了系列丰富的研究。但归结起来不难发现，资产误定价的产生主要与信息不对称下的代理成本及投资者的非理性行为息息相关。

10.2.2.1　信息不对称

资本市场不完备下的信息不对称是导致资产错误定价的关键因素。一方面，信息不对称通过作用于投资者搜集信息的成本与识别信息的可靠性而影响股票错误定价，信息不对称下不同类型的投资者所拥有的信息来源及数量存在一定差异，且其在自身激励与约束情况下，信息搜集的动机与成本也存在明显不同（Barber 和 Odean，2008）。同时部分研究表明，卖空限制阻碍了卖空交易者进入市场通过股价传递信息，从而导致股价只能反映乐观交易者的观点和信息，使股票价格偏离其内在价值，进而产生错误定价。卖空机制则有利于促进股票的价格发现功能，降低企业负面消息公布后的盈余漂移现象等（Boehmer 和 wu，2013）。另一方面，信息不对称也可能通过影响企业的代理成本来反作用于投资者的股票定价。Sloan（1996）的研究表明，相对于现金流，企业的应计盈余与未来股票收益负相关，即存在明显的应计误定价现象。Xie（2001）研究发现，市场高估了来自管理层自由裁量权的异常应计的持续性，导致异常应计与股票高估误定价正相关。Pantzalis 和 Park（2014）基于代理成本和错误定价的多维度量方法，同样发现股票错误定价与公司内部代理成本显著正相关，而且进一步研究还表明，最初用于缓解代理问题的股票期权不仅没有降低资产误定价反而加剧了企业的资产误定价现象。此外，部分研究还发现，审计师的行业专长在会计信息质量的提高上发挥了显著的外部监督作用，从而降低了企业的资产误定价。

10.2.2.2　投资者有限理性

因投资者有限的时间精力与信息处理能力制约等异质性，证券市场上的投资者情绪、投资者异质信念也会导致股票价格偏离其基础价值。权小锋和吴世农（2012）发现投资者注意力可通过认知效应影响企业的应计误定价，投资者注意力调节了投资者的认知效率，提升了市场对会计盈余构成信息的定价效率，从而降低了投资者对应计信息的定价高估。媒体在通过影响投资者认知及情绪的基础上进而影响了企业的资产误定价。部分研究也发现，管理层的过度自信（Scheinkman 和 Xiong，2003）与投资者的有限参与（吴卫星等，2006）等也会导致对股票价格的高估。

10.3　理论分析和研究假说

10.3.1　国企混改与资产误定价：釜底抽薪

在信息不对称的背景下，一方面，由于国企天然的政府扶持与信贷偏袒，导致其会计信息披露动机不强，信息披露质量普遍不高。加之国企涉及政府与企业之间的关联关系具有较强的隐蔽性，很难为公众投资者所公开获取，进而将增加外部投资者对企业经营业绩和财务状况的判断难度。同时国企股权流通性较差，个体投资者所拥有的私有信息也很难通过价格得以体现或反映，加之卖空限制等导致负面消息难以及时融入，股价也只能反映乐观交易者的观点或信息，进而导致资产误定价的产生。另一方面，国企股权转让与交易还面临较多的政府管控，投资者在持有国企股票时也会预期未来股票流动性面临不确定性的限制。加之国企高管作为准官员，在所有者缺位及投资者法律保护水平较低情况下，极易强化国企高管基于政治晋升的代理行为，抑制国企负面信息的及时披露。因而当外部投资者预期到国企较高的政府代理与企业代理成本时，将无法对资产做出正确估值而使得其偏离内在价值，进而产生资产误定价。此外，资产误定价还与媒体报道的情绪渲染息息相关，国企与政府具有天然的纽带，加之我国部分媒体由政府管控的现实背景下，国企还可能通过隐藏或延误坏消息的披露，以通过媒体正面报道而影响投资者认知及情绪进而带来国企基于会计盈余的整体资产估价的有偏。

基于此，国企本身基于会计信息的资产估价的偏离程度较大（资产误定价水平可能较高）。在国企混改过程中，一方面，为降低信息不对称以引入外部投资者，国企将强化自身的信息披露水平与披露质量，加之非国有股东的进入还可直接影响混改国企的信息披露水平与披露质量，进而抑制因信息不对称导致的资产误定价。当不同类型的外部投资者通过搜集混改国企相关会计信息在进行股票买卖过程中也可将自身所拥有的私有信息融入股票价格之中，进而降低混改国企的资产误定价水平。另一方面，非国有资本的进入还将形成多元股权结构，且其成为共同大股东时还可向企业委派董事、监事及其他高管，进而优化公司的治理机制。非国有资本的所有者基于资本逐利，具有强烈的动机去监督管理层，在一定程度上缓解了国企因所有者缺位引致的“内部控制人”问题，从而抑制国企高管的自利行为，进而降低因国企高管代理问题引致的资产误定价。此外，伴随混改国企股权结构的优化与其流动性的增强，国企随着国有股权的下降，其与政府控股媒体的先前关系也将有所疏远。加之国企混改公告等信息披露也将引起证监会等监管部门、证券分析师与诸多投资者等的密切关注，其在吸引投资者注意力、增加媒体与国企合谋的成本与难度的同时，也会迫使媒体对混改国企进行更加客观公正的报道，在加快信息传播、减少信息摩擦的同时进而弱化媒体有偏报道对投资者认知及情绪影响所带来的资产误定价。由此，本章提出以下假设：

假设 H1：国企混改有助于降低企业的资产误定价水平。

10.3.2　国企混改与资产误定价：推波助澜

一方面，部分研究发现，国企混改通过简单的股权多样性（如仅仅引入非国有股东，而未实现股权制衡）并未实现公司治理结构的优化与代理成本的降低。当国企非国有股比例超过一定限额后，企业绩效反而有所下降。部分国企民营化后也出现政策性负担不减反增与民营控股股东掏空更甚，进而也可能因引入新的代理冲突而加剧代理成本引致的资产误定价。此外，部分学者还发现，机构投资者的股票交易行为极易造成相关企业股价的过度反应，因而混改国企在引入机构投资者的过程中，也可能加重资本市场的应计误定价。

另一方面，通常而言，在国企混改过程中，将源源不断地出现各类混改事宜的相关公告①，在投资者有限注意力情况下，过多的信息披露也可能会增加外部投资者的信息获取成本，加大投资者与企业之间的信息不对称，混改国企较多频繁的信息披露极易引发投资者忽略真正有价值的投资信息，从而产生噪声交易，进而增加混改国企的资产误定价行为。加之，媒体基于自身利益（如获取流量或广告收入等）也倾向于对混改国企进行广泛报道。此时的大量报道与情绪渲染还可能进一步将投资者的注意力集中在这些被报道的混改“概念”国企上，尤其是我国资本市场中存在大量散户投资者背景下，投资者的非理性行为极易引发“羊群效应”，随着投资者情绪的不断高涨，投资者会表现出显著的净买入行为，该行为在短期内也将股价持续推高，进而加剧混改国企的资产误定价水平。由此，本章提出以下假设：

假设 H2：国企混改将增加企业的资产误定价水平。

10.4 研究设计

10.4.1 样本选择

因国有资产监督管理委员会于 2003 年正式成立，国企间的交叉持股现象开始普遍，加之 2003 年之后我国上市公司的终极控制人性质等信息披露开始不断完善，因此本章最终选取了 2003~2017 年沪深两市 A 股国有上市公司的年度数据作为初始样本，进一步地，因探究的是国企股权结构的动态变化，因此初始样本剔除了 2003 年当年为非国企以及国企中国有股完全退出的样本，并保留这些

① 资料来源：http://www.cninfo.com.cn/new/disclosure/detail?plate=&orgId=gssh0600664&stockCode=600664&announcmentId=1205629266&announcementTime=2018-11-24。

国企在 2003~2017 年的面板数据①。此外，根据本章研究问题的需要，本章还进行了如下一些处理：①剔除无法从数据库及定期报告中确定该股东性质的样本。②按照研究惯例，剔除了金融行业、ST 和 * ST 的样本。③剔除营业收入为负以及主要变量缺失的样本，最终得到 10873 个企业—年度观测值。

其中，国企混合所有制改革的基础数据来自公司年报中披露的前十大股东，并通过软件抓取、收集和整理企业的定期报告、官方网站及金融界网址等数据，逐一判断及确认每个企业前十大股东的股权性质与持股比例。非国有股东委派董监高数据主要通过收集和整理年报中所披露的董监高简历而得。终极控制人性质的数据来自 CCER（色诺芬）。其他财务数据取自 CSMAR（国泰安）或 Wind（万得）数据库，数据处理与实证检验均采用 Stata16. 0 版本软件进行操作，为避免极端值影响，对所有连续变量进行上下 1%的 Winsorize 处理。

10. 4. 2 模型设计及变量定义

本章建立回归模型（10-1）来检验国企混改对资产误定价的影响：

$$Mis_{i,t}=\alpha_0+\alpha_1 Mix_{i,t}+\sum Control_{i,t}+\varepsilon_{i,t} \tag{10-1}$$

10. 4. 2. 1 被解释变量

资产误定价（Mis）主要参考游家兴和吴静（2012）的研究，借助 Feltham 和 Ohlson（1995）所建立的剩余收益估值模型（10-2）来运用会计信息尽可能准确地估计企业的内在价值，在此基础上结合企业市场价值计算资产的误定价水平。具体而言，首先运用企业财务报告数据对模型（10-3）和模型（10-4）进行时间序列回归：

$$V_t=\alpha_0+\alpha_1 RI_t+\alpha_2 BV_t \tag{10-2}$$

$$RI_{t+1}=\omega_{10}+\omega_{11}RI_t+\omega_{12}BV_t+\varepsilon_{1t+1} \tag{10-3}$$

$$BV_{t+1}=\omega_{22}BV_t+\varepsilon_{2t+1} \tag{10-4}$$

其中，V_t 表示企业内在价值，RI_t 表示第 t 期的剩余收益，剩余收益=普通股每股收益-贴现率（r）×每股净资产；贴现率用一年期的无风险利率衡量，BV_t 表示第 t 期的每股净资产。

将模型（10-3）与模型（10-4）进行时间序列回归的系数 ω_{11}、ω_{12} 和 ω_{22} 代入公式计算 α_0、α_1 和 α_2 的参数值，其中：

$$\alpha_0=\omega_{10}/((1+r-\omega_{11})\times r)$$

① 因保留 2003~2017 年的平衡面板数据将损失大量的观测样本。因此，此处并未保留平衡面板的数据，保留平衡面板的基本结果也支持了主要研究结论。

$\alpha_1=\omega_{11}/(1+r-\omega_{11})$

$\alpha_2=\omega_{12}(1+r)/((1+r-\omega_{11})\times(1+r-\omega_{22}))$

然后将计算的 α_0、α_1 和 α_2 再分别代入模型（10-2）计算企业的内在价值 V_t；最后将股价 P 与同期 V_t 之比的自然对数的绝对值①定义为公司在 t 期的资产误定价程度（Mis）。此外，稳健性检验中，我们还采用已有文献中常用的其他资产误定价方式来度量。

10.4.2.2 解释变量

国企混合所有制改革的股权制衡程度（Mix），主要参考杨兴全和尹兴强（2018），首先计算国企中国有股（SOE）及非国有股（除国有股东外的其他性质股东持股比例之和，Non_SOE）占全部股权的比例，以两者中的较大者作为分母，较小者为分子（如当 SOE>Non_SOE 时，Mix=Non_SOE/SOE，而当 SOE<Non_SOE 时，Mix=SOE/Non_SOE），将所得的比值定义为国企混改程度（Mix），Mix 越大，国企的国有资本与非国有资本融合程度越高，制衡作用越明显。高层治理（Seat）：具体又包括非国有股东在董事会的权利或席位（Seat_ids，非国有股东委派董事人数与公司董事总人数之比）与非国有股东相对治理权利（Seat_all，非国有股东委派董监高的人数与公司董监高总人数之比）。

10.4.2.3 控制变量

参考已有相关文献，本章还同时控制了公司规模（Size）、资产负债率（Lev）、净资产收益率（Roe）、成长性（Growth）、第一大股东持股比例（Top1）、分析师跟踪数量（Ananum）、独立董事比例（Ids）、机构投资者持股比例（Instishr）及前十大事务所（Top10）等，变量的具体定义如表 10-1 所示。此外，为避免潜在的遗漏变量，本章的所有回归统一采用固定效应模型。

表 10-1　变量定义表

变量类型	变量代码	变量名称	变量说明
因变量	Mis	资产误定价	同期股价 P 与公司同期的 V_t 之比的自然对数的绝对值
自变量	Mix	混改制衡程度	详见解释变量的详细定义
	Seat_ids	非国有股东在董事会权利	非国有股东委派董事人数与公司董事总人数之比
	Seat_all	非国有股东相对治理权利	非国有股东委派董监高人数与公司董监高总人数之比

① 因存在资产误定价的高估与低估，此处为刻画整体的资产误定价水平，将其取绝对值处理，稳健性检验中用原值的回归结果亦稳健不变。

续表

变量类型	变量代码	变量名称	变量说明
控制变量	Size	公司规模	总资产的自然对数
	Lev	资产负债率	总负债/总资产
	Roe	净资产收益率	净利润/净资产
	Growth	成长性	主营业务收入增长率
	Top1	第一大股东持股比例	第一大股东持股比例
	Ananum	分析师跟踪数量	公司分析师跟踪数量的自然对数
	Ids	独立董事比例	独立董事人数/董事会总人数
	Instishr	机构投资者持股比例	机构投资者持股/公司总股本
	Top10	前十大事务所	年报审计事务所是否为前十大事务所，是取 1，反之为 0

10.4.3　描述性统计

表 10-2 报告了主要变量的描述性统计结果，其中，资产误定价（Mis）的均值为 1.444，中值为 1.319，最小值为 0.052，最大值为 4.498，可见，资本市场中的资产误定价现象明显存在，且不同公司间的资产误定价水平差异较大；国企混改的股权融合度（Mix）的均值与中值分别为 0.176 和 0.086，最大值为 0.938；非国有股东相对治理权利的均值和中值分别为 0.039 和 0.000，最大值为 0.400；非国有股东委派董事的均值和中值分别为 0.056 和 0.000，最大值为 0.557。上述描述性统计结果表明国企混改程度在不同公司间存在较大差异，在一定程度上为本章的研究问题提供了可能，但不容忽视的是我国国有上市公司的混改程度整体还有待进一步提升，尤其是非国有股东的高层治理和机制完善方面。系列控制变量的描述性统计与已有相关文献保持一致。

表 10-2　描述性统计

变量	观测值	均值	标准差	最小值	25%分位数	中值	75%分位数	最大值
Mis	10873	1.444	0.897	0.052	0.791	1.319	1.938	4.498
Mix	10873	0.176	0.227	0.000	0.012	0.086	0.241	0.938
Seat_all	10614	0.039	0.085	0.000	0.000	0.000	0.040	0.400
Seat_ids	10620	0.056	0.122	0.000	0.000	0.000	0.000	0.557

续表

变量	观测值	均值	标准差	最小值	25%分位数	中值	75%分位数	最大值
Size	10873	22.00	1.291	19.020	21.090	21.890	22.810	25.550
Lev	10873	0.533	0.206	0.086	0.391	0.534	0.668	1.303
Roe	10873	0.050	0.185	-1.127	0.021	0.062	0.112	0.618
Growth	10873	0.213	0.620	-0.685	-0.034	0.112	0.287	4.503
Top1	10873	0.387	0.159	0.087	0.259	0.374	0.506	0.772
Ananum	10873	7.875	15.740	0.000	0.000	0.000	8.000	79.000
Ids	10873	0.359	0.053	0.154	0.333	0.333	0.375	0.556
Instishr	10873	0.077	0.126	0.000	0.001	0.023	0.092	0.622
Top10	10873	0.397	0.489	0.000	0.000	0.000	1.000	1.000

10.5 实证结果和回归分析

10.5.1 国企混改与资产误定价的基本结果

表 10-3 报告了国企混改与资产误定价的基本结果，无论是基于国企混改股权制衡的结果［列（1）Mix 的系数为-0.101 且在 1%水平下显著］，还是非国有股东委派董事［列（2）Seat_ids 的系数为-0.125 且在 1%水平下显著］或委派董监高总数等高层治理的回归结果［列（3）Seat_all 的系数为-0.175 且在 1%水平下显著］均表明，国企混改过程中的股权制衡程度越高，非国有股东向混改国企委派的董事或董监高占比越大时，企业的资产误定价水平显著更低。在经济意义方面，平均而言，在国企混改过程中的股权融合程度每提高 1 个百分点，企业基于会计信息的内在价值与其市场价值的偏离程度将至少降低 10 个百分点①。非国有股东向混改国企委派的董事的比例每提高 1 个百分点，则资产误定价水平

① 因模型为 $Mis_{i,t}=abs\left[\ln\left(\frac{P_{i,t}}{V_{i,t}}\right)\right]=\alpha_0+\alpha_1 Mix_{i,t}+\sum Control_{i,t}+\varepsilon_{i,t}$，因此，X 变化 1 单位，将引起 Y 变化 $100\alpha_1\%$。

将降低 12. 5 个百分点；非国有股东向混改企业委派董监高的比例每提高 1 个百分点，则资产误定价水平将降低 1. 75 个百分点；经济显著性同样明显。上述回归结果支持并验证了假说 1a。

表 10-3　国企混改与资产误定价基本回归结果

Mis	(1)	(2)	(3)
Mix	-0. 101 *** (-3. 55)	—	—
Seat_ ids	—	-0. 125 *** (-2. 66)	—
Seat_ all	—	—	-0. 175 *** (-2. 58)
Size	-0. 343 *** (-35. 18)	-0. 346 *** (-35. 03)	-0. 346 *** (-35. 05)
Lev	0. 603 *** (17. 09)	0. 596 *** (16. 70)	0. 596 *** (16. 69)
Roe	0. 088 *** (3. 24)	0. 088 *** (3. 19)	0. 088 *** (3. 18)
Growth	0. 015 * (1. 92)	0. 014 * (1. 82)	0. 015 * (1. 84)
Top1	-0. 223 *** (-3. 63)	-0. 162 *** (-2. 66)	-0. 162 *** (-2. 66)
Ananum	0. 006 *** (13. 83)	0. 006 *** (13. 37)	0. 006 *** (13. 36)
Ids	-0. 093 (-0. 82)	-0. 0800 (-0. 69)	-0. 0850 (-0. 73)
Instishr	0. 943 *** (18. 85)	0. 947 *** (18. 79)	0. 949 *** (18. 80)
Top10	0. 027 ** (1. 99)	0. 025 * (1. 76)	0. 024 * (1. 74)
Constant	8. 532 *** (41. 52)	8. 562 *** (41. 20)	8. 568 *** (41. 22)
Year/Firm	Yes	Yes	Yes

续表

Mis	(1)	(2)	(3)
N	10873	10553	10547
R^2	0.415	0.418	0.417

注：***、**和*分别表示在1%、5%和10%的水平下显著。因各自变量计算方法与基础数据的缺失不同导致其回归样本存在一定的差异。本章下同。

10.5.2 稳健性检验

排除内生性问题，资产误定价的程度较小亦可能是混改国企较好的信息披露与较低代理问题的外在体现，进而吸引“资本逐利”的非国有投资者的进入或优化公司的治理结构，即本章可能存在反向的因果关系。为强化本章研究结论，本章参考已有相关文献的做法，首先使用国企混改和高层治理的滞后一期作为解释变量的回归结果亦支持了本章主要的研究结论［表10-4中列（1）至列（3）LMix、LSeat_ids和LSeat_all的系数分别为-0.151、-0.104和-0.149且在1%、5%和5%水平下显著］。其次采用各解释变量的滞后一期（LVar）与年度行业中值（YIVar）分别作为各自工具变量的回归结果基本支持了主要发现［表10-4中列（4）至列（6）的系数均明显为负］。进一步地，已有研究指出，企业所在地的港口数量较多或曾被迫开放为商埠的地区对外开放水平较高，制度建设较为完善，国企改革程度也会较高，相应的非国有股东也更能够获得董事会权力。因此，采用企业所在省份沿海港口的数量（Sea_port）和企业所在省份在历史上是否有过被迫开放的商埠（Territo_ries）分别作为国企混改股权制衡程度与高层治理水平的工具变量的回归结果亦支持了主要研究结论［表10-4中列（7）至列（9）的系数均显著为负］。

表10-4 稳健性检验

	(1)	(2)	(3)	(4)	(5)	(6)	(7)	(8)	(9)
	滞后一期			工具变量（滞后一期与年度行业中值）			工具变量（沿海港口与开放商埠）		
LMix	-0.151*** (-3.45)	—	—	—	—	—	—	—	—
LSeat_ids	—	-0.104** (-2.26)	—	—	—	—	—	—	—

续表

	(1)	(2)	(3)	(4)	(5)	(6)	(7)	(8)	(9)
	滞后一期			工具变量（滞后一期与年度行业中值）			工具变量（沿海港口与开放商埠）		
LSeat_ all	—	—	-0.149** (-2.22)	—	—	—	—	—	—
Mix^{IV1}	—	—	—	-0.099** (-2.01)	—	—	—	—	—
$Seat\_ids^{IV1}$	—	—	—	—	-0.019* (-1.88)	—	—	—	—
$Seat\_all^{IV1}$	—	—	—	—	—	-0.023 (-1.55)	—	—	—
Mix^{IV2}	—	—	—	—	—	—	-0.201* (-1.72)	—	—
$Seat\_ids^{IV2}$	—	—	—	—	—	—	—	-2.007*** (-3.82)	—
$Seat\_all^{IV2}$	—	—	—	—	—	—	—	—	-2.521*** (-3.85)
Size	-0.099*** (-6.36)	-0.351*** (-38.73)	-0.351*** (-38.75)	-0.387*** (-47.04)	-0.016*** (-13.53)	-0.016*** (-13.53)	-0.010*** (-4.13)	-0.006 (-1.52)	-0.007* (-1.81)
Lev	0.475*** (8.42)	0.603*** (17.43)	0.603*** (17.42)	0.581*** (12.09)	0.054*** (7.16)	0.054*** (7.17)	-0.017*** (-3.14)	1.815*** (83.43)	1.820*** (88.56)
Roe	0.150*** (3.38)	0.085*** (3.11)	0.085*** (3.11)	0.013 (0.25)	-0.005 (-0.51)	-0.005 (-0.52)	0.008** (2.35)	-0.023 (-1.28)	-0.035** (-2.00)
Growth	0.017 (1.40)	0.015* (1.93)	0.015* (1.95)	0.023** (1.97)	0.015*** (4.78)	0.015*** (4.78)	0.006* (1.93)	0.005 (0.83)	0.004 (0.80)
Top1	-0.061 (-0.64)	-0.145** (-2.55)	-0.145** (-2.54)	-0.029 (-0.54)	0.009 (1.36)	0.009 (1.39)	-0.014** (-1.97)	-0.125*** (-3.72)	-0.095*** (-3.49)
Ananum	0.000 (-0.27)	0.006*** (13.60)	0.006*** (13.59)	0.007*** (11.75)	0.000*** (5.09)	0.000*** (5.04)	0.000*** (5.70)	0.002*** (6.74)	0.002*** (7.22)
Ids	0.073 (0.41)	-0.049 (-0.43)	-0.052 (-0.46)	0.332** (2.30)	0.026 (1.32)	0.027 (1.36)	0.026* (1.87)	-0.142** (-1.98)	-0.167** (-2.41)
Instishr	0.442*** (5.72)	0.950*** (19.13)	0.951*** (19.13)	1.004*** (15.67)	-0.025*** (-3.22)	-0.025*** (-3.22)	0.090*** (3.18)	0.002 (0.05)	0.024 (0.68)
Top10	0.045** (2.10)	0.027* (1.94)	0.026* (1.93)	0.044*** (2.80)	0.006** (2.47)	0.006** (2.47)	0.000 (0.12)	0.012 (1.30)	0.011 (1.25)

续表

	(1)	(2)	(3)	(4)	(5)	(6)	(7)	(8)	(9)
	滞后一期			工具变量（滞后一期与年度行业中值）			工具变量（沿海港口与开放商埠）		
Constant	2.993*** (9.14)	8.793*** (33.07)	8.798*** (33.08)	9.235*** (55.91)	0.377*** (15.64)	0.376*** (15.63)	0.318*** (3.04)	-0.482*** (-5.59)	-0.498*** (-6.17)
Year/Firm	Yes	Yes	Yes	Yes	Yes	Yes	Yes	Yes	Yes
N	10446	10553	10547	10867	9996	9986	10454	10620	10614
R^2	0.022	0.319	0.318	0.341	0.088	0.088	0.326	0.419	0.498

注：①为避免冗余，工具变量回归时并未汇报第一阶段的回归结果，Mix^{IV1} 的第一阶段回归结果中 LMix 和 YIMix 的系数分别为 0.691 和 0.269 且均在 1%水平下显著，过度识别检验 P 值为 0.527。$Seat\_ids^{IV1}$ 的第一阶段回归结果中 LSeat_ids 和 YISeat_ids 的系数分别为 0.662 和 0.393 且均在 1%水平下显著，过度识别检验 P 值为 0.753。$Seat\_all^{IV1}$ 的第一阶段回归结果中 LSeat_all 和 YISeat_all 的系数分别为 0.665 和 0.473 且均在 1%水平下显著，过度识别检验 P 值为 0.477。②Mix^{IV2} 的第一阶段回归结果中 Sea_port 和 Territo_ries 的系数均为 0.001，前者在 10%水平下显著，后者不显著。$Seat\_ids^{IV2}$ 的第一阶段回归结果中 Sea_port 和 Territo_ries 的系数分别为 0.001（t 值 1.63）和 0.009（1%水平下显著）。$Seat\_all^{IV2}$ 的第一阶段回归结果中 Sea_port 和 Territo_ries 的系数分别为 0.0004（t 值 1.41）和 0.008（1%水平下显著），且均已通过过度识别检验。

为保证本章基本发现的稳健可靠，本章还采用资产误定价的原值（不取绝对值）[表 10-5 中列（1）、列（4）和列（7）Mix 及 Seat 的系数均显著为负且至少在 1%水平下显著]，以及参考游家兴和吴静（2012）采用如下两种不同方式来重新定义资产误定价，回归结果亦支持了前述发现（Mis1 和 Mis2 下的回归结果）。

其中，Mis1 和 Mis2 的度量方法具体如下：按照模型（10-5）分季度分行业分别进行回归，得到各个行业在每个季度的回归系数 $\{\alpha_{0jt}, \alpha_{1jt}, \alpha_{2jt}, \alpha_{3jt}, \alpha_{4jt}\}$；然后对同行业各季度的回归系数求平均值，获得各个行业的估计式；随后将公司各自变量的具体数值代入所属行业的估计式，估计出相应的基础价值 V；最后通过计算 Ln（P/V）来衡量误定价水平（Misp1），而 Misp2 是资产误定价指标 Misp 与 Misp1 标准化后加总再取绝对值的结果。

$$LnM_{i,t}=\alpha_{0jt}+\alpha_{1jt}LnB_t+\alpha_{2jt}Ln(NI)^{+}_{i,t}+\alpha_{3jt}I_{(<0)}Ln(NI)^{+}_{i,t}+\alpha_{4jt}Lev_{i,t}+\varepsilon_{i,t} \quad (10-5)$$

最后，采用非国有股持股比例（NSOE）替换解释变量国企混改（Mix）的回归结果依然稳健不变 [表 10-5 中列（10）非国有持股的系数为-0.124 且在 5%水平下显著]。

表 10-5 稳健性检验

	(1) 原值 Y	(2) Mis1	(3) Mis2	(4) 原值 Y	(5) Mis1	(6) Mis2	(7) 原值 Y	(8) Mis1	(9) Mis2	(10) Mis
Mix	-0.099*** (-3.45)	-0.008*** (-5.42)	-0.134*** (-2.99)	—	—	—	—	—	—	—
Seat_ids	—	—	—	-0.120** (-2.54)	-0.013* (-1.94)	-0.138* (-1.78)	—	—	—	—
Seat_all	—	—	—	—	—	—	-0.174** (-2.53)	-0.018* (-1.73)	-0.172 (-1.59)	—
NSOE	—	—	—	—	—	—	—	—	—	-0.124** (-2.22)
Size	-0.344*** (-34.90)	-0.008*** (-18.41)	-0.098*** (-6.30)	-0.347*** (-34.73)	-0.016*** (-12.47)	-0.175*** (-10.36)	-0.347*** (-34.75)	-0.016*** (-12.47)	-0.086*** (-5.34)	-0.713*** (-38.34)
Lev	0.556*** (15.59)	-0.017*** (-7.68)	0.477*** (8.45)	0.548*** (15.19)	0.058*** (7.39)	0.516*** (8.45)	0.548*** (15.18)	0.058*** (7.39)	0.363*** (6.20)	0.440*** (6.49)
Roe	0.083*** (3.00)	0.014*** (6.93)	0.153*** (3.44)	0.082*** (2.93)	-0.001 (-0.12)	0.227*** (4.73)	0.081*** (2.92)	-0.00100 (-0.12)	0.163*** (3.54)	0.373*** (7.01)
Growth	0.015* (1.88)	0.002** (2.57)	0.016 (1.27)	0.014* (1.78)	0.015*** (4.92)	0.049*** (3.68)	0.014* (1.79)	0.015*** (4.92)	0.005 (0.38)	0.079*** (5.39)
Top1	-0.254*** (-4.09)	-0.035*** (-14.14)	-0.073 (-0.76)	-0.197*** (-3.20)	0.006 (0.91)	-0.179* (-1.76)	-0.196*** (-3.18)	0.006 (0.92)	0.049 (0.50)	-0.955*** (-8.43)
Ananum	0.006*** (13.63)	0.000*** (13.15)	0.000 (-0.22)	0.006*** (13.12)	0.000*** (4.48)	0.000 (0.31)	0.006*** (13.12)	0.000*** (4.43)	-0.001 (-1.20)	0.012*** (15.09)
Ids	-0.130 (-1.13)	0.015** (2.42)	0.090 (0.50)	-0.119 (-1.02)	0.020 (1.00)	0.033 (0.17)	-0.124 (-1.06)	0.020 (1.01)	0.052 (0.28)	-0.009 (-0.04)

续表

	(1) 原值 Y	(2) Mis1	(3) Mis2	(4) 原值 Y	(5) Mis1	(6) Mis2	(7) 原值 Y	(8) Mis1	(9) Mis2	(10) Mis
Instishr	0.977*** (19.32)	0.065*** (20.49)	0.456*** (5.85)	0.984*** (19.29)	-0.026*** (-3.39)	0.095 (1.13)	0.985*** (19.30)	-0.025*** (-3.34)	0.512*** (6.35)	1.890*** (20.31)
Top10	0.028** (1.99)	0.000 (0.49)	0.046** (2.13)	0.025* (1.78)	0.006** (2.58)	0.033 (1.39)	0.025* (1.76)	0.006** (2.57)	0.047** (2.10)	0.032 (1.26)
Constant	8.599*** (41.39)	0.126*** (14.95)	2.973*** (9.07)	8.630*** (41.06)	0.392*** (13.66)	4.422*** (12.47)	8.635*** (41.08)	0.392*** (13.66)	2.701*** (7.94)	15.263*** (38.82)
Year/Firm	Yes	Yes	Yes	Yes	Yes	Yes	Yes	Yes	Yes	Yes
N	10873	10452	10452	10553	10142	10144	10547	10136	10138	10452
R^2	0.421	0.683	0.022	0.424	0.092	0.025	0.423	0.092	0.019	0.197

10.6　拓展性分析与后果检验

10.6.1　基于股票价格高估与低估的拓展性分析

前文为直观刻画资产误定价的高低程度，因而被解释变量资产误定价做了绝对值处理，但资产误定价既可能表现为市场价值高于其内在价值，也可能低于其内在价值，即具体表现为资产的高估和低估两种错误定价。就理论层面而言，国企既可能因我国大量散户投资者的非理性行为、政府干预与国企高管隐藏坏消息以及媒体的情绪渲染等而导致高估的错误定价，也可能因信息不对称下的代理问题与股权流动性限制导致投资者在股票购买时就有相当部分的折价，而导致国企股价的整体低估。那么，国企混改到底抑制了资产的高估还是低估的错误定价？

鉴于此，我们进一步将资产误定价区分为高估与低估并进行分组检验的回归结果发现，国企混改主要降低了国企高估的误定价偏误［表 10-6 中列（3）、列（6）和列（9）Mix 和 Seat 的系数均显著为负］。

表 10-6　国企混改抑制了股价的高估还是低估?

Mis	(1) 全样本	(2) 低估	(3) 高估	(4) 全样本	(5) 低估	(6) 高估	(7) 全样本	(8) 低估	(9) 高估
Mix	-0.101*** (-3.55)	0.0380 (0.52)	-0.097*** (-3.36)	—	—	—	—	—	—
Seat_ids	—	—	—	-0.125*** (-2.66)	-0.031 (-0.26)	-0.101** (-2.12)	—	—	—
Seat_all	—	—	—	—	—	—	-0.175*** (-2.58)	-0.057 (-0.36)	-0.130* (-1.86)
Size	-0.343*** (-35.18)	-0.042 (-1.17)	-0.351*** (-35.42)	-0.346*** (-35.03)	-0.044 (-1.20)	-0.354*** (-35.24)	-0.346*** (-35.05)	-0.045 (-1.20)	-0.354*** (-35.25)
Lev	0.603*** (17.09)	0.285** (2.25)	0.675*** (18.70)	0.596*** (16.70)	0.309** (2.34)	0.669*** (18.31)	0.596*** (16.69)	0.312** (2.36)	0.669*** (18.31)
Roe	0.088*** (3.24)	0.130 (0.89)	0.086*** (3.16)	0.088*** (3.19)	0.118 (0.80)	0.086*** (3.12)	0.088*** (3.18)	0.116 (0.80)	0.086*** (3.11)
Growth	0.015* (1.92)	0.038 (1.39)	0.014* (1.82)	0.014* (1.82)	0.041 (1.50)	0.013* (1.66)	0.015* (1.84)	0.042 (1.51)	0.013* (1.68)

续表

Mis	(1) 全样本	(2) 低估	(3) 高估	(4) 全样本	(5) 低估	(6) 高估	(7) 全样本	(8) 低估	(9) 高估
Top1	-0.223*** (-3.63)	0.208 (1.13)	-0.219*** (-3.52)	-0.162*** (-2.66)	0.190 (1.06)	-0.160*** (-2.59)	-0.162*** (-2.66)	0.193 (1.07)	-0.160*** (-2.58)
Ananum	0.006*** (13.83)	-0.001 (-0.62)	0.006*** (14.08)	0.006*** (13.37)	0.000 (-0.21)	0.006*** (13.63)	0.006*** (13.35)	0.000 (-0.23)	0.006*** (13.62)
Ids	-0.093 (-0.82)	0.032 (0.09)	-0.099 (-0.86)	-0.080 (-0.69)	0.051 (0.14)	-0.089 (-0.76)	-0.085 (-0.74)	0.046 (0.12)	-0.093 (-0.80)
Instishr	0.943*** (18.85)	-0.440*** (-2.98)	0.947*** (18.68)	0.947*** (18.79)	-0.431*** (-2.91)	0.956*** (18.73)	0.949*** (18.80)	-0.430*** (-2.91)	0.959*** (18.75)
Top10	0.027** (1.99)	-0.053 (-1.37)	0.027* (1.96)	0.025* (1.76)	-0.056 (-1.41)	0.025* (1.74)	0.024* (1.74)	-0.055 (-1.41)	0.024* (1.72)
Constant	8.532*** (41.52)	0.637 (0.80)	8.693*** (41.71)	8.563*** (41.21)	0.674 (0.82)	8.720*** (41.37)	8.569*** (41.22)	0.674 (0.83)	8.725*** (41.38)
Year/Firm	Yes	Yes	Yes	Yes	Yes	Yes	Yes	Yes	Yes
N	10873	343	10530	10553	336	10217	10547	336	10211
R^2	0.415	0.438	0.422	0.418	0.450	0.425	0.417	0.450	0.425

可能的原因在于，所有者缺位情况下，国企高管基于一些原因隐藏国企负面信息的披露，此时有关企业正面消息披露相对更多也更容易引发投资者情绪进而误导投资者的投资决策，加之某些干预与管控，使国企的正面消息更容易被报道（产生报道偏差），从而诱发投资者的乐观情绪与非理性行为，进而导致国企中普遍出现高估的误定价。此外，我国资本市场卖空限制放松相对较晚（2010 年才开始逐步放开），企业负面消息也难以及时融入股价，进而导致样本期内国企整体存在高估的资产错误定价。

然而这种现象随着非国有资本的进入发生混合所有制改革而得到改善。一方面，基于资本逐利而进入的非国有股东具有强烈的动机监督国企高管（如通过委派董监高等）与参与公司治理，抑制其代理行为，强化有关企业正面与负面信息的及时全面披露，从而降低企业与外部投资者间的信息不对称，进而弱化国企因高管政治升迁隐藏负面消息而导致的高估误定价；另一方面，混改国企及时全面的信息披露，加之非国有股东向其委派董监高等高层治理，加大了媒企合谋的成本与压力也将弱化媒体正面的有偏报道，进而抑制因信息不对称下投资者非理性行为（如“羊群效应”等）导致的混改国企被高估的误定价。

10.6.2　基于代理成本与投资者非理性的机制检验

为进一步探究国企混改抑制资产高估错误定价的具体影响机制。一方面，为验证管理层（基于自利动机而抑制负面信息的及时披露进而导致高估误定价）或政府（政府干预越强越少披露国企的负面消息等）的双重代理渠道，即检验国企混改对高估误定价的抑制作用是否在代理问题越突出与政府干预越严重的国企中更为明显。我们将表 10-6 中列（3）按照国企上一期代理成本年度行业中值的高低进行分组的回归结果如表 10-7 所示。结果发现，国企混改的股权制衡对资产高估误定价的抑制作用在资产周转率越低［表 10-7 中列（2）Mix 的系数为-0. 122 且在 1%水平下显著］、管理费用率较高［列（3）Mix 的系数为-0. 159 且在 1%水平下显著］以及政府干预程度更大［列（5）Mix 的系数为-0. 104 且在 5%水平下显著］的国企样本中更为凸显。

表 10-7　股权制衡与资产误定价：代理成本视角

Mis	(1) Turnover = 1	(2) Turnover = 0	(3) MER = 1	(4) MER = 0	(5) Gov = 1	(6) Gov = 0
Mix	-0. 043 (-1. 13)	-0. 122*** (-2. 88)	-0. 159*** (-3. 90)	0. 015 (0. 35)	-0. 104** (-2. 43)	-0. 063 (-1. 47)
Control	Yes	Yes	Yes	Yes	Yes	Yes
Year/Firm	Yes	Yes	Yes	Yes	Yes	Yes
N	5349	5181	5399	5131	5278	5252
R^2	0. 431	0. 467	0. 441	0. 419	0. 435	0. 403

采用非国有股东委派董事或董监高总数占比替代国企股权制衡程度，并按国企与政府双重代理问题分组的回归结果亦支持了前述研究结论，结果如表 10-8 所示，核心变量的回归结果基本符合前述结论。上述回归结果进一步支持并验证了混改国企股权结构的制衡程度与非国有股东实质性派驻董事或董监高的治理行为通过降低政府的干预与抑制国企高管代理行为下的负面消息隐藏，进而降低了国企资产的高估误定价。

表 10-8　高层治理与资产误定价：代理成本视角

Mis	(1) Turnover = 1	(2) Turnover = 0	(3) MER = 1	(4) MER = 0	(5) Gov = 1	(6) Gov = 0
Seat_ ids	-0. 074 (-1. 20)	-0. 137* (-1. 82)	-0. 149* (-2. 12)	-0. 002 (-0. 02)	-0. 119* (-1. 88)	-0. 068 (-0. 79)

续表

Mis	(1) Turnover=1	(2) Turnover=0	(3) MER=1	(4) MER=0	(5) Gov=1	(6) Gov=0
Control	yes	Yes	yes	Yes	yes	Yes
Year/Firm	yes	Yes	yes	Yes	yes	Yes
N	5163	5054	5258	4959	5156	5061
R^2	0.436	0.470	0.438	0.425	0.443	0.404
Seat_all	-0.052 (-0.56)	-0.193** (-1.77)	-0.231** (-2.27)	0.065 (0.67)	-0.137 (-1.50)	-0.088 (-0.67)
Control	Yes	Yes	Yes	Yes	Yes	Yes
Year/Firm	Yes	Yes	Yes	Yes	Yes	Yes
N	5157	5054	5254	4957	5153	5058
R^2	0.434	0.470	0.438	0.424	0.443	0.404

另一方面，已有部分研究也指出，企业资产高估误定价与投资者情绪、媒体情绪渲染与资本市场缺乏卖空机制等息息相关，背后根源在一定程度上均与投资者的非理性行为有关。基于此，参考已有相关研究，选取企业机构投资者持股比例来刻画企业投资者层面潜在的非理性行为，考虑媒体的正面报道对投资者情绪的可能渲染，以及融资融券（卖空机制）有利于坏消息的挖掘与矫正股票高估的错误定价。因而，进一步按照企业上一年的机构投资者持股比例（Instishr）、媒体正面报道情绪（Moss）① 的年度行业中值以及国企是否允许卖空（Short）来分组，回归结果如表 10-9 所示。

表 10-9　股权制衡与资产误定价：投资者非理性视角

Mis	(1) Instishr=1	(2) Instishr=0	(3) Moss=1	(4) Moss=0	(5) Short==1	(6) Short==0
Mix	-0.045 (-1.11)	-0.113*** (-2.56)	-0.091*** (-3.08)	-0.016 (-0.11)	-0.070 (-0.67)	-0.079** (-2.56)
Control	Yes	Yes	Yes	Yes	Yes	Yes
Year/Firm	Yes	Yes	Yes	Yes	Yes	Yes
N	5667	4863	9050	1025	1697	8833
R^2	0.395	0.484	0.435	0.340	0.279	0.467

① 媒体报道情绪指标参考相关学者的研究，数据来自数行者报刊新闻量化舆情数据库。

结果发现，国企混改的股权制衡程度对资产高估错误定价的抑制作用在企业上一期较少机构投资者（较多散户）持股［表 10-9 中列（2）Mix 的系数为-0.113 且在 1%水平下显著］、媒体报道越正面［列（3）Mix 的系数为-0.091 且在 1%水平下显著］与不允许卖空时［列（6）Mix 的系数为-0.079 且在 5%水平下显著］更为凸显（因国企允许卖空时可及时将负面消息融入股价进而抑制其高估误定价，而当国企不允许被卖空时，卖空融入负面消息的上述作用难以发挥，但国企混改在一定程度上通过及时全面地披露混改国企的负面信息进而替代了卖空的制度设计，进而抑制了因负面消息难以及时融入股价所导致的资产高估误定价）。

采用非国有股东委派董事或董监高的回归结果亦支持了主要研究结论，如表 10-10 所示，Seat 的系数至少在 10%水平下显著。上述回归结果表明，国企混改通过加强混改国企的信息披露水平，弱化媒体的正面报道，缓解负面信息融入不及时等问题，进而降低了投资者与企业之间的信息不对称，利于减少投资者的非理性行为，进而缓解因投资者（尤其是大量散户）非理性行为和负面信息缺乏及时融入所导致的资产高估误定价，上述发现进一步支持和验证了前述结论与分析。

表 10-10　高层治理与资产误定价：投资者非理性视角

Mis	(1) Instishr = 1	(2) Instishr = 0	(3) Moss = 1	(4) Moss = 0	(5) Short = = 1	(6) Short = = 0
Seat_ids	-0.136 (-1.56)	-0.147** (-2.14)	-0.089* (-1.88)	-0.133 (-0.42)	0.230 (1.36)	-0.123** (-2.40)
Control	yes	Yes	yes	Yes	yes	yes
Year/Firm	yes	Yes	yes	yes	yes	yes
N	5428	4789	9211	1006	1601	8616
R^2	0.401	0.482	0.439	0.330	0.289	0.469
Seat_all	-0.158 (-1.49)	-0.219** (-2.22)	-0.121* (-1.74)	-0.074 (-0.16)	0.036 (1.36)	-0.453** (-2.06)
Control	Yes	Yes	Yes	Yes	Yes	Yes
Year/Firm	Yes	Yes	Yes	Yes	Yes	Yes
N	5423	4788	9205	1006	1601	8610
R^2	0.399	0.482	0.439	0.330	0.289	0.468

10.6.3 基于股票回报视角的后果检验

证券价格的形成与涨跌跟企业与投资者之间的信息不对称息息相关，而会计信息因能指引投资与强化治理等而具有明显的估值作用。但因信息不对称、代理问题以及投资者非理性行为等的存在，会计信息所形成的股票定价与估值的准确与否直接影响着资源的配置效率与资本市场的长久发展。部分研究发现，虽然基于财务报表的会计信息对股票定价与股票回报具有一定的解释与预测作用，但解释力度仍有待进一步提高。基于此，本部分尝试进一步基于资产误定价视角，探究这种错误定价是否降低了股票回报，扭曲了资源配置，进而导致会计信息对股票回报的解释力偏低？而国企混改能否通过降低资产错误定价，进而提升资本市场稀缺资源的配置效率？

本章借鉴饶品贵和岳衡（2012）的研究设计思想①，试图构建模型（10-6）来进一步探究当期的股票错误定价对未来一期股票回报的可能影响，以及国企混改对上述影响的可能调节作用：

$$Return_{i,\ t+1} = \alpha_0 + \alpha_1 Mis_{i,\ t} + \alpha_2 Mix_{i,\ t} + \alpha_3 Mis_{i,\ t} \times Mix_{i,\ t} + \sum Control_{i,\ t} + \varepsilon_{i,\ t} \tag{10-6}$$

其中，模型（10-6）中的被解释变量 Return 一方面采用现金分红后的个股回报来衡量（Return），另一方面用个股月层面回报的投资组合来刻画（Return_ BH）。表 10-11 的回归结果表明，资产错误定价与未来股票回报负相关，即资产错误定价不利于预测未来一期的股票回报［列（1）和列（5）Mis 的系数分别为-0.157 和-0.161 且均在 1%水平下显著为负］，而国企混改则弱化了上述两者的负相关关系（各列中 Mis×Mix、Mis×Seat_ ids 和 Mis×Seat_ all 的系数均显著为正）。结果表明，国企混改通过弱化代理行为与投资者的非理性行为，提升了会计信息的市场定价效力，缓解了因股票错误定价对股票回报的负向影响，进而提升了资本市场的资源配置效率。

表 10-11 国企混改、资产误定价与股票回报：基本回归结果

	Return				Return_ BH			
	(1)	(2)	(3)	(4)	(5)	(6)	(7)	(8)
Mis	-0.157*** (-12.07)	-0.580*** (-22.51)	-0.161*** (-12.14)	-0.162*** (-12.20)	-0.161*** (-12.11)	-0.587*** (-21.75)	-0.165*** (-12.08)	-0.166*** (-12.17)

① 饶品贵和岳衡（2012）首先采用公司基本面盈余预测模型并结合剩余收益模型对我国上市公司的内在价值进行了估计，在此基础上分析了企业内在价值与市价比率（V/P）与股票未来回报之间的关系。

续表

	Return				Return_BH			
	(1)	(2)	(3)	(4)	(5)	(6)	(7)	(8)
Mix	—	-0.533*** (-13.68)	—	—	—	-0.523*** (-12.99)	—	—
Mis×Mix	—	0.134*** (5.80)	—	—	—	0.135*** (5.63)	—	—
Seat_ids	—	—	-0.189** (-2.05)	—	—	—	-0.166* (-1.75)	—
Mis×Seat_ids	—	—	0.109** (2.02)	—	—	—	0.077 (1.43)	—
Seat_all	—	—	—	-0.301** (-2.42)	—	—	—	-0.283** (-2.22)
Mis×Seat_all	—	—	—	0.184** (2.41)	—	—	—	0.144* (1.90)
Control	Yes	Yes	Yes	Yes	Yes	Yes	Yes	Yes
Year/Firm	Yes	Yes	Yes	Yes	Yes	Yes	Yes	Yes
N	10854	10854	10537	10531	10478	10478	10160	10154
R^2	0.679	0.185	0.678	0.678	0.677	0.185	0.676	0.676

进一步地，将表 10-11 中列（3）① 的回归结果按照企业代理成本的高低（资产周转率 Turnover 与管理费用率 MER）、政府干预的强弱（Gov）、散户的占比多少（Instishr）、媒体报道的正面与否（Moss）以及是否卖空（Short）进行细分的回归结果如表 10-12 所示，结果表明，国企混改通过抑制资产误定价对未来股票回报负向影响，进而提升资本市场资源配置效率的效应在代理冲突越严重［资产周转率越低列（2）和管理费用率越高列（3）、政府干预越严重列（5）、散户占比越高列（8）、媒体报道越正面列（9）以及不允许卖空列（12）］的企业样本中表现得更为突出。上述系列截面的检验不仅再次支持和验证了前述结论，而且也进一步丰富和拓展了国企混改对资本市场资源配置提升效应在不同企业、信息环境、政府干预以及不同机制下的差异影响。

① 因表 10-11 中 Mis×Seat_ids 回归结果系数大小和显著性相对最小，我们选择以此为基础进行细分样本，按照 Mis×Mix 和 Mis×Seat_all 进行细分，以及以 Return_BH 作为解释变量的回归结果亦支持了主要研究结论。

表 10-12　国企混改、资产误定价与股票回报：截面检验

Return	(1) Turnover = 1	(2) Turnover = 0	(3) MER = 1	(4) MER = 0	(5) Gov = 1	(6) Gov = 0	(7) Instishr = 1	(8) Instishr = 0	(9) Moss = 1	(10) Moss = 0	(11) Short = = 1	(12) Short = = 0
Mix	-0.232*** (-14.04)	-0.143*** (-8.93)	-0.169*** (-10.81)	-0.196*** (-12.01)	-0.173*** (-11.11)	-0.190*** (-11.55)	-0.206*** (-13.67)	-0.136*** (-7.63)	-0.193*** (-13.42)	-0.094** (-2.47)	-0.241*** (-9.48)	-0.173*** (-13.96)
Seat_ids	-0.284** (-2.42)	-0.0970 (-0.71)	-0.147 (-1.09)	-0.270** (-2.36)	-0.144 (-1.19)	-0.205 (-1.56)	-0.225* (-1.90)	-0.139 (-1.02)	-0.219** (-2.26)	-0.145 (-0.52)	0.221 (0.93)	-0.220** (-2.30)
Mis×Seat_ids	0.104 (1.27)	0.145** (2.05)	0.194** (2.52)	0.069 (0.92)	0.152* (1.90)	0.069 (0.95)	0.081 (1.14)	0.169** (2.03)	0.135** (2.38)	0.091 (0.43)	-0.092 (-0.76)	0.145** (2.46)
Control	Yes	Yes	Yes	Yes	Yes	Yes	Yes	Yes	Yes	Yes	Yes	Yes
Year/Firm	Yes	Yes	Yes	Yes	Yes	Yes	Yes	Yes	Yes	Yes	Yes	Yes
N	5348	5189	5366	5171	5517	5020	5562	4975	9463	1074	1656	8881
R^2	0.67	0.706	0.678	0.689	0.673	0.687	0.657	0.712	0.679	0.737	0.346	0.699

10.7 本章小结

在中国经济发展的过程中，国企混改被赋予了重要的时代使命与经济提振作用，对国企混改的系列经济后果研究兼具理论价值与现实意义。然而，已有关于国企混改经济后果的相关研究大都侧重于探究其对实体经济的影响，而忽略了国企混改可能带来的资本市场作用。本章基于 2013～2017 年中国 A 股国有上市公司的样本数据，发现国企混改显著降低了企业的资产误定价，尤其抑制了国企股价的高估。主要的影响路径在于国企混改通过降低国企与政府的双重代理与弱化投资者的非理性行为，进而抑制了国企资产高估的错误定价。进一步地，本章还发现国企当期的资产误定价不利于市场资源的优化配置（表现为其与未来股票回报负相关），而国企混改则可弱化上述负相关关系进而提升资源配置效率。国企混改的上述资源配置提升效应在企业代理问题越严重、政府干预越强以及投资者非理性行为越突出的企业样本中更为凸显。

本章可能的政策启示在于：一方面，微观企业发展混合所有制经济，尤其是国企发展不同所有制股权的交叉持股与相互融合已成为时下的主旋律。本章的主要发现也进一步支持了国企引入非国有股东所形成的优化股权结构，利于股权制衡，尤其是非国有股东通过委派董监高等高层入驻企业，获得董事会席位或权利，能从根源上降低国企所有制缺位引致的代理行为，进而降低国企的资产误定价水平。基于此，国企应进一步加快深化混合所有制改革，加大非国有股东的持股比例；同时赋予非国有股东在董监高层面的席位及相应权利，完善国企高管的市场选聘与薪酬设计，不断优化国企的股权结构、公司治理与激励机制。另一方面，在我国国企高管作为准官员具有强烈的动机抑制企业负面信息报道，以及资本市场中散户占比较高的特殊制度背景下，信息不对称与政府干预管控极易引发投资者的非理性行为，进而带来国企股价的整体高估。因此，在国企推行混改过程中，在注重提升企业会计信息质量的同时，也需不断加大混改国企全面（包括正面消息与负面报道）、及时有效的信息披露水平与披露质量，同时为投资者理性决策搭建良好的信息平台与沟通渠道，以此来降低企业与外部投资者之间的信息不对称，弱化投资者的非理性行为，从而有助于国企资产的准确定价，增强会计信息对市场估值与股票回报的预测或决定性作用，进而提升整个资本市场的资源配置效率。

第11章　研究结论与政策启示

11.1　研究结论

在融资决策方面：①国企混改股权结构的深入度、制衡度能有效提升企业权益融资和融资总额，但对企业债务融资无明显影响，而混合股权种类的多样性对企业融资决策均无显著作用。②相较于债务融资决策，国企混改后更倾向于选择权益融资，并显著降低了企业的财务杠杆水平。③与内部控制水平较高企业相比，内部控制水平较低国企的混改优化企业融资决策的程度更明显；行业垄断程度与行业成长性弱化了国企混改股权结构对企业融资行为的影响。这些研究结果意味着，尽管我国混合所有制改革制度仍需推进，但作为一种正式制度的外部治理机制已经在优化融资决策方面显现出现实的治理效应，进而促进了企业层面的资源有效配置；同时，国企混改正成为我国公司治理结构中的一种重要规制力量，弥补了国企内部治理水平的不足。

在现金持有决策方面：①国企混改并未通过融资约束渠道，而主要通过治理效应路径影响了现金持有水平，且不同的混改方式所强化的治理效应亦存在一定的差异，股权多样性因有效提升国企治理水平的作用有限，因而未对现金持有水平产生明显影响，最终亦未带来企业价值的提升。②股权融合度在抑制超额持现的过度投资促使现金持有水平明显增加的同时，还促进了国企将超额持现用于研发投入进而优化了公司现金持有行为。股权融合度所优化的现金持有行为对企业价值的提升作用在期末现金持有水平较低时尤为凸显。③国企控制权转移在抑制超额持现过度投资的同时，还增加了企业研发投入及股利支付，进而引致控制权转移与期末现金持有水平的影响关系尚不明显，但其在优化现金持有行为的同时亦明显提升了企业价值。

在投资决策方面：国企混改是国企改革的重点任务之一，通过发展混合所有制经济，改善国企经营机制，提高国有资本配置效率。本书基于2007~2017年国有上市公司样本探索了国企混改与企业投资之间的相关关系，检验结果表明：①国企混改显著提高了企业投资规模，亦显著提升了企业投资效率，且经过一系列稳健性检验依然成立。②控制人层级越低、企业内部控制环境欠缺时，国企混改对投资规模的促进效用发挥更为显著。③企业内部控制环境欠缺、外部法律保护水平越高时，国企混改提升企业投资效率效用更为显著。

在企业创新决策层面：①混合所有制改革股权治理层面的混合主体深入性、混合主体制衡度及控制权转移以及高层治理层面的委派董监高比例均能够显著提升国企创新水平。②混改对企业创新水平的正向影响在地方国有企业、市场竞争程度较小以及市场化进程较高的样本中更加显著。③作用机制发现，混改对企业创新水平的提升主要源于企业融资约束的缓解和公司治理水平的提高的双重效应。本书还发现混改可以有效提升企业创新效率并进一步提高企业价值。上述结果证实了混改提升企业创新水平源自融资约束的缓解和治理水平的提升，进一步回应了关于混改有效性的争论和政策质疑，丰富了企业创新水平的影响因素研究和混合所有制改革的后果研究。

在多元化经营决策方面：①国企混改股权结构的深入度、制衡度、控制权转移以及非国有股东委派董监高能有效降低企业多元化经营程度，而混合股权种类的多样性对多元化经营程度无显著作用。②国企混改的股权结构通过减负效应和治理效应降低了企业多元经营程度，非国有股东的高层治理主要通过治理效应而非减负效应优化多元化经营。③市场化进程与政府质量强化了国企混改对企业多元化经营程度的影响；而非国有股的委派高管发挥的治理效应受外部治理环境影响较弱；与央企相比，地方国企混改优化企业多元化经营的程度更明显。④国企混改有效提升了多元化经营的价值。

在并购决策方面：①国企混改股权结构的多样性、深入度和制衡度能够有效提高公司并购绩效，优化并购效率。②机制分析发现，国企混改股权结构的多样性、深入度和制衡度主要是通过优化发挥股权治理效应，显著抑制高管借由过度投资来实现规模扩张带来的权力私欲、在职消费和政治晋升等诸多私利，提升公司治理质量，进而优化投资决策，提升并购绩效。③异质性分析发现，与央企相比，地方国企混改优化并购绩效的治理效应更强。

在现金股利政策层面：①国企混改股权结构层面的深入度、制衡度、控制权转移及高层治理层面的非国有股东委派高管提高了现金股利支付水平，但股权多样性对现金股利支付水平的影响不明显。②机制检验发现，国企混改并未通过融资约束渠道，而主要通过治理效应路径影响了现金股利政策。③调节效应分析，相比于央企，地方国企混改提高现金股利支付水平的效应更明显；相比于垄断性国企，竞争性国企混改提高现金股利支付水平的效应更明显；且国企混改提高现金股利支付水平的优化效应在投资者法律保护好的地区更明显。④基于现金股利经济后果的纵深探究发现，国企混改促使国企派发现金股利进而提升企业价值。本书证实了国企混改能够有效发挥公司治理效应，进而优化企业现金股利行为、提高企业价值，说明发展混合所有制改革，能够改善国企经营机制、提高国有资本配置效率。

资产误定价：①国企混改显著降低了企业的资产误定价，尤其抑制了国企股价的高估。②主要的影响路径在于国企混改通过降低国企与政府的双重代理与弱化了投资者的非理性行为，进而抑制了国企资产高估的错误定价。③本章还发现国企当期的资产误定价不利于市场资源的优化配置（表现为其与未来股票回报负相关），而国企混改则可弱化上述负相关关系进而提升资源配置效率。④国企混改的上述资源配置提升效应在企业代理问题越严重、政府干预越强以及投资者非理性行为越突出的企业样本中更为凸显。

综上所述，国企混改可以通过引入逐利动机更强的非国有股东入股，实现股权共治、多方监督的良好局面，缓解国企双重代理问题和政策性负担，非国有股东入股可发挥降低信息不对称的信号传递效应进而优化国企的融资环境和资本市场信息环境，从而优化国企融资决策、投资决策（资本投资效率、并购重组、多元化投资、企业创新）、利润分配决策（现金股利决策）、资金运营决策（现金持有决策）以及资本市场反应（资产误定价）等财务决策或会计信息质量。

11.2 政策启示

本书通过严谨的理论逻辑分析和翔实的实证分析，探求国企混改对公司财务决策的影响，例如融资决策、现金管理、投资决策、现金股利决策等。研究结论具有重要的理论意义和现实意义。

第一，国企混改可有效发挥治理效应缓解国企双重代理问题，通过减负效应或治理效应抑或两者融合（改善投资决策、政策性负担抑或缓解融资约束等渠道机制），优化公司财务决策。具体表现为，国企混改优化了企业的融资决策、提升现金持有水平、提高投资规模及投资效率、降低多元化行为、提高企业并购效率和创新能力、促进企业现金股利支付。与此同时，国企混改在优化公司财务决策的同时，也显著提高了公司价值和降低了资产误定价，抑制公司股价高估。因此，通过本项目对具体财务决策的研究，肯定了国企混改的积极作用，所以未来应根据“完善治理、强化激励、突出主业、提高效率”的原则，积极推进国企混合所有制改革，规范和优化企业财务行为，不断提高国有资本配置效率，促进国企高质量发展。

第二，基于不同的具体财务决策，从具体混改指标治理效应发挥结果来看，国企混改过程中引入的非国有资本更应该遵循“重质非量”的原则，不能盲目追求非国有资本参股种类的多样化，更应注重非国有资本比例的有效配置，发挥非国有资本的制衡效应，优化企业的财务决策。

第三，基于诸多异质性情境扩展了国企混改治理效应有效发挥与否的重要依赖因素。研究发现，无论是企业内部因素（如内部控制水平和国有股权层级等），还是外部行业因素（如行业垄断程度和行业成长性等），抑或外部公共治理环境（如投资者法律保护水平、市场化进程和政府质量等），均会影响国企混改治理效应的发挥。因此，在深入推进国企混改的同时，按照公司行业特性，遵循分类改革的思维，政府和企业应更加注重内外部治理环境建设，大力提高内部控制水平、不断加快市场化进程与提升政府质量，为国企混改的有序推进提供有效的内外部条件。

第四，目前关于国企改革成效论点各异，既有研究发现国企改革可通过优化内外部治理机制提升企业价值，亦有研究发现国企改革未能实现政策预期效果，同时也有研究认为只有彻底民营化改革才能提升企业绩效。本书以国企混改为切入点发现，依靠引入非国有资本的国企混改，可以优化内部治理进而优化财务决策的同时，亦提升企业价值和降低资产误定价。这些重要发现有助于回应国企改革成效之争，同时亦为进一步深入推进国企改革以实现国企及国有资本高质量发展提供理论支撑和经验证据。

综上所述，验证国企混改可以优化企业财务决策和资本市场信息环境，因此应深入大力推进混改进程；与此同时，国企混改优化效应的发挥受到企业内外部环境的影响，因此应进一步优化营商环境、加快政府转型、健全市场信息披露机制等途径助推混合所有制改革，同时，应因地制宜地出台或实施符合地方特色或实际的混改举措或利好方案，以激情饱满之心与非国有股东共享盛宴。

参考文献

［1］白云霞，吴联生．国有控制权转移、终极控制人变更与公司业绩［J］．金融研究，2008（06）：130-143.

［2］白重恩，路江涌，陶志刚．国企改制效果的实证研究［J］．经济研究，2006（08）：4-13+69.

［3］蔡贵龙，柳建华，马新啸．非国有股东治理与国企高管薪酬激励［J］．管理世界，2018a，34（05）：137-149.

［4］蔡贵龙，郑国坚，马新啸，卢锐．国企的政府放权意愿与混合所有制改革［J］．经济研究，2018b（09）：99-115.

［5］曹丰，谷孝颖．非国有股东治理能够抑制国企金融化吗？［J］．经济管理，2021，43（01）：54-71.

［6］曹越，孙丽，郭天枭，蒋华玲．“国企混改”与内部控制质量：来自上市国企的经验证据［J］．会计研究，2020（08）：144-158.

［7］曾庆生，陈信元．国家控股、超额雇员与劳动力成本［J］．经济研究，2006（05）：74-86.

［8］曾诗韵，蔡贵龙，程敏英．非国有股东能改善会计信息质量吗？——来自竞争性国有上市公司的经验证据［J］．会计与经济研究，2017，31（04）：28-44.

［9］常风林，周慧，岳希明．国企高管“限薪令”有效性研究［J］．经济学动态，2017（03）：40-51.

［10］陈冬华，陈信元，万华林．国企中的薪酬管制与在职消费［J］．经济研究，2005（02）：92-101.

［11］陈林，唐杨柳．混合所有制改革与国企政策性负担——基于早期国企产权改革大数据的实证研究［J］．经济学家，2014（11）：15-71.

［12］陈林，万攀兵，许莹盈．混合所有制企业的股权结构与创新行为——基于自然实验与断点回归的实证检验［J］．管理世界，2019，35（10）：

186-205.

［13］陈胜蓝，马慧．卖空压力与公司并购——来自卖空管制放松的准自然实验证据［J］．管理世界，2017（07）：142-156.

［14］陈仕华，卢昌崇，姜广省，王雅茹．国企高管政治晋升对企业并购行为的影响——基于企业成长压力理论的实证研究［J］．管理世界，2015（09）：125-136.

［15］陈晓，陈小悦，倪凡．我国上市公司首次股利信号传递效应的实证研究［J］．经济科学，1998（05）：34-44.

［16］陈晓，王琨．关联交易、公司治理与国有股改革——来自我国资本市场的实证证据［J］．经济研究，2005（04）：77-86+128.

［17］陈信元，陈冬华，时旭．公司治理与现金股利：基于佛山照明的案例研究［J］．管理世界，2003（08）：118-126+151-154.

［18］陈信元，黄俊．政府干预、多元化经营与公司业绩［J］．管理世界，2007（01）：92-97.

［19］陈运森，黄健峤，韩慧云．股票市场开放提高现金股利水平了吗？——基于“沪港通”的准自然实验［J］．会计研究，2019（03）：55-62.

［20］陈志斌，范圣然．政府质量、市场化程度与现金—现金流敏感性——来自后金融危机时期的经验证据［J］．审计与经济研究，2015（02）：52-60.

［21］程俊杰．高质量发展背景下破解“创新困境”的双重机制［J］．现代经济探讨，2019（03）：5-10.

［22］程仲鸣，夏新平，余明桂．政府干预、金字塔结构与地方国有上市公司投资［J］．管理世界，2008（09）：37-47.

［23］程子健，张俊瑞．交叉上市、股权性质与企业现金股利政策——基于倾向得分匹配法（PSM）的分析［J］．会计研究，2015（07）：34-41+96.

［24］戴璐．部分民营化改革的研究述评与理论启示［J］．中央财经大学学报，2010（08）：55-58.

［25］狄灵瑜，步丹璐．非国有股东参股与国企金融化——基于混合所有制改革的制度背景［J］．山西财经大学学报，2021，43（03）：96-111.

［26］丁志国，李甜，赵晶．上市公司股利政策的时间效应及其内生性［J］．中国工业经济，2014（10）：122-134.

［27］董理，茅宁．公司成熟度、剩余负债能力与现金股利政策——基于财务柔性视角的实证研究［J］．财经研究，2013，39（11）：59-68.

［28］窦欢，陆正飞．大股东控制、关联存款与现金持有价值［J］．管理世界，2016（05）：141-150+167.

［29］窦军生，王宁，张玲丽．家族涉入对企业多元化及其价值效应的影响研究［J］．南方经济，2017（03）：1-22+120.

［30］方红星，金玉娜．公司治理、内部控制与非效率投资：理论分析与经验证据［J］．会计研究，2013（07）：63-69+97.

［31］方军雄．政府干预、所有权性质与企业并购［J］．管理世界，2008（09）：118-123+148+188.

［32］方明月，孙鲲鹏．国企混合所有制能治疗僵尸企业吗？——一个混合所有制类啄序逻辑［J］．金融研究，2019（01）：91-110.

［33］冯根福，刘虹，冯照桢，温军．股票流动性会促进我国企业技术创新吗？［J］．金融研究，2017（03）：192-206.

［34］冯根福，吴林江．我国上市公司并购绩效的实证研究［J］．经济研究，2001（01）：54-61+68.

［35］傅强，方文俊．管理者过度自信与并购决策的实证研究［J］．商业经济与管理，2008（04）：76-80.

［36］顾乃康，周艳利．卖空的事前威慑、公司治理与企业融资行为——基于融资融券制度的准自然实验检验［J］．管理世界，2017（02）：120-134.

［37］顾小龙，李天钰，辛宇．现金股利、控制权结构与股价崩溃风险［J］．金融研究，2015（07）：152-169.

［38］韩立岩，陈庆勇．并购的频繁程度意味着什么——来自我国上市公司并购绩效的证据［J］．经济学（季刊），2007（07）：166-181.

［39］郝阳，龚六堂．国有、民营混合参股与公司绩效改进［J］．经济研究，2017（03）：124-137.

［40］郝云宏，汪茜，王淑贤．第二大股东对第一大股东的制衡路径分析——基于中国民营企业与国企的多案例研究［J］．商业经济与管理，2015（12）：25-33+51.

［41］何威风，陈莉萍，刘巍．业绩考核制度会影响企业盈余管理行为吗［J］．南开管理评论，2019（01）：17-30.

［42］胡建雄．“釜底抽薪”还是“抱薪救火”——引入民营股东对国企并购效率的影响［J］．山西财经大学学报，2021，43（01）：85-99.

［43］胡艳，陈肖兰，张坤，周桐碧．混合所有制、董事会效率与企业非效率投资［J］．投资研究，2020，39（06）：36-51.

［44］胡一帆，宋敏，张俊喜．中国国企民营化绩效研究［J］．经济研究，2006（07）：49-60.

［45］黄建欢，李卓霖，尹筑嘉．混合所有制企业的股东利益冲突、股权混

合模式与公司绩效［J］．湖南大学学报（社会科学版），2017，31（01）：68-74.

［46］黄群慧，余菁．新时期的新思路：国企分类改革与治理［J］．中国工业经济，2013（11）：5-17.

［47］黄速建，肖红军，王欣．论国企高质量发展［J］．中国工业经济，2018（10）：19-41.

［48］黄速建．中国国企混合所有制改革研究［J］．经济管理，2014，36（07）：1-10.

［49］黄蔚，汤湘希．合并商誉对企业绩效的影响——基于盈余管理和融资约束中介效应的分析［J］．山西财经大学学报，2019，41（12）：93-106.

［50］姬新龙，马宁．混合所有制改革、产权性质与企业风险变化［J］．北京理工大学学报（社会科学版），2019，21（02）：107-115.

［51］贾凡胜，吴昱，廉柯赟．股利税差别化、现金分红与代理问题——基于财税〔2012〕85 号文件的研究［J］．南开管理评论，2016，19（01）：142-154.

［52］姜付秀，石贝贝，马云飙．信息发布者的财务经历与企业融资约束［J］．经济研究，2016，51（06）：83-97.

［53］姜付秀，张敏，陆正飞，陈才东．管理者过度自信、企业扩张与财务困境［J］．经济研究，2009（01）：131-143.

［54］姜付秀．我国上市公司多元化经营的决定因素研究［J］．管理世界，2006（05）：128-135.

［55］解维敏．混合所有制与国企研发投入研究［J］．系统工程理论与实践，2019，39（04）：1067-1078.

［56］金宇超，靳庆鲁，宣扬．“不作为”或“急于表现”：企业投资中的政治动机［J］．经济研究，2016，51（10）：126-139.

［57］靳庆鲁，侯青川，李刚，谢亚茜．放松卖空管制、公司投资决策与期权价值［J］．经济研究，2015，50（10）：76-88.

［58］雷光勇，刘慧龙．市场化进程、最终控制人性质与现金股利行为——来自中国 A 股公司的经验证据［J］．管理世界，2007（07）：120-128+172.

［59］雷光勇，王文忠，刘茉．政治不确定性、股利政策调整与市场效应［J］．会计研究，2015（04）：33-39+95.

［60］黎文飞，马新啸，蔡贵龙．混合所有制改革、公司治理与国企分红［J］．会计与经济研究，2020，34（04）：59-78.

［61］黎文靖，李耀淘．产业政策激励了公司投资吗［J］．中国工业经济，

2014（05）：122-134.

［62］李常青，彭锋．现金股利研究的新视角：基于企业生命周期理论［J］．财经理论与实践，2009，30（05）：67-73.

［63］李常青，魏志华，吴世农．半强制分红政策的市场反应研究［J］．经济研究，2010，45（03）：144-155.

［64］李广子，刘力．民营化与国有股权退出行为［J］．世界经济，2012，35（10）：113-142.

［65］李广子，刘力．上市公司民营化绩效：基于政治观点的检验［J］．世界经济，2010，33（11）：139-160.

［66］李井林．混合所有制改革有助于提升国企投资效率吗？［J］．经济管理，2021，43（02）：56-70.

［67］李茂良，李常青，魏志华．中国上市公司股利政策稳定吗——基于动态面板模型的实证研究［J］．山西财经大学学报，2014，36（03）：33-42.

［68］李善民，陈玉罡．上市公司兼并与收购的财富效应［J］．经济研究，2002（11）：27-35+93.

［69］李善民，黄志宏，郭菁晶．资本市场定价对企业并购行为的影响研究——来自中国上市公司的证据［J］．经济研究，2020（07）：41-57.

［70］李善民，朱滔．多元化并购能给股东创造价值吗？——兼论影响多元化并购长期绩效的因素［J］．管理世界，2006（03）：129-137.

［71］李寿喜．产权、代理成本和代理效率［J］．经济研究，2007（01）：102-113.

［72］李姝，翟士运，古朴．非控股股东参与决策的积极性与企业技术创新［J］．中国工业经济，2018（07）：155-173.

［73］李文贵，余明桂，钟慧洁．央企董事会试点、国有上市公司代理成本与企业绩效［J］．管理世界，2017（08）：123-135+153.

［74］李文贵，余明桂．民营化企业的股权结构与企业创新［J］．管理世界，2015（04）：112-125.

［75］李增福，黄家惠，连玉君．非国有资本参股与国企技术创新［J］．统计研究，2021，38（01）：119-131.

［76］李增泉，余谦，王晓坤．掏空、支持与并购重组——来自我国上市公司的经验证据［J］．经济研究，2005（01）：95-105.

［77］梁上坤，徐灿宇，司映雪．混合所有制程度与公司违规行为［J］．经济管理，2020，42（08）：138-154.

［78］廖冠民，沈红波．国企的政策性负担：动因、后果及治理［J］．中国

工业经济，2014（06）：96-108.

［79］林毅夫，蔡昉，李周．产权制度改革不能解决国企问题［J］．经济研究参考，1997a（95）：28-29.

［80］林毅夫，蔡昉，李周．充分信息与国企改革［M］．上海：上海人民出版社，1997b.

［81］林毅夫，蔡昉，李周．现代企业制度的内涵与国企改革方向［J］．经济研究，1997c（3）：30-34.

［82］林毅夫，李志赟．政策性负担、道德风险与预算软约束［J］．经济研究，2004（02）：17-27.

［83］林毅夫，刘培林．自生能力和国企改革［J］．经济研究，2001（09）：60-70.

［84］刘博研，韩立岩．公司治理、不确定性与流动性管理［J］．世界经济，2010，33（02）：141-160.

［85］刘春，孙亮．政策性负担、市场化改革与国企部分民营化后的业绩滑坡［J］．财经研究，2013，39（01）：71-81.

［86］刘凤委，孙铮，李增泉．政府干预、行业竞争与薪酬契约——来自国有上市公司的经验证据［J］．管理世界，2007（09）：76-84.

［87］刘汉民，齐宇，解晓晴．股权和控制权配置：从对等到非对等的逻辑——基于央属混合所有制上市公司的实证研究［J］．经济研究，2018，53（05）：175-189.

［88］刘津宇，王正位，朱武祥．产权性质、市场化改革与融资歧视——来自上市公司投资—现金流敏感性的证据［J］．南开管理评论，2014，17（05）：126-135.

［89］刘瑞明，石磊．国企的双重效率损失与经济增长［J］．经济研究，2010，45（01）：127-137.

［90］刘小玄．民营化改制对中国产业效率的效果分析——2001 年全国普查工业数据的分析［J］．经济研究，2004（08）：16-26.

［91］刘星，谭伟荣，李宁．半强制分红政策、公司治理与现金股利政策［J］．南开管理评论，2016，19（05）：104-114.

［92］刘运国，郑巧，蔡贵龙．非国有股东提高了国企的内部控制质量吗？——来自国有上市公司的经验证据！［J］．会计研究，2016（11）：61-68+96.

［93］柳建华．多元化投资、代理问题与企业绩效［J］．金融研究，2009（07）：104-120.

[94] 卢建词，姜广省．混合所有制与国企现金股利分配［J］．经济管理，2018，40（02）：5-20.

[95] 卢盛峰，陈思霞．政府偏袒缓解了企业融资约束吗？——来自中国的准自然实验［J］．管理世界，2017（05）：51-65+187-188.

[96] 陆铭．为何改革没有提高国企的相对劳动生产率［J］．经济学（季刊），2003（03）：833-856.

[97] 陆正飞，韩非池．宏观经济政策如何影响公司现金持有的经济效应？——基于产品市场和资本市场两重角度的研究［J］．管理世界，2013（06）：43-60.

[98] 逯东，黄丹，杨丹．国企非实际控制人的董事会权力与并购效率［J］．管理世界，2019（06）：119-141.

[99] 逯东，孙岩，周玮，杨丹．地方政府政绩诉求、政府控制权与公司价值研究［J］．经济研究，2014（01）：56-69.

[100] 罗宏，黄文华．国企分红、在职消费与公司业绩［J］．管理世界，2008（09）：139-148.

[101] 罗琦，伍敬侗．控股股东代理与股利生命周期特征［J］．经济管理，2017，39（09）：167-179.

[102] 吕长江，王克敏．上市公司股利政策的实证分析［J］．经济研究，1999（12）：31-39.

[103] 吕长江，周县华．公司治理结构与股利分配动机——基于代理成本和利益侵占的分析［J］．南开管理评论，2005（03）：9-17.

[104] 马草原，马文涛，李成．中国劳动力市场所有制分割的根源与表现［J］．管理世界，2017（11）：22-34+187.

[105] 马连福，王丽丽，张琦．混合所有制的优序选择：市场的逻辑［J］．中国工业经济，2015（07）：5-20.

[106] 马连福，张晓庆．非国有股东委派董事与国企双元创新——投资者关系管理的调节作用［J］．经济与管理研究，2021，42（01）：88-103.

[107] 马宁，姬新龙．国企混改与企业风险承担：来自沪深上市公司的经验证据［J］．广东社会科学，2018（01）：48-56.

[108] 马新啸，汤泰劼，蔡贵龙．非国有股东治理与国企去僵尸化——来自国有上市公司董事会“混合”的经验证据［J］．金融研究，2021（03）：95-113.

[109] 马新啸，汤泰劼，郑国坚．国企混合所有制改革与人力资本结构调整——基于高层次人才配置的视角［J］．财贸经济，2020，41（12）：101-116.

[110] 毛淑珍，刘志远，乐国林．投资者法律保护与终极所有权结构关系研

究［J］．财贸研究，2010，21（06）：97-104.

［111］欧瑞秋，李捷瑜，李广众，李杰．部分民营化与国企定位［J］．世界经济，2014，37（05）：112-134.

［112］潘爱玲，刘文楷，王雪．管理者过度自信、债务容量与并购溢价［J］．南开管理评论，2018（06）：35-45.

［113］潘红波，韩芳芳．纵向兼任高管、产权性质与会计信息质量［J］．会计研究，2016（07）：19-26+96.

［114］潘红波，夏新平，余明桂．政府干预、政治关联与地方国企并购［J］．经济研究，2008（04）：41-52.

［115］潘红波，余明桂．支持之手、掠夺之手与异地并购［J］．经济研究，2011（09）：108-120.

［116］祁怀锦，李晖，刘艳霞．政府治理、国企混合所有制改革与资本配置效率［J］．改革，2019（07）：40-51.

［117］綦好东，郭骏超，朱炜．国企混合所有制改革：动力、阻力与实现路径［J］，管理世界，2017（10）：8-19.

［118］钱雪松，代禹斌，陈琳琳，方胜．担保物权制度改革、融资约束与企业现金持有——基于中国《物权法》自然实验的经验证据［J］．会计研究，2019（01）：72-78.

［119］权小锋，滕明慧，吴世农．行业特征与现金股利政策——基于2004—2008年中国上市公司的实证研究［J］．财经研究，2010，36（08）：122-132.

［120］权小锋，吴世农．投资者注意力、应计误定价与盈余操纵［J］．会计研究，2012（06）：48-55+95.

［121］权小锋，尹洪英．中国式卖空机制与公司创新——基于融资融券分步扩容的自然实验［J］．管理世界，2017（01）：128-144+187-188.

［122］全怡，梁上坤，付宇翔．货币政策、融资约束与现金股利［J］．金融研究，2016（11）：63-79.

［123］饶品贵，岳衡．剩余收益模型与股票未来回报［J］．会计研究，2012（09）：52-58.

［124］任海云．股权结构与企业R&D投入关系的实证研究——基于A股制造业上市公司的数据分析［J］．中国软科学，2010（05）：126-135.

［125］沈昊，杨梅英．国企混合所有制改革模式和公司治理——基于招商局集团的案例分析［J］．管理世界，2019，35（04）：171-182.

［126］沈红波，张金清，张广婷．国企混合所有制改革中的控制权安排——

基于云南白药混改的案例研究［J］．管理世界，2019，35（10）：206-217.

［127］宋福铁，屈文洲．基于企业生命周期理论的现金股利分配实证研究［J］．中国工业经济，2010（02）：140-149.

［128］宋献中，周昌仕．股权结构、大股东变更与收购公司竞争优势——来自中国上市公司的经验证据［J］．财经科学，2007（05）：32-40.

［129］谭劲松，郑国坚，彭松．地方政府公共治理与国有控股上市公司控制权转移——1996～2004 年深圳市属上市公司重组案例研究［J］．管理世界，2009（10）：135-151+188.

［130］汤谷良，戴璐．国有上市公司部分民营化的经济后果——基于“武昌鱼”的案例分析［J］．会计研究，2006（09）：48-55+96.

［131］唐兵，田留文，曹锦周．企业并购如何创造价值——基于东航和上航并购重组案例研究［J］．管理世界，2012（11）：1-8+44.

［132］唐建新，陈冬．地区投资者保护、企业性质与异地并购的协同效应［J］．管理世界，2010（08）：102-116.

［133］唐清泉，韩宏稳．关联并购与公司价值：会计稳健性的治理作用［J］．南开管理评论，2018（06）：23-34.

［134］唐清泉，罗党论．现金股利与控股股东的利益输送行为研究——来自中国上市公司的经验证据［J］．财贸研究，2006（01）：92-97.

［135］唐跃军．论转轨经济中的内部人控制与道德风险［J］．经济评论，2002（06）：33-38.

［136］涂国前，刘峰．制衡股东性质与制衡效果：来自中国民营化上市公司的经验证据［J］．管理世界，2010（11）：132-142+188.

［137］王国俊，王跃堂．现金股利承诺制度与资源配置［J］．经济研究，2014，49（09）：91-104.

［138］王化成，胡国柳．股权结构与企业投资多元化关系：理论与实证分析［J］．会计研究，2005（08）：56-62+96.

［139］王化成，李春玲，卢闯．控股股东对上市公司现金股利政策影响的实证研究［J］．管理世界，2007（01）：122-127+136+172.

［140］王婧，蓝梦．混合所有制改革与国企创新效率——基于 SNA 视角的分析［J］．统计研究，2019，36（11）：90-103.

［141］王克敏，刘博．公司控制权转移与盈余管理研究［J］．管理世界，2014（07）：144-156.

［142］王小鲁，樊纲．中国分省份市场化指数报告［M］．北京：经济科学出版社，2016.

[143] 王砚羽，谢伟，乔元波，李习保．隐形的手：政治基因对企业并购控制倾向的影响——基于中国上市公司数据的实证分析［J］．管理世界，2014（08）：102-114+133.

[144] 王艳，李善民．社会信任是否会提升企业并购绩效？［J］．管理世界，2017（12）：125-140.

[145] 王艳．混合所有制并购与创新驱动发展——广东省地方国企“瀚蓝环境”2001~2015年纵向案例研究［J］．管理世界，2016（08）：150-163.

[146] 王志强，张玮婷．上市公司财务灵活性、再融资期权与股利迎合策略研究［J］．管理世界，2012（07）：151-163.

[147] 魏刚．我国上市公司股利分配的实证研究［J］．经济研究，1998（06）：32-38.

[148] 魏明海，柳建华．国企分红、治理因素与过度投资［J］．管理世界，2007（04）：88-95.

[149] 魏志华，李茂良，李常青．半强制分红政策与中国上市公司分红行为［J］．经济研究，2014，49（06）：100-114.

[150] 魏志华，吴育辉，李常青．家族控制、双重委托代理冲突与现金股利政策——基于中国上市公司的实证研究［J］．金融研究，2012（07）：168-181.

[151] 温忠麟，张雷，侯杰泰，刘红云．中介效应检验程序及其应用［J］．心理学报，2004（05）：614-620.

[152] 巫景飞，何大军，林（日韦），王云．高层管理者政治网络与企业多元化战略：社会资本视角——基于我国上市公司面板数据的实证分析［J］．管理世界，2008（08）：107-118.

[153] 吴超鹏，吴世农，程静雅，王璐．风险投资对上市公司投融资行为影响的实证研究［J］．经济研究，2012，47（01）：105-119+160.

[154] 吴联生．国有股权、税收优惠与公司税负［J］．经济研究，2009，44（10）：109-120.

[155] 吴秋生，独正元．混合所有制改革程度、政府隐性担保与国企过度负债［J］．经济管理，2019，41（08）：162-177.

[156] 吴淑娥，仲伟周，卫剑波，黄振雷．融资来源、现金持有与研发平滑——来自我国生物医药制造业的经验证据［J］．经济学（季刊），2016，15（02）：745-766.

[157] 吴卫星，汪勇祥，梁衡义．过度自信、有限参与和资产价格泡沫［J］．经济研究，2006（04）：116-128.

[158] 吴文锋，吴冲锋，芮萌．中国上市公司高管的政府背景与税收优惠

［J］．管理世界，2009（03）：134-142.

［159］吴延兵．国企双重效率损失研究［J］．经济研究，2012，47（03）：15-27.

［160］武常岐，张林．国企改革中的所有权和控制权及企业绩效［J］．北京大学学报（哲学社会科学版），2014，51（05）：149-156.

［161］奚宾．并购中过度自信的动因及效应分析——基于中国上市公司的实证研究［J］．财经论丛，2010（09）：88-92.

［162］夏立军，方轶强．政府控制、治理环境与公司价值——来自中国证券市场的经验证据［J］．经济研究，2005（05）：40-51.

［163］向东，余玉苗．国企引入非国有资本对投资效率的影响［J］．经济管理，2020，42（01）：25-41.

［164］肖珉．现金股利、内部现金流与投资效率［J］．金融研究，2010（10）：117-134.

［165］谢德仁．企业分红能力之理论研究［J］．会计研究，2013（02）：22-32+94.

［166］谢军．股利政策、第一大股东和公司成长性：自由现金流理论还是掏空理论［J］．会计研究，2006（04）：51-57+94-95.

［167］辛清泉，谭伟强．市场化改革、企业业绩与国企经理薪酬［J］．经济研究，2009（11）：68-81.

［168］辛宇，徐莉萍．公司治理机制与超额现金持有水平［J］．管理世界，2006（05）：136-141.

［169］徐莉萍，辛宇，陈工孟．控股股东的性质与公司经营绩效［J］．世界经济，2006（10）：78-89+96.

［170］徐寿福，邓鸣茂，陈晶萍．融资约束、现金股利与投资—现金流敏感性［J］．山西财经大学学报，2016，38（02）：112-124.

［171］徐寿福，徐龙炳．现金股利政策、代理成本与公司绩效［J］．管理科学，2015，28（01）：96-110.

［172］徐细雄，刘星．放权改革、薪酬管制与企业高管腐败［J］．管理世界，2013（03）：119-132.

［173］徐晓东，陈小悦．第一大股东对公司治理、企业业绩的影响分析［J］．经济研究，2003（02）：64-74+93.

［174］许召元，张文魁．国企改革对经济增速的提振效应研究［J］．经济研究，2015（04）：124-137.

［175］杨淑娥，王勇，白革萍．我国股利分配政策影响因素的实证分析

[J]. 会计研究, 2000 (02): 31-34.

[176] 杨兴全, 李万利, 韩建强. 产品市场竞争与现金持有创新平滑效应——基于融资约束和产权性质视角的实证研究 [J]. 软科学, 2016 (05): 82-86.

[177] 杨兴全, 齐云飞, 吴昊旻. 行业成长性影响公司现金持有吗? [J]. 管理世界, 2016 (01): 153-169.

[178] 杨兴全, 任小毅, 杨征. 国企混改优化了多元化经营行为吗? [J]. 会计研究, 2020 (04): 58-75.

[179] 杨兴全, 尹兴强, 孟庆玺. 谁更趋多元化经营: 产业政策扶持企业抑或非扶持企业? [J]. 经济研究, 2018 (09): 133-150.

[180] 杨兴全, 尹兴强. 国企混改如何影响现金持有 [J]. 管理世界, 2018 (11): 93-107.

[181] 杨兴全, 尹兴强. 行业集中度、企业竞争地位与现金持有竞争效应 [J]. 经济科学, 2015 (06): 78-91.

[182] 杨兴全, 张丽平, 吴昊旻. 市场化进程、管理层权力与公司现金持有 [J]. 南开管理评论, 2014, 17 (02): 34-45.

[183] 杨兴全, 张照南. 制度背景、股权性质与公司持有现金价值 [J]. 经济研究, 2008, 43 (12): 111-123.

[184] 杨志强, 石水平, 石本仁, 曹鑫雨. 混合所有制、股权激励与融资决策中的防御行为——基于动态权衡理论的证据 [J]. 财经研究, 2016, 42 (08): 108-120.

[185] 姚洋. 非国有经济成分对我国工业企业技术效率的影响 [J]. 经济研究, 1998 (12): 29-35.

[186] 叶永卫, 李增福. 国企"混改"与企业金融资产配置 [J]. 金融研究, 2021 (03): 114-131.

[187] 易阳, 蒋朏, 刘庄, 辛清泉. 政府放权意愿、混合所有制改革与企业雇员效率 [J]. 世界经济, 2021, 44 (05): 130-153.

[188] 游家兴, 吴静. 沉默的螺旋、媒体情绪与资产误定价 [J]. 经济研究, 2012 (07): 141-152.

[189] 余明桂, 李文贵, 潘红波. 民营化、产权保护与风险承担 [J]. 经济研究, 2013 (09): 112-124.

[190] 余明桂, 石沛宁, 钟慧洁. 高管个人事项申报、政治风险与国企创新投资 [J]. 珞珈管理评论, 2019 (03): 71-101.

[191] 余明桂, 钟慧洁, 范蕊. 民营化、融资约束与企业创新——来自中国

工业企业的证据［J］. 金融研究，2019（04）：75-91.

［192］余明桂，钟慧洁，范蕊. 业绩考核制度可以促进央企创新吗？［J］. 经济研究，2016（12）：104-117.

［193］俞乔，程滢. 我国公司红利政策与股市波动［J］. 经济研究，2001（04）：32-40+95.

［194］袁博，芮明杰. 产业政策对企业非相关多元化经营行为的影响研究［J］. 当代财经，2017（01）：88-99.

［195］原红旗. 中国上市公司股利政策分析［J］. 财经研究，2001（03）：33-41.

［196］岳希明，李实，史泰丽. 垄断行业高收入问题探讨［J］. 中国社会科学，2010（03）：77-93+221-222.

［197］张斌，李宏兵，陈岩. 所有制混合能促进企业创新吗？——基于委托代理冲突与股东间冲突的整合视角［J］. 管理评论，2019，31（04）：42-57.

［198］张纯，高吟. 多元化经营与企业经营业绩——基于代理问题的分析［J］. 会计研究，2010（09）：73-77.

［199］张辉，黄昊，闫强明. 混合所有制改革、政策性负担与国企绩效——基于1999—2007年工业企业数据库的实证研究［J］. 经济学家，2016（09）：32-41.

［200］张继德，刘素含. 从中国联通混合所有制改革看战略投资者的选择［J］. 会计研究，2018（07）：28-34.

［201］张金鑫，王逸. 会计稳健性与公司融资约束——基于两类稳健性视角的研究［J］. 会计研究，2013（09）：44-50+96.

［202］张路，罗婷，岳衡. 超募资金投向、股权结构与现金股利政策［J］. 金融研究，2015（11）：142-158.

［203］张敏，黄继承. 政治关联、多元化与企业风险——来自我国证券市场的经验证据［J］. 管理世界，2009（07）：156-164.

［204］张维迎，吴有昌，马捷. 公有制经济中的委托人—代理人关系：理论分析和政策含义［J］. 经济研究，1995（04）：10-20.

［205］张玮婷，王志强. 地域因素如何影响公司股利政策：“替代模型”还是“结果模型”？［J］. 经济研究，2015，50（05）：76-88.

［206］张文魁. 国资监管体制改革策略选择：由混合所有制的介入观察［J］. 改革，2017（01）：110-118.

［207］张五常. 制度的选择［M］. 北京：中信出版社，2014.

［208］张新. 并购重组是否创造价值？——中国证券市场的理论与实证研究

[J]．经济研究，2003（06）：20-29+93.

［209］张旭昆．混合所有制企业：有节制的干预——克服私有制市场失灵和公有制计划失灵的一种选择［J］．探索与争鸣，2016（08）：99-104.

［210］赵璨，宿莉莎，曹伟．混合所有制改革：治理效应还是资源效应？——基于不同产权性质下企业投资效率的研究［J］．上海财经大学学报，2021，23（01）：75-90.

［211］郑建明，刘琳，刘一凡．政治关联的结构特征、多元化驱动与公司价值［J］．金融研究，2014（02）：167-179.

［212］支晓强，胡聪慧，童盼，马俊杰．股权分置改革与上市公司股利政策——基于迎合理论的证据［J］．管理世界，2014（03）：139-147.

［213］钟昀珈，张晨宇，陈德球．国企民营化与企业创新效率：促进还是抑制？［J］．财经研究，2016，42（07）：4-15.

［214］周黎安．晋升博弈中政府官员的激励与合作——兼论我国地方保护主义和重复建设问题长期存在的原因［J］．经济研究，2004（06）：33-40.

［215］周黎安．中国地方官员的晋升锦标赛模式研究［J］．经济研究，2007（07）：36-50.

［216］朱清，张华，曲世友．大股东控制、利益侵占与现金股利——来自股权分置改革后上市公司的经验证据［J］．预测，2014，33（05）：48-52.

［217］祝继高，陆正飞．货币政策、企业成长与现金持有水平变化［J］．管理世界，2009（03）：152-158+188.

［218］祝继高，王春飞．金融危机对公司现金股利政策的影响研究——基于股权结构的视角［J］．会计研究，2013（02）：38-44+94.

［219］祝继高，叶康涛，陆正飞．谁是更积极的监督者：非控股股东董事还是独立董事［J］．经济研究，2015（09）：170-184.

［220］Abdallah W，Goergen M. Does Corporate Control Determine the Cross-Listing Location?［J］. Journal of Corporate Finance，2008，14（03）：183-199.

［221］Acemoglu D，Verdier T，Robinson J A. Kleptocracy and Divide-and-rule：A Model of Personal Rule［J］. Journal of the European Economic Association，2004，2（2-3）：162-192.

［222］Adjaoud F，Ben-Amar W. Corporate Governance and Dividend Policy：Shareholders' Protection or Expropriation?［J］. Journal of Business Finance and Accounting，2010，37（5-6）：648-667.

［223］Aggarwal R A J，Cao J，Chen F. Information Environment，Dividend Changes，and Signaling：Evidence from ADR Firms［J］. Contemporary Accounting

Research, 2012, 29 (02): 403-431.

[224] Aggarwal R K, Samwick A A. Why Do Managers Diversify Their Firms? Agency Reconsidered [J] . The Journal of Finance, 2003, 58 (01): 71-118.

[225] Aghion P, Van Reenen J, Zingales L. Innovation and Institutional Ownership [J] . American Economic Review, 2013, 103 (01): 277-304.

[226] Alchian A A. Some Economics of Property Rights [J] . Politico, 1965 (02): 816-829.

[227] Allen F, Gale D. Financial Contagion [J] . Journal of Political Economy, 2000, 108 (01): 1-33.

[228] Almeida H, Campello M, Weisbach M S. The Cash Flow Sensitivity of Cash [J] . The Journal of Finance, 2004, 59 (04): 1777-1804.

[229] Almeida H, Campello M, Cunha I, Weisbach M S. Corporate Liquidity Management: A Conceptual Framework and Survey [J] . Annual Review of Financial Economics, 2014, 6 (01): 135-162.

[230] Andrade G, Mitchell M, Stafford E. New Evidence and Perspectives on Mergers [J] . Journal of Economic Perspectives, 2001, 15 (02): 103-120.

[231] Bai C E, Lu J, Tao Z. The Multitask Theory of State Enterprise Reform: Empirical Evidence from China [J] . American Economic Review, 2006, 96 (02): 353-357.

[232] Baek J S, Kang J K, Lee I. Business Groups and Tunneling: Evidence from Private Securities Offerings by Korean Chaebols [J] . The Journal of Finance, 2006, 61 (05): 2415-2449.

[233] Baker M, Wurgler J. A Catering Theory of Dividends [J] . The Journal of Finance, 2004a, 59 (03): 1125-1165.

[234] Baker M, Wurgler J. Appearing and Disappearing Dividends: The Link to Catering Incentives [J] . Journal of Financial Economics, 2004b, 73 (02): 271-288.

[235] Barber B M, Odean T. All That Glitters: The Effect of Attention and News on the Buying Behavior of Individual and Institutional Investors [J] . The Review of Financial Studies, 2008, 21 (2): 785-818.

[236] Bates T W, Kahle K M, Stulz R M. Why Do US Firms Hold so Much More Cash than They Used to? [J] . The Journal of Finance, 2009, 64 (05): 1985-2021.

[237] Baumol W J. The Transactions Demand for Cash: An Inventory Theoretic

Approach [J] . The Quarterly Journal of Economics, 1952 (02): 545-556.

[238] Beirne J, Caporale G M, Schulze-Ghattas M, Spagnolo, N. Volatility Spillovers and Contagion from Mature to Emerging Stock Markets [J] . Review of International Economics, 2013, 21 (05): 1060-1075.

[239] Berger P G, Ofek E. Diversification' s Effect on Firm Value [J] . Journal of Financial Economics, 1995, 37 (01): 39-65.

[240] Betton S, Eckbo B E, Thorburn K S. Corporate Takeovers [J] . Handbook of Empirical Corporate Finance, 2008 (02): 291-429.

[241] Berkman H, Cole R A, Fu L J. Expropriation through Loan Guarantees to Related Parties: Evidence from China [J] . Journal of Banking and Finance, 2009, 33 (01): 141-156.

[242] Bhattacharya S. Imperfect Information, Dividend Policy, and "The Bird in The Hand" Fallacy [J] . The Bell Journal of Economics, 1979 (02): 259-270.

[243] Bliss B A, Cheng Y, Denis D J. Corporate Payout, Cash Retention, and the Supply of Credit: Evidence from the 2008-2009 Credit Crisis [J] . Journal of Financial Economics, 2015, 115 (03): 521-540.

[244] Boateng A, Huang W. Multiple Large Shareholders, Excess Leverage and Tunneling: Evidence from An Emerging Market [J] . Corporate Governance: An International Review, 2017, 25 (01): 58-74.

[245] Boehmer E, Wu J. Short Selling and the Price Discovery Process [J] . The Review of Financial Studies, 2013, 26 (02): 287-322.

[246] Boubakri N, Cosset J C, Saffar W. The Role of State and Foreign Owners in Corporate Risk-taking: Evidence from Privatization [J] . Journal of Financial Economics, 2013, 108 (03): 641-658.

[247] Boycko M, Shleifer A, Vishny R W. A Theory of Privatisation [J] . The Economic Journal, 1996, 106 (435): 309-319.

[248] Bradley M, Desai A, Kim E H. Synergistic Gains from Corporate Acquisitions and Their Division between the Stockholders of Target and Acquiring Firms [J] . Journal of Financial Economics, 1988, 21 (01): 3-40.

[249] Braguinsky S, Ohyama A, Okazaki T, Syverson C. Acquisitions, Productivity, and Profitability: Evidence from the Japanese Cotton Spinning Industry [J] . American Economic Review, 2015, 105 (07): 2086-2119.

[250] Brockman P, Unlu E. Dividend Policy, Creditor Rights, and the Agency Costs of Debt [J] . Journal of Financial Economics, 2009, 92 (02): 276-299.

[251] Brown J R, Petersen B C. Cash Holdings and R&D Smoothing [J] . Journal of Corporate Finance, 2011, 17 (03): 694-709.

[252] Brown R, Sarma N. CEO Overconfidence, CEO Dominance and Corporate Acquisitions [J] . Journal of Economics and Business, 2007, 59 (05): 358-379.

[253] Buchanan B G, Cao C X, Liljeblom E, et al. Uncertainty and Firm Dividend Policy—A Natural Experiment [J] . Journal of Corporate Finance, 2017 (42): 179-197.

[254] Burns N, McTier B C, Minnick K. Equity-incentive Compensation and Payout Policy in Europe [J] . Journal of Corporate Finance, 2015 (30): 85-97.

[255] Calomiris C W, Fisman R, Wang Y. Profiting from Government Stakes in A Command Economy: Evidence from Chinese Asset Sales [J] . Journal of Financial Economics, 2010, 96 (03): 399-412.

[256] Campa J M, Kedia S. Explaining the Diversification Discount [J] . The Journal of Finance, 2002, 57 (04): 1731-1762.

[257] Chae J, Kim S, Lee E J. How Corporate Governance Affects Payout Policy under Agency Problems and External Financing Constraints [J] . Journal of Banking and Finance, 2009, 33 (11): 2093-2101.

[258] Charitou A, Lambertides N, Theodoulou G. Dividend Increases and Initiations and Default Risk in Equity Returns [J] . Journal of Financial and Quantitative Analysis, 2011, 46 (05): 1521-1543.

[259] Chatterjee S, Wernerfelt B. The Link between Resources and Type of Diversification: Theory and Evidence [J] . Strategic Management Journal, 1991, 12 (01): 33-48.

[260] Chay J B, Suh J. Payout Policy and Cash-flow Uncertainty [J] . Journal of Financial Economics, 2009, 93 (01): 88-107.

[261] Chen D, Li S, Xiao J Z, et al. The Effect of Government Quality on Corporate Cash Holdings [J] . Journal of Corporate Finance, 2014 (27): 384-400.

[262] Chen D, Jian M, Xu M. Dividends for Tunneling in A Regulated Economy: The Case of China [J] . Pacific-Basin Finance Journal, 2009, 17 (02): 209-223.

[263] Chen Q, Chen X, Schipper K, et al. The Sensitivity of Corporate Cash Holdings to Corporate Governance [J] . The Review of Financial Studies, 2012, 25 (12): 3610-3644.

[264] Cheng L T W, Fung H G, Leung T Y. Dividend Preference of Tradable-

share and Non-tradable-share Holders in Mainland China [J]. Accounting and Finance, 2009, 49 (02): 291-316.

[265] Cheung Y L, Qi Y, Rau P R, et al. Buy High, Sell Low: How Listed Firms Price Asset Transfers in Related Party Transactions [J]. Journal of Banking and Finance, 2009, 33 (05): 914-924.

[266] Chino A. Do Labor Unions Affect Firm Payout Policy? Operating Leverage and Rent Extraction Effects [J]. Journal of Corporate Finance, 2016 (41): 156-178.

[267] Chow C K W, Fung M K Y. Ownership Structure, Lending Bias, and Liquidity Constraints: Evidence from Shanghai's Manufacturing Sector [J]. Journal of Comparative Economics, 1998, 26 (02): 301-316.

[268] Claessens S, Fan J P H, Lang L H P. The Benefits and Costs of Group Affiliation: Evidence from East Asia [J]. Emerging Markets Review, 2006, 7 (01): 1-26.

[269] Crane A D, Michenaud S, Weston J P. The Effect of Institutional Ownership on Payout Policy: Evidence from Index Thresholds [J]. The Review of Financial Studies, 2016, 29 (06): 1377-1408.

[270] Cull R, Senbet L W, Sorge M. The Effect of Deposit Insurance on Financial Depth: A Cross-country Analysis [J]. The Quarterly Review of Economics and Finance, 2002, 42 (04): 673-694.

[271] Davis S J, Haltiwanger J, Handley K, Jarmin R, Lerner J, Miranda J. Private Equity, Jobs, and Productivity [J]. American Economic Review, 2014, 104 (12): 3956-3990.

[272] DeAngelo H, DeAngelo L, Stulz R M. Dividend Policy and the Earned Contributed Capital Mix: A Test of the Life-cycle Theory [J]. Journal of Financial Economics, 2006, 81 (02): 227-254.

[273] DeAngelo H, DeAngelo L, Skinner D J. Are Dividends Disappearing? Dividend Concentration and the Consolidation of Earnings [J]. Journal of Financial Economics, 2004, 72 (03): 425-456.

[274] De Cesari A, Ozkan N. Executive Incentives and Payout Policy: Empirical Evidence from Europe [J]. Journal of Banking and Finance, 2015 (55): 70-91.

[275] Deng G, Zhao S, Zhu N. Does Refinancing Incentive Affect Cash Dividends Policy? Evidence from the Semimandatory Dividend Policy in China [J].

Emerging Markets Finance and Trade, 2015, 51 (06): 1099-1116.

[276] DeMarzo P M, Sannikov Y. Learning, Termination, and Payout Policy in Dynamic Incentive Contracts [J] . The Review of Economic Studies, 2016, 84 (01): 182-236.

[277] Demsetz H. Toward A Theory of Property Rights [J] . The American Economic Review, 1967, 57 (02): 347-359.

[278] Denis D J, Osobov I. Why Do Firms Pay Dividends? International Evidence on the Determinants of Dividend Policy [J] . Journal of Financial Economics, 2008, 89 (01): 62-82.

[279] Dittmar A, Shivdasani A. Divestitures and Divisional Investment Policies [J] . The Journal of Finance, 2003, 58 (06): 2711-2744.

[280] Dittmar A, Mahrt-Smith J, Servaes H. International Corporate Governance and Corporate Cash Holdings [J] . Journal of Financial and Quantitative Analysis, 2003, 38 (01): 111-133.

[281] Dittmar A, Mahrt-Smith J. Corporate Governance and the Value of Cash Holdings [J] . Journal of Financial Economics, 2007, 83 (03): 599-634.

[282] Earle J S, Telegdyά. Privatization Methods and Productivity Effects in Romanian Industrial Enterprises [J] . Journal of Comparative Economics, 2002, 30 (04): 657-682.

[283] Easterbrook F H. Two Agency-cost Explanations of Dividends [J] . The American Economic Review, 1984, 74 (04): 650-659.

[284] Esqueda O A. Signaling, Corporate Governance, and the Equilibrium Dividend policy [J] . The Quarterly Review of Economics and Finance, 2016 (59): 186-199.

[285] Faccio M, Lang L H P, Young L. Dividends and Expropriation [J] . American Economic Review, 2001, 91 (01): 54-78.

[286] Farinha J. Dividend Policy, Corporate Governance and the Managerial Entrenchment Hypothesis: An Empirical Analysis [J] . Journal of Business Finance & Accounting, 2003, 30 (9-10): 1173-1209.

[287] Fairchild R, Guney Y, Thanatawee Y. Corporate Dividend Policy in Thailand: Theory and Evidence [J] . International Review of Financial Analysis, 2014 (31): 129-151.

[288] Fama E F, French K R. Taxes, Financing Decisions, and Firm Value [J] . The Journal of Finance, 1998, 53 (03): 819-843.

[289] Fazzari S, R G Hubbard, B Peterson. Financing Constraints and Corporate Investment [J] . Brookings Papers on Economic Activity, 1988, 19 (01): 141-206.

[290] Feltham G A, Ohlson J A. Valuation and Clean Surplus Accounting for Operating and Financial Activities [J] . Contemporary Accounting Research, 1995, 11 (02): 689-731.

[291] Ferris S P, Jayaraman N, Sabherwal S. Catering Effects in Corporate Dividend Policy: The International Evidence [J] . Journal of Banking and Finance, 2009, 33 (09): 1730-1738.

[292] Floyd E, Li N, Skinner D J. Payout Policy through the Financial Crisis: The Growth of Repurchases and the Resilience of Dividends [J] . Journal of Financial Economics, 2015, 118 (02): 299-316.

[293] French K R, Roll R. Stock Return Variances: The Arrival of Information and the Reaction of Traders [J] . Journal of Financial Economics, 1986, 17 (01): 5-26.

[294] Gaver J J, Gaver K M. Additional Evidence on the Association between the Investment Opportunity Set and Corporate Financing, Dividend, and Compensation Policies [J] . Journal of Accounting and Economics, 1993, 16 (1-3): 125-160.

[295] Grullon G, Michaely R. Dividends, Share Repurchases, and the Substitution Hypothesis [J] . The Journal of Finance, 2002, 57 (04): 1649-1684.

[296] Gugler K, Yurtoglu B B. Corporate Governance and Dividend Pay-out Policy in Germany [J] . European Economic Review, 2003, 47 (4): 731-758.

[297] Gupta N. Partial Privatization and Firm Performance [J] . The Journal of Finance, 2005, 60 (02): 987-1015.

[298] Hanlon M, Maydew E L, Saavedra D. The Taxman Cometh: Does Tax Uncertainty Affect Corporate Cash Holdings? [J] . Review of Accounting Studies, 2017, 22 (03): 1198-1228.

[299] Harford J, Li K, Zhao X. Corporate Boards and the Leverage and Debt Maturity Choices [J] . International Journal of Corporate Governance, 2008, 1 (01): 3-27.

[300] Harford J, Mansi S A, Maxwell W F. Corporate Governance and Firm Cash Holdings in the US [J] . Journal of Financial Economics, 2008, 87 (03): 535-555.

[301] Harford J. Corporate Cash Reserves and Acquisitions [J] . The Journal of

Finance, 1999, 54 (06): 1969-1997.

[302] Healy P M, Palepu K G, Ruback R S. Does Corporate Performance Improve after Mergers? [J]. Journal of Financial Economics, 1992, 31 (02): 135-175.

[303] Heckman J J. Sample Selection Bias as A Specification Error [J]. Econometrica: Journal of the Econometric Society, 1979 (02): 153-161.

[304] Hoberg G, Phillips G, Prabhala N. Product Market Threats, Payouts, and Financial Flexibility [J]. The Journal of Finance, 2014, 69 (01): 293-324.

[305] Hoberg G, Phillips G. Product Market Synergies and Competition in Mergers and Acquisitions: A Text-based Analysis [J]. The Review of Financial Studies, 2010, 23 (10): 3773-3811.

[306] Hou Q, Jin Q, Yang R, et al. Performance Commitments of Controlling Shareholders and Earnings Management [J]. Contemporary Accounting Research, 2015, 32 (03): 1099-1127.

[307] Huang J J, Shen Y, Sun Q. Nonnegotiable Shares, Controlling Shareholders, and Dividend Payments in China [J]. Journal of Corporate Finance, 2011, 17 (01): 122-133.

[308] Huang H, Xu C. Soft Budget Constraint and the Optimal Choices of Research and Development Projects Financing [J]. Journal of Comparative Economics, 1998, 26 (01): 62-79.

[309] Jiang G, Lee C M C, Yue H. Tunneling through Intercorporate Loans: The China Experience [J]. Journal of Financial Economics, 2010, 98 (01): 1-20.

[310] Jensen M C. Agency Costs of Free Cash Flow, Corporate Finance, and Takeovers [J]. The American Economic Review, 1986, 76 (02): 323-329.

[311] Jensen M C, Meckling W H. Rights and Production Functions: An Application to Labor-managed Firms and Codetermination [J]. Journal of Business, 1979 (02): 469-506.

[312] Jensen M C, Ruback R S. The Market for Corporate Control: The Scientific Evidence [J]. Journal of Financial Economics, 1983, 11 (1-4): 5-50.

[313] Jiang F, Ma Y, Shi B. Stock Liquidity and Dividend Payouts [J]. Journal of Corporate Finance, 2017 (42): 295-314.

[314] Jiraporn P, Ning Y. Dividend Policy, Shareholder Rights, and Corporate Governance [J]. Shareholder Rights, and Corporate Governance, 2006 (18):

301-350.

[315] John K, Knyazeva A, Knyazeva D. Does Geography Matter? Firm Location and Corporate Payout Policy [J]. Journal of Financial Economics, 2011, 101 (03): 533-551.

[316] Kalcheva I, Lins K V. International Evidence on Cash Holdings and Expected Managerial Agency Problems [J]. The Review of Financial Studies, 2007, 20 (04): 1087-1112.

[317] Kale J R, Kini O, Payne J D. The Dividend Initiation Decision of Newly Public Firms: Some Evidence on Signaling with Dividends [J]. Journal of Financial and Quantitative Analysis, 2012, 47 (02): 365-396.

[318] Kornai J, Maskin E, Roland G. Understanding the Soft Budget Constraint [J]. Journal of Economic Literature, 2003, 41 (04): 1095-1136.

[319] Kulchania M. Cost Structure and Payout Policy [J]. Financial Management, 2016, 45 (04): 981-1009.

[320] Kusnadi Y, Yang Z, Zhou Y. Institutional Development, State Ownership, and Corporate Cash Holdings: Evidence from China [J]. Journal of Business Research, 2015, 68 (02): 351-359.

[321] Laffont J J, Tirole J. A Theory of Incentives in Procurement and Regulation [M]. New York: MIT Press, 1993.

[322] La Porta R, Lopez - de - Silanes F, Shleifer A. Corporate Ownership around the World [J]. The Journal of Finance, 1999, 54 (02): 471-517.

[323] La Porta R, Lopez-de-Silanes F, Shleifer A, Vishny, R. W. Agency Problems and Dividend Policies around the World [J]. The Journal of Finance, 2000, 55 (01): 1-33.

[324] Lang L H P, Stulz R M. Tobin's q, Corporate Diversification, and Firm Performance [J]. Journal of Political Economy, 1994, 102 (06): 1248-1280.

[325] Lewellen W G. A Pure Financial Rationale for the Conglomerate Merger [J]. The Journal of Finance, 1971, 26 (02): 521-537.

[326] Li K, Wang T, Cheung Y L, Jiang P. Privatization and Risk Sharing: Evidence from the Split Share Structure Reform in China [J]. The Review of Financial Studies, 2011, 24 (07): 2499-2525.

[327] Li W, Lie E. Dividend Changes and Catering Incentives [J]. Journal of Financial Economics, 2006, 80 (02): 293-308.

[328] Li X. Productivity, Restructuring, and the Gains from Takeovers [J].

Journal of Financial Economics, 2013, 109 (01): 250-271.

[329] Li Z, Yamada T. Political and Economic Incentives of Government in Partial Privatization [J]. Journal of Corporate Finance, 2015 (32): 169-189.

[330] Lin J Y, Li Z. Policy Burden, Privatization and Soft Budget Constraint [J]. Journal of Comparative Economics, 2008, 36 (01): 90-102.

[331] Lin J Y, Tan G. Policy Burdens, Accountability, and the Soft Budget Constraint [J]. American Economic Review, 1999, 89 (02): 426-431.

[332] Lin J Y, Cai F, Li Z. Competition, Policy Burdens, and State-owned Enterprise Reform [J]. The American Economic Review, 1998, 88 (02): 422-427.

[333] Lin Y H, Chiou J R, Chen Y R. Ownership Structure and Dividend Preference: Evidence from China's Privatized State-owned Enterprises [J]. Emerging Markets Finance and Trade, 2010, 46 (01): 56-74.

[334] Liu C, Uchida K, Yang Y. Controlling Shareholder, Split-share Structure Reform and Cash Dividend Payments in China [J]. International Review of Economics & Finance, 2014 (29): 339-357.

[335] Liu G S, Beirne J, Sun P. The Performance Impact of Firm Ownership Transformation in China: Mixed Ownership VS. Fully Privatised Ownership [J]. Journal of Chinese Economic and Business Studies, 2015, 13 (03): 197-216.

[336] Liu Q, Luo T, Tian G G. Family Control and Corporate Cash Holdings: Evidence from China [J]. Journal of Corporate Finance, 2015 (31): 220-245.

[337] Loderer C, Martin K. Postacquisition Performance of Acquiring Firms [J]. Financial Management, 1992 (02): 69-79.

[338] Mackey T B, Barney J B, Dotson J P. Corporate Diversification and the Value of Individual Firms: A Bayesian Approach [J]. Strategic Management Journal, 2017, 38 (02): 322-341.

[339] Malmendier U, Tate G. CEO Overconfidence and Corporate Investment [J]. The Journal of Finance, 2005, 60 (06): 2661-2700.

[340] Malmendier U, Tate G. Who Makes Acquisitions? CEO Overconfidence and the Market's Reaction [J]. Journal of Financial Economics, 2008, 89 (01): 20-43.

[341] Maksimovic V, Phillips G, Yang L. Private and Public Merger Waves [J]. The Journal of Finance, 2013, 68 (05): 2177-2217.

[342] Maury B, Pajuste A. Multiple Large Shareholders and Firm Value [J].

Journal of Banking and Finance, 2005, 29 (07): 1813–1834.

[343] Megginson W L, Ullah B, Wei Z. State Ownership, Soft-budget Constraints, and Cash Holdings: Evidence from China's Privatized Firms [J]. Journal of Banking & Finance, 2014 (48): 276–291.

[344] Megginson W L. The Economics of Bank Privatization [J]. Journal of Banking & Finance, 2005, 29 (8–9): 1931–1980.

[345] Megginson W L, Netter J M. From State to Market: A Survey of Empirical Studies on Privatization [J]. Journal of Economic Literature, 2001, 39 (02): 321–389.

[346] Michael C J, William H M. Theory of the Firm: Managerial Behavior, Agency Costs and Ownership Structure [J]. Journal of Financial Economics, 1976, 3 (04): 305–360.

[347] Miller D J, Yang H S. The Dynamics of Diversification: Market Entry and Exit by Public and Private Firms [J]. Strategic Management Journal, 2016, 37 (11): 2323–2345.

[348] Miller M H. Debt and Taxes [J]. The Journal of Finance, 1977, 32 (02): 261–275.

[349] Miller M H, Modigliani F. Dividend Policy, Growth, and the Valuation of Shares [J]. The Journal of Business, 1961, 34 (04): 411–433.

[350] Mikkelson W H, Partch M M. Do Persistent Large Cash Reserves Hinder Performance? [J]. Journal of Financial and Quantitative Analysis, 2003, 38 (02): 275–294.

[351] Mitton T. Corporate Governance and Dividend Policy in Emerging Markets [J]. Emerging Markets Review, 2004, 5 (04): 409–426.

[352] Moeller S B, Schlingemann F P, Stulz R M. Wealth Destruction on A Massive Scale? A Study of Acquiring-firm Returns in the Recent Merger Wave [J]. The Journal of Finance, 2005, 60 (02): 757–782.

[353] Myers S C, Majluf N S. Corporate Financing and Investment Decisions When Firms Have Information that Investors Do Not Have [J]. Journal of Financial Economics, 1984, 13 (02): 187–221.

[354] Nejadmaleyeri A, Erturk B. Equity Short Selling and the Cost of Debt [J]. Multidisciplinary Business Review, 2020, 13 (02): 41–53.

[355] North D C. The Place of Economic History in the Discipline of Economics [J]. Economic Inquiry, 1976, 14 (04): 461–465.

[356] Officer M S. Overinvestment, Corporate Governance, and Dividend Initiations [J]. Journal of Corporate Finance, 2011, 17 (03): 710-724.

[357] Opler T, Pinkowitz L, Stulz R, et al. The Determinants and Implications of Corporate Cash Holdings [J]. Journal of Financial Economics, 1999, 52 (01): 3-46.

[358] Ozkan A, Ozkan N. Corporate Cash Holdings: An Empirical Investigation of UK Companies [J]. Journal of Banking and Finance, 2004, 28 (09): 2103-2134.

[359] Pantzalis C, Park J C. Agency Costs and Equity Mispricing [J]. Asia-Pacific Journal of Financial Studies, 2014, 43 (01): 89-123.

[360] Pinkowitz L, Stulz R, Williamson R. Does the Contribution of Corporate Cash Holdings and Dividends to Firm Value Depend on Governance? A cross-country Analysis [J]. The Journal of Finance, 2006, 61 (06): 2725-2751.

[361] Qian Y, Xu C. Innovation and Bureaucracy under Soft and Hard Budget Constraints [J]. The Review of Economic Studies, 1998, 65 (01): 151-164.

[362] Rajan R, Servaes H, Zingales L. The Cost of Diversity: The Diversification Discount and Inefficient Investment [J]. The Journal of Finance, 2000, 55 (01): 35-80.

[363] Renneboog L, Trojanowski G. Patterns in Payout Policy and Payout Channel Choice [J]. Journal of Banking and Finance, 2011, 35 (06): 1477-1490.

[364] Richardson S. Over-investment of Free Cash Flow [J]. Review of Accounting Studies, 2006, 11 (02): 159-189.

[365] Roll R. The Hubris Hypothesis of Corporate Takeovers [J]. Journal of Business, 1986 (02): 197-216.

[366] Sapienza P. The Effects of Government Ownership on Bank Lending [J]. Journal of Financial Economics, 2004, 72 (02): 357-384.

[367] Sappington D E M, Stiglitz J E. Privatization, Information and Incentives [J]. Journal of Policy Analysis and Management, 1987, 6 (04): 567-585.

[368] Savor P G, Lu Q. Do Stock Mergers Create Value for Acquirers? [J]. The Journal of Finance, 2009, 64 (03): 1061-1097.

[369] Scharfstein D S, Stein J C. The Dark Side of Internal Capital Markets: Divisional Rent-seeking and Inefficient Investment [J]. The Journal of Finance, 2000, 55 (06): 2537-2564.

[370] Scheinkman J A, Xiong W. Overconfidence and Speculative Bubbles

[J] . Journal of Political Economy, 2003, 111 (06): 1183-1220.

[371] Schmidt K M. The Costs and Benefits of Privatization: An Incomplete Contracts Approach [J] . The Journal of Law, Economics, and Organization, 1996, 12 (01): 1-24.

[372] Shapiro C, Willig R D. On the Antitrust Treatment of Production Joint Ventures [J] . Journal of Economic Perspectives, 1990, 4 (03): 113-130.

[373] Shleifer A, Vishny R W. The Grabbing Hand: Government Pathologies and Their Cures [M] . Cambridge: Harvard University Press, 1998.

[374] Shleifer A, Vishny R W. A Survey of Corporate Governance [J] . The Journal of Finance, 1997, 52 (02): 737-783.

[375] Shleifer A, Vishny R W. Politicians and Firms [J] . The Quarterly Journal of Economics, 1994, 109 (04): 995-1025.

[376] Shleifer A, Vishny R W. The Politics of Market Socialism [J] . Journal of Economic Perspectives, 1994, 8 (02): 165-176.

[377] Short H, Zhang H, Keasey K. The Link between Dividend Policy and Institutional Ownership [J] . Journal of Corporate Finance, 2002, 8 (02): 105-122.

[378] Sloan R G. Do Stock Prices Fully Reflect Information in Accruals and Cash Flows about Future Earnings? [J] . The Accounting Review, 1996 (02): 289-315.

[379] Smith Jr C W, Watts R L. The Investment Opportunity Set and Corporate Financing, Dividend, and Compensation Policies [J] . Journal of Financial Economics, 1992, 32 (03): 263-292.

[380] Stein J C. Internal Capital Markets and the Competition for Corporate Resources [J] . The Journal of Finance, 1997, 52 (01): 111-133.

[381] Stulz R M. Managerial Discretion and Optimal Financing Policies [J] . Journal of Financial Economics, 1990, 26 (01): 3-27.

[382] Su Z, Fung H G, Huang D, et al. Cash Dividends, Expropriation, and Political Connections: Evidence from China [J] . International Review of Economics & Finance, 2014 (29): 260-272.

[383] Sun Q, Tong W H S. China Share Issue Privatization: The Extent of Its Success [J] . Journal of Financial Economics, 2003, 70 (02): 183-222.

[384] Teece D J. Economies of Scope and the Scope of the Enterprise [J] . Journal of Economic Behavior and Organization, 1980, 1 (03): 223-247.

[385] Truong T, Heaney R. Largest Shareholder and Dividend Policy around the World [J] . The Quarterly Review of Economics and Finance, 2007, 47 (05):

667-687.

[386] Vickers J, Yarrow G. Regulation of Privatised Firms in Britain [J]. European Economic Review, 1988, 32 (2-3): 465-472.

[387] Villalonga B. Diversification Discount or Premium? New Evidence from the Business Information Tracking Series [J]. The Journal of Finance, 2004, 59 (02): 479-506.

[388] Von Eije H, Megginson W L. Dividends and Share Repurchases in the European Union [J]. Journal of Financial Economics, 2008, 89 (02): 347-374.

[389] Warga A. Bond Returns, Liquidity, and Missing Data [J]. Journal of Financial and Quantitative Analysis, 1992, 27 (04): 605-617.

[390] Wei Z, Wu S, Li C, Chen W. Family Control, Institutional Environment and Cash Dividend Policy: Evidence from China [J]. China Journal of Accounting Research, 2011, 4 (1-2): 29-46.

[391] Wei Z, Xie F, Zhang S. Ownership Structure and Firm Value in China's Privatized Firms: 1991-2001 [J]. Journal of Financial and Quantitative Analysis, 2005, 40 (01): 87-108.

[392] Williamson O E. The Modern Corporation: Origins, Evolution, Attributes [J]. Journal of Economic Literature, 1981, 19 (04): 1537-1568.

[393] Williamson O E. Comparative Economic Organization: The Analysis of Discrete Structural Alternatives [J]. Administrative Science Quarterly, 1991 (02): 269-296.

[394] Xie H. The Mispricing of Abnormal Accruals [J]. The Accounting Review, 2001, 76 (03): 357-373.

[395] Zhao Y F, Xia X P, Tang X X, Cao W, Liu X Y, Fan Y H. Private Placements, Cash Dividends and Interests Transfer: Empirical Evidence from Chinese Listed Firms [J]. International Review of Economics & Finance, 2015 (36): 107-118.

后　记

国有企业产权本质上是一种国家与国企的委托代理关系，由国家代表全体人民行使国有资产产权，而国家和全体人民是一个相对抽象的概念，是法律上的企业资产所有者，没有动力也没有能力去监督和约束代理人。因此，国有企业一直受到所有者缺位以及由此带来内部人控制问题的困扰。如何改善国有企业治理结构，提高国企经营和治理效率成为全面深化国企改革的重要目标。党的十八届三中全会《中共中央关于全面深化改革若干重大问题的决定》（以下简称《决定》）提出：积极发展混合所有制经济。国有资本、集体资本、非公有资本等交叉持股、相互融合的混合所有制经济，是基本经济制度的重要实现形式，有利于国有资本放大功能、保值增值、提高竞争力，有利于各种所有制资本取长补短、相互促进、共同发展。2015 年 9 月国务院印发《关于国企发展混合所有制经济的意见》与 2016 年国企 10 项改革试点的展开将国企产权改革推向了高潮。党的十九大报告又提出深化国企改革，发展混合所有制经济，培育具有全球竞争力的世界一流企业，这一战略性的决策延续了党的十八届三中全会《决定》关于国企改革的主要思路，吹响了新一轮国企改革的号角，也对新时代中国特色社会主义与高质量发展阶段国企深化改革提出了新的要求。2018 年 10 月，全国国企改革座谈会又强调从战略高度认识新时代深化国企改革的中心地位，要求“完善治理、强化激励、突出主业、提高效率”，以“伤其十指不如断其一指”的思路，扎实推进国企改革，并将突出抓好混合所有制改革作为国企改革的重点任务之一。

公司财务政策是优化企业内部资金配置、内外部资金获取以及资本增值的管理工具。根据企业经营的职能分类，公司财务决策主要包括融资决策、现金持有决策、投资决策、股利分配决策等。对国企而言，企业运行存在因产权界定归属抽象以致实际控制人先天缺位的短板，因此国企高管对国企相关财务决策的制定有着决定性影响。同时，由于“准官员”身份的国企高管具有强烈的政治晋升诉求和国企缺乏产权所有者的强有力监管，国企的代理冲突更加凸显国企高管的“内部人控制”干扰公司财务决策进而有损企业价值。然而，当国企在进行混合所有制改革的过程中，无论是通过剥离政策性负担，还是通过积极引入其他所有制资本乃至并购重组发生控制权变更，都毋庸置疑地会内生决定国企的融资约束与代理成本，进而会影响国企“内部人控制”。随着国企受政府干预的程度减弱、股权结构的动态调整，经理人市场的逐渐完善以及行业分类改革的逐步推进，势必影响国企资源禀赋及治理结构进而作用于其所面临的融资约束与代理冲突，国企高管的私利行为亦会受到相应钳制，进而可能优化公司财务决策以提升国企绩效。

已有关乎股权结构与财务政策的相关研究，大都默认企业产权性质及股权结构等固定不变，大量研究围绕国企改革如何调节其代理成本且单方面地以国有股比例、股权集中度或国企控制权转移而展开研究，而鲜有将国企不同的混改程度置于同一分析框架和基于国企混改硬化预算约束以强化融资约束视角而进行深入拓展。对上述问题系统全面的探究亦有着重要的现实意义，既有利于揭示国企混改所优化的财务政策助益于提升企业价值，又可基于具体财务政策来探究国企混改形成的不同治理结构与资源禀赋是不是引致国企混改不同经济后果的根源所在，进而揭示最优改革方式及市场逻辑，亦可利于发现国企相对优化的治理结构，为完善我国国企的治理机制提供理论参考和经验借鉴。

2017 年本人申请的《国企混改与公司财务政策研究》批准立项为财政部会计名家培养工程专项课题，自此开始，课题组结合国企混改研究背景，通过对国企混改与财务政策的相关文献进行系统梳理和全面综述。首先，考虑了国企混改的“量变”与“质变”以及高层治理层面委派董监高比例等差异混改方式（程度），重点探究国企混改与融资决策、现金持有、投资策略（诸如资本投资、企业创新、公司并购）、股利政策等公司财务政策的基本影响关系；其次，探究上述影响关系的具体作用路径；最后，基于微观企业的公司价值及资本市场反应（资产误定价）等来纵深检验上述影响关系的可能经济后果。我们紧紧围绕国企混改与公司财务政策进行全面具体系统性的深入研究，最终形成了这份研究成果并得以付梓成书。

作为财政部会计名家培养工程专项项目研究成果的总结，本书凝结着课题组成员的辛勤工作，在研究过程中，博士研究生杨征、李文聪、王丽丽、赵锐、程慧慧、刘颖，硕士研究生张方越、丁泽平等同学做了大量的数据收集、整理与分析工作，石河子大学经济与管理学院及公司治理与管理创新研究中心给予诸多便利，使本书在广泛的学术交流和会议讨论之中获益甚丰，在此一并致以衷心谢意。

杨兴全

2022 年 10 月 1 日